中國學術思想 研究輯刊

二九編

林慶彰 主編

第 8 冊

章學誠學術思想闡釋史研究（上）

何永生 著

花木蘭文化事業有限公司

國家圖書館出版品預行編目資料

章學誠學術思想闡釋史研究（上）／何永生 著 ── 初版 ── 新
北市：花木蘭文化事業有限公司，2019〔民 108〕
目 6+210 面；19×26 公分
（中國學術思想研究輯刊 二九編：第 8 冊）
ISBN 978-986-485-710-4（精裝）
1.（清）章學誠 2. 學術思想 3. 史學
030.8   108001210

ISBN-978-986-485-710-4

中國學術思想研究輯刊
二九編 第 八 冊   ISBN：978-986-485-710-4

章學誠學術思想闡釋史研究（上）

作　　者　何永生
主　　編　林慶彰
總 編 輯　杜潔祥
副總編輯　楊嘉樂
編　　輯　許郁翎、王　筑　美術編輯　陳逸婷
出　　版　花木蘭文化事業有限公司
發 行 人　高小娟
聯絡地址　235 新北市中和區中安街七二號十三樓
　　　　　電話：02-2923-1455／傳真：02-2923-1452
網　　址　http://www.huamulan.tw 信箱 hml810518@gmail.com
印　　刷　普羅文化出版廣告事業
封面設計　劉開工作室
初　　版　2019 年 3 月
全書字數　382574 字
定　　價　二九編 15 冊（精裝）新台幣 28,000 元

章學誠學術思想闡釋史研究（上）

何永生　著

作者簡介

何永生，男，1963 年 3 月生人，祖籍湖北省鍾祥縣。史學博士，武漢市教育科學研究院研究員；華中師範大學語文教育研究中心常務副主任，語文教育專業碩士生導師；湖北大學文學院校外碩士生導師；主要從事語文教育史和課程教學研究。出版專著《創作小說的技術與閱讀小說的技術——以〈外國小說欣賞〉爲中心》（中國出版集團，世界圖文出版公司）、《開心‧立信‧築夢——陽明學淺釋》（武漢出版社）；參與國家教材《語文》（鄂教版）和多部地方教材的編寫；在《華中師範大學學報（哲社版）》《湖北大學學報（哲社版）》《江漢論壇》《當代文壇》《湖北社會科學》等發表文史論文 10 餘篇；在《中國教育報》《語文教學與研究》《中學語文教學參考》《中學語文》等發表語文教育教學論文 40 餘篇。

提　要

　　乾嘉章學誠學術思想被後世學人交相闡釋，形成了一部「層累的」闡釋史。論文通過對章氏歿後 200 年間在不同時代思潮、不同學術語境下抱持不同學術主張的代表性學者對其學術思想闡述的歷時性研究，概略呈現學術界對章氏學術思想研究的成果，發微不同研究者闡釋其學術思想的機緣、動機及選題背後潛在的社會文化思潮、學術背景、學政關係和個人風格，體現其學術思想的進化價值與對現代歷史學發展的意義。在粗略梳理章學誠學術思想闡釋史的基礎上，對章氏學術思想研究中的重要問題和章氏學術命題作了較透徹精微的探討與評說。這些問題包括如何理解章氏學術思想以「文史通義」命名；《文史通義》之「文」與「史」論；「六經皆史」論；「由心術而議史德」論；以史爲則，以學爲用，以用爲體的方志學學理與實踐以及「方志乃一方之全史」論等章氏命題人言言殊的問題。

目次

序　論

一、選題緣起

選擇「章學誠學術思想闡釋史研究」作爲博士論文選題，始則出於好奇心：中國現代學術的建立，總體上是以其日益完備和嚴整的學科劃分呈現的。這與傳統學術以經、史、子、集圖書目錄式的模糊劃分有很大的不同〔註1〕。在這樣一種學術體系下，結構龐大、科系繁複的學科系類，隨著專業化要求的不斷提升，分科越來越細，專門之家與博雅君子越來越難以得兼。然而，就是在這樣的學術思潮和學術制度下，清朝乾嘉時期的章學誠（實齋，1738～1801）及其學術思想卻成爲眾多社會科學和人文科學學科交相闡述的對象。其人其學不斷地被哲學、政治學、文化學、歷史學、文獻學、文藝學及教育學等各個學科領域的後學者各自闡述。這其中雖然不乏批評辨析，但更多的卻是引經據典，以爲同道，其中因緣令人好奇。

在章氏學術思想紛繁的闡述中，梁啓超關於章氏「與近代西方史家言多有冥契」〔註2〕的論斷，何炳松「方之現代西洋新史學家之識解，實足競爽」的論說〔註3〕，余英時「章實齋與柯靈烏歷史思想比較」，以及國際漢學界從日本國之內藤湖南、法蘭西之戴密微、美利堅之倪德衛等對章學誠及其學術

〔註1〕「中國古代的學術分類，往往和圖書分類合在一起……不同時代的（圖書）分類法的目的既然在於『辨章學術』，考察其分類原則，就會直接看到新學科形成的線索和隨之而來的知識範圍的變化。」劉墨：《乾嘉學術十論》，北京：三聯書店，2006 年，第 197 頁。

〔註2〕梁啓超：《中國歷史研究法》，上海：華東師範大學出版社，1995 年，第 33頁。

〔註3〕何炳松：《浙東學派溯源‧自序》，長沙：嶽麓書社，2011 年，第 4 頁。

思想的高度評價和深入研究，更使得他成為中國 18 世紀少有的享有國際聲譽的史學思想家。

　　章氏及其學術思想的影響從如下實用主義的層面也可見一斑。在盛行「文化搭臺，經濟唱戲」的當下中國大陸，這位一生漂泊異鄉，父親亡故後亦無力歸葬故土的學者，在其辭世 190 年後，也被其鄉郡當道引以爲榮。1991 年上虞縣人民政府舉行章學誠 190 週年冥辰學術座談會及紀念活動；2001 年紹興市人民政府「批示紹興市文物管理部門對章學誠的故居嚴加保護，適時搬遷裏面的居住者，修復故居，進行深度文史開發」〔註4〕；2002 年，原全國人民代表大會常務委員會委員長、時任浙江省委書記的張德江批示「要加強浙東學派的研究」；2003 年在多位研究章學誠學者的游說下，紹興市人民政府承辦了「章學誠國際學術研討會」。這一切足以說明章學誠以及其學術思想從學者論文論著之「紙上談兵」，已向政府和民間滲透。雖是在實利主義哲學主導下的「過度」開發，但也說明文化厚生之力，與章氏主張學當經世，以切日常人倫之議不違。章學誠不是一般意義上的學者，而是有大學問的思想家，是有深刻思想和廣泛社會關懷的學問家。其學術思想不乏學術與政治、學術與民生、政治與民生及學術與思想關係之論述。如果將其所處的時代背景、學術風尚和治學動機聯繫起來看，其爲學也，既有上訴「天聽」之深意，又有下申同儕之直言，實有肩負批判與建設雙重責任和使命的自覺意識；既有傳統士大夫的位卑未敢忘憂國的經世意識，又有近代學人爲學問而學問的知識情懷。然而，這樣一個「實際上是一位世界文化名人」的章學誠，在此之前，「紹興人知道的好像不太多」〔註5〕。在海峽彼岸，始於民國八十七年（1998）的「國際文獻學研討會」，次第四屆（2001）「適逢清代名儒章學誠逝世兩百週年，爲紀念這位治學有成的文獻學大家，遂以實齋學術成就爲研討的主要方向」〔註6〕。研討會的論文集冠名「章學誠研究論叢」，全部 26 篇論文中，有 21 篇是關於章氏學術思想研究的。

　　這種對一個學者及學術思想從學術界到政府乃至民間的闡述行爲，在各

〔註4〕　《紹興市政府辦公室給倉先生覆信》，見《章學誠國際學術研討會論文集》，北京：北京圖書館出版社，2004 年，第 435、438 頁。

〔註5〕　倉修良：《紀念章學誠紀實》，見《章學誠國際學術研討會論文集》，北京：北京圖書館出版社，2004 年，第 433 頁。

〔註6〕　吳哲夫：《序》；見陳仕華主編、林惠珍編輯《章學誠研究論叢》，臺北：臺灣學生書局，2005 年，第 1 頁。

自動機驅動下的闡釋結果，能產生何種程度上的視界融合，有多少同中之異，又有多少異中之同，以及這些對學術思想本身及傳播會產生什麼樣的影響都是令人頗有興味的。隨著研習的深入，不難發現這種學術現象出現在章氏學術思想研究中大概有如下幾個方面的原因：

第一、學術面貌的模糊性。章學誠作爲乾嘉時期被邊緣化的「另類」學人，受當時的主流學術界所排斥、被邊緣化的特殊治學經歷本身，就爲後來的學者全面整理乾嘉學術，還原其生態和提取思想樣本提供了某種新的學術空間。關於章學誠其人其事及其學術思想本身就存在一個重新評價和定位的問題。在一些學者眼中，章學誠「是一個知識界的怪人」，而美國學者倪德衛認爲，他「如顧炎武、王夫之、黃宗羲、戴震一樣」，不僅是「一個有學問的人」，而且是「一個需要認眞研究的思想家」；余英時從心理學角度闡釋章氏學術思想的發生與形成，認爲章氏是與同時代的戴震並肩聳立的學術「雙峰」。無論是「怪人」的描述，還是「雙峰」的仰崇；無論是心理還原，還是面相式的推測，其實都源於章氏其人和其學術面貌的模糊性。

第二、學術思想的融合性。「章學誠治學的最高理想」是「將史、文、理、學融合在一起」〔註7〕。他在推崇邵廷采（念魯，1648～1711）的學問而深感「未能及」的同時，明確地表達了心嚮往之而志於學的願望。他說：「吾實景仰邵氏而愧未能及者也。蓋馬、班之史，韓、歐之文，程、朱之理，陸、王之學，萃合以成一子之書，自有宋歐、曾以還，未有若是之立言者也。」〔註8〕綜考章氏平生著述，正是按照這一治學方向發展的。有通儒之譽的焦循（理堂，1763～1820）稱讚其「學究文儒」：「卓哉班馬」、「魷矣韓歐」〔註9〕。章學誠學術思想涉及的領域之廣泛是吸引各個學術領域的學者加入到闡釋其學術思想行列中來的重要原因。《文史通義》至少涉及現代社會科學和人文科學學科中的哲學、文化學、政治學、歷史學、文獻學、教育學以及文藝學等廣泛領域。其學術思想具有高度的融合性。

第三、涉及問題的基礎性。章學誠探討的很多學術問題都是現代學術制度下眾多學科領域無可迴避的「元問題」。比如學術的產生及其發展、經史學的發生及其關係；道統、政統和學統問題；道統與政統之關係問題、道與學

〔註7〕劉墨：《乾嘉學術十論》，北京：三聯書店，2006年，第170頁。

〔註8〕章學誠：《家書三》，《章學誠遺書》，北京：文物出版社，1985年，第92頁。

〔註9〕焦循：《讀書三十二贊》，《雕菰集》卷六，《焦循詩文集》，揚州：廣陵書社，2009年，第113頁。

之關係問題、政與學之關係問題、文與道之關係問題；歷史學中主體性與科學性問題、方志與國史之關係問題；教育與時學關係問題；古文與時文關係問題；考據學與校讎學關係問題以及蒙學與婦學問題等。他說：「君子苟有志於學，必求當代典章以切於人倫日用，必求官司掌故而通於經術精微，則學爲實事而文非空言，所謂有體必有用。」〔註10〕這些問題，皆關學之體、用。既上達形而上者，也下通形而下者。總而言之，其學所涉皆中國社會在由傳統向現代轉換過程中所不得不面對且必須檢討的深層次問題，是一些無法迴避的「元問題」。正是通過對上述一系列問題的思辨探討，章學誠形成了其獨具一格的學術思想格局和關懷焦點。而這種學術格局和焦點問題在某種意義上與後世學者的學術關懷形成了某種意義上的同構。

第四，學術意識的前瞻性。章學誠學術思想具有鮮明的探索性和前瞻性，他認爲史撰之功能超越於「往事之不忘」，在於「欲來者之興起」，所謂「智以藏往，神以知來」〔註11〕。從而使其學術思想具有與時俱進的進化價值。關於這一特點，域外學者多有關注，美國學者 D. Nivison 用「unpredictable」來描述，法國學者 P. Demieville 在評價 D. Nivison「The Life and Thought of Chang Hsueh-ch'eng」時使用了「contradiction」一詞來描述〔註12〕。這種「不可預測性」或「矛盾性」至少可以從兩個方面來解釋：其一，說明章氏思想的形成有一個過程，存在一種演變，是發展變化的，而絕非靜止的；其二，說明章氏學術思想具有一種與時俱進的進化特點。這種進化價值使得章氏學術與其後的幾代學人所遭遇的學術機緣存在發生廣泛互動的可能性空間。章氏處於中國社會由傳統向近代社會過渡的前夜〔註13〕，乾嘉學術的目的是要通過考據「尋找一種更爲遠古的也即接近文明根源的觀念來作爲自己想要建立的文明的基礎」〔註14〕，這學術企圖與西方「百科全書派」通過懷疑自古

〔註10〕 章學誠：《史釋》，《章學誠遺書》，北京：文物出版社，1985年，第41頁。

〔註11〕 章學誠：《書教下》，《章學誠遺書》，北京：文物出版社，1985年，第4頁。

〔註12〕 參見黃兆強《近現代章學誠研究評議》注11，陳仕華主編、林惠珍編輯《章學誠研究論叢》，臺北：臺灣學生書局，2005年，第17頁。

〔註13〕 從某種意義上講，中國和西方國家的差距正是從18世紀開始的。18世紀的中國處在文化專制鼎盛時期，而西方卻開始進入理性主義的啓蒙時代。同樣以文化的整理來看，中國歷史上規模最大的文化工程——《四庫全書》的編修是在最高統治者乾隆皇帝主導下傾舉國之力而完成的，而狄德羅編撰《百科全書》從一開始就拒絕了官方的干預。

〔註14〕 劉墨：《乾嘉學術十論》，北京：三聯書店，2006年，第265頁。

神聖的亞里士多德和柏拉圖，把眼光轉向自然，而期待理性的到來〔註15〕，存在某種學術路徑與向度上的相似性。特殊的時代際遇、學術環境，加上學人本身特別的稟賦和特立獨行的個性等諸多因素，共同促成了章氏學術思想的產生與發展，並且形成了批判的學術與學術的批判之特性。這種特性使得其學術思想蘊含了極其豐富的進化價值。這種進化價值使得章氏之後致力於中西融通、實現傳統與現代轉換的幾代學人深受其惠。這幾代學人既有尚處於經史傳統學術話語體系中的傳統知識分子（士人），也有西潮湧動下多元價值體系並存博弈，各有宗尚和主張，新舊並存的過渡性知識分子，也有純粹的現代知識分子。當他們無論出於什麼樣的動機把目光轉向傳統中國文化的時候，他們在特定時候和特定問題上選擇了章學誠及其學術思想，作為思辨和對話的另一方。於是，各種形式和各種話題的對話開啓且連綿不斷。而隨著這種對話的深入，與章氏對話的各個對話主體之間的互動，即對話者之間的對話也由此開啓，對話的可能性空間也變得越來越大，層級越來越豐富，交錯越來越複雜，問題也就越來越深入。

第五，章氏著述文本面貌的特殊性。章氏學術活動的主要方式——著述——的獨特風格以及作為章氏學術思想載體之文本面貌的特殊性，為章氏學術思想被不斷闡釋，提供了多樣化闡釋的基礎。章氏著述雖說只有《文史通義》《校讎通義》及部分方志遺世。然而，此一著作流傳後世的情況卻並不簡單。

首先，版本和選刻的情況十分複雜〔註16〕。據不完全統計，刻本就有：1、自刻本（嘉慶元年（1796）。章學誠本著「近情而可聽者」的原則，刊刻《文史通義》中《言公》《說林》等十餘篇，此即《文史通義》自刻本，也是《文史通義》的最早版本。2、大梁本。章氏死後 31 年，道光壬辰、癸巳間（十二至十三年，1833 年），其子章華紱在大梁刻成《文史通義》《校讎通

〔註15〕關於這一時期中西方文化的比較，可以參看戴逸所著《乾隆帝及其時代》，中國人民大學出版社，1992 年，第 394 頁，以及美國學者列文森所著之《儒教中國及其現代命運》，鄭大華、任菁譯，中國社會科學出版社，2000 年，第221 頁。

〔註16〕文史學人孫次舟在《文史月刊》（1939 年第一期）有《章實齋著述流傳譜》一文見載。其文比較詳細梳理了章氏著述面世源委曲折。鮑永軍關於章氏著述編選情況介紹有《章學誠研究論文著作索引（1801～2003）》，見載《章學誠國際學術研討會論文集》附錄，北京：圖書館出版社，2004 年。此處主要採大陸湖南科技學院教授張京華說。

義》，一共 9 卷，世稱「大梁本」。「民國間，凡題爲《文史通義》（含《校讎通義》）的，從線裝石印、線裝鉛字到洋裝鉛印，有諸多坊本流行，均由『大梁本』而來。〔註 17〕」3、通行本（咸豐元年，1851）。由粵雅堂翻刻、同治十二年浙江書局補刻諸本，世稱「通行本」。4、嘉業堂本或稱遺書本。民國壬戌（十一，1922 年），劉承幹刻成《章氏遺書》三十卷，包括《文史通義》《校讎通義》十三卷。世稱「嘉業堂本」或「遺書本」。章氏著作漸獲普遍認可之後，民間流行多種選注本〔註 18〕。此外，更有鉛印本多種：1、民國二十五年（1936）商務印書館有鉛排本，共八冊；2、1985 年有文物出版社據嘉業堂刻本影印並增補而成之《章學誠遺書》本。可以想見，對於研究章氏學術思想的學者來說，要周備章氏著述並非易事。更不要說因爲章氏生前幾遺大部分手稿，造成了章氏回憶補寫的稿件和遺失流傳原稿的出入〔註 19〕。以上種種無疑給研究者造成不少的困擾。

其次，章氏治學風格駁雜，著述文本面貌十分特別。「章氏一生治學，均由文獻典籍之分類、編次而出，言必稱『部次條別』（《校讎通義敍》），而其自家著述之分類、編次最雜」〔註 20〕。具體表現爲「三雜」：第一是名類（題）雜；第二是文體雜；第三是體例雜。所以，「章氏遺書的各種版本都編次得不好」〔註 21〕。而之所以然者，皆由章氏「自家著述之分類、編次最雜」所致。「《文史通義》內篇之題似擬子家，並有專門翻用前人舊題者，如《說林》《原道》《師說》，而外篇或雜以方志之序列，或雜以書雜序跋。方志既須序例而明，則序例自當與方志爲一體。章氏不僅以序例單行，亦且一卷方志而序例往往多至上、中、下三篇，又有序例反多於志傳正文」的情況，亦不少見。又「章氏行文，或首尾重複，似墨子；或自設問答，似公穀；忽又爲駢體，似時文。文中偶有代作，自稱『章君雅有史識』云云，自伐而不慚」。「《校讎

〔註 17〕張京華：《整理弁言》，葉長青撰《文史通義注》，華東師範大學出版社，2012年，第 2 頁。

〔註 18〕據不完全統計即有商務印書館出版章錫琛《〈文史通義〉選注本》（30 篇）；文瑞縷之石印《詳注〈文史通義〉》坊本、文瑞樓之《新體注釋〈文史通義〉》；鴻章書局之《注釋〈文史通義〉》；眞美書社之《詳注〈文史通義〉》。

〔註 19〕康熙四十六（1707），遇盜賊幾遺兩《通義》之全部書稿，以致生前十餘年都未能補出。

〔註 20〕張京華：《整理弁言》，葉長青撰《文史通義注》，上海：華東師範大學出版社，2012 年，第 1、2 頁。

〔註 21〕姚名達：《會稽章實齋先生年譜·姚序》，南京：江蘇人民出版社，2012 年，第 120 頁。

通義》觀其題名，似與《文史通義》駢列，而其自注『外篇』，可知確在《文史》之內，則是《通義》之中又有《通義》也」。又「章氏每以初稿抄送朋輩，而不自留意於定稿，有所異同，則『亦自忘眞稿果何如』」〔註22〕。

　　第六，學術思想闡釋的多維性。學術研究宗尙不同的學者，闡釋章氏學術思想的向度各個不同。一般來說，著眼於從學術史角度的闡釋者，往往從學科意識和方法層面關注章氏學術思想對學科建設的貢獻較多；從思想史角度著眼的學者，更多注重的是章氏學術思想的意義與價值闡述；而從哲學史角度著眼的學者常常偏重對章氏學術思想中概念和術語的闡釋；從比較研究角度進行闡釋者要麼突出學術思想橫向的普適價值，要麼探究縱向的影響關係。由此，則不同時代闡釋者所持的闡釋立場、所依據的闡釋理論和所借助的闡釋手段，以及即使是同一時代出於不同需要、立居不同立場、稟持不同闡釋依據、選擇不同闡釋手段，各具學養及認知差異種種因素形成的林林總總的闡釋，在無限豐富章氏學術形象和學術思想的同時，也使得章氏其人及學術思想面貌也因之呈現出種種色色的特徵。歷時性地考察這種闡釋活動的過程，就可以發現一部色彩斑斕的闡釋史。如此情形，誠如有的學者所說：「（一部）中國思想史是以不斷對原典進行重新詮釋的形式展開的。經典詮釋活動並不像人們所認爲的那樣總是陳陳相因的，不同時代的經典詮釋活動常常反映出人們在新的與舊的、活的與死的之間進行選擇的制度焦慮和人生焦慮，一部經典詮釋的歷史，即反映這一社會共同體文化思想『託古改制』、新陳代謝的歷史。」〔註23〕

　　上述的一些想法，既是在學習中的收穫，又是吸引我不得不進一步深入到章氏學術思想的考辨中，以期有更多發現的誘惑，也使得我在考察章氏學術思想被闡釋的時候，不僅發現了掩藏在紛繁複雜的章氏學術思想闡釋話語下，由模糊不清到比較清晰的闡釋史線索，而且還可以順著這條線索在某種程度上還原章氏學術思想被闡釋的時代思潮及其背景、闡釋者的學術價值取向、闡釋動機、話語姿態以及這些對闡釋章氏學術思想產生的影響。

　　由此，通過作章學誠學術思想闡釋史這樣一個個案的研究，可以發現：第一，通過一個特殊案例的視角，鳥瞰乾嘉之後以至於今，在中國社會發生

〔註22〕張京華：《整理弁言》，見葉長青撰《文史通義注》，上海：華東師範大學出版社，2012年，第3頁。

〔註23〕林慶彰：《序言：思想史研究與考據學方法》，見姜廣輝著《義理與考據：思想史研究中的價值關懷與實證方法》，北京：中華書局，2012年，第4頁。

急劇變化的大背景下，不同學術思想大潮下的史學波瀾；第二，通過考察主要學人在闡釋章氏及其學術思想活動中的作為，發現其學術思想、學術主張、學術方式以及學術貢獻的某一個側面；第三，通過考察後學者對章氏其人其學的闡釋，提出問題討論，力圖發現章氏學術思想的進化價值及學術思想的真正面貌。

需要特別說明的是，論文闡述中所使用的「章學誠學術思想」和「被闡釋的章學誠學術思想」是兩個不同的概念，所描述的是兩副不同的學術思想面孔。章學誠治學最突出的特點之一，是對思想（「意」）的強調。他說：「著述必有立於文辭之先者」，「成一家之言，必有命意所在」，但凡著述之文，「得其意」與「無其意」〔註24〕之間，自有天壤之別，「史家著述之道，豈可不求義意所歸乎？」〔註25〕所謂章氏學術思想即章學誠在其所生活的時代，受當時社會環境、學術風尚影響，且與之對話而發生和發展的一些思想。這些思想通過著述形式而形成思想文本，為後來研究章氏學術思想的學者提供了對話的平臺和交流的信道。章氏學術思想是什麼，不管你關注它還是忽視它，它都客觀存在。當然它只是一種可能性的存在，一種思想文本的存在，它必須經過研究者的闡釋才真正變成現實的思想。文本是開放的，思想就不會是靜止的。這樣，章氏學術思想實際上就成了闡釋者與章氏所提供之學術思想文本之間不斷對話所產生的思想，每一個章氏學術思想的闡釋者都宣稱自己在發掘章氏學術思想或章氏學術思想某一個方面，即使是以章氏所提出的問題作為話語平臺而借題發揮的闡釋者。這樣的闡釋活動呈現出如下的圖式，即闡釋既無限接近卻又無法完全契合章學誠自身的學術思想。也許闡釋者就其中某一個方面對章氏學術思想的闡釋有接近章氏學術思想本真的主觀願望和客觀條件，但章氏總體的學術思想或者思想的某一個維面究竟是什麼，卻有可能因為闡釋者生產性作用的過度擴張越來越呈紛紜之勢。

每一個闡釋者的闡釋活動都是一條思想的小溪。隨著後繼的闡釋者越來越多，闡釋活動越來越豐富、越來越深入，闡釋活動之持續不絕，涓涓細流自然而然地匯成了一條蔚然可觀的章氏學術思想之河。這思想的河流在我心裏、眼裏，幻成一部章氏學術思想的闡釋史。這樣的一部闡釋史不僅有成溪成河成流之眾水難分的分水細流，也有標示思想廣度與深度、方位與矢量、

〔註24〕章學誠：《答問》，《章學誠遺書》，北京：文物出版社，1985年，第50頁。
〔註25〕章學誠：《申鄭》，《章學誠遺書》，北京：文物出版社，1985年，第37頁。

速度與流態等流域生態的水文站。

　　大海舀飲，我僅從史觀這一視角，選取眾多有代表性的闡釋者在不同史觀觀照下對章氏學術思想闡釋的活動樣態，來速寫章學誠學術思想闡釋史輪廓，且選擇在章氏學術思想和闡釋活動中有代表性的六個方面的問題，來作較爲深入的思考和討論。一來期以點面結合的方式呈現章氏學術思想被闡釋的樣態，同時，也希望邏輯地呈現章氏學術思想與闡釋活動之間的內在張力，是怎樣推動了這樣一種文本與思想者之間的互動。當然，也有通過考察闡釋活動的學術思潮背景如何影響思想闡釋者闡釋問題的選擇、闡釋方式、話語姿態以及這些因素相互的作用又如何影響思想傳播的想法。這樣一個一石三鳥的企圖，當然是一個初涉學術史的徒工力所難及的。然而，忽視其中任何一個方面，又有使問題顯得不夠完整的求全之心，鼓動我只有做勉爲其難的嘗試。這樣的想法，落實在論文的結構上即呈現出上、下兩篇的情形。

　　上篇主要是著眼於從史觀演變的角度，對晚清以來各個時期文史學界代表學人對章氏學術思想闡釋演變的描述，形成一個章學誠學術思想闡釋史的基本輪廓，並且希望通過對這一闡釋史的考察，宏觀章氏學術思想在不同時期、不同學術觀鏡像下所呈現的學術思想面貌。與此同時，通過這一考察，微觀不同學人的某一學術思想側面。在這樣一個章氏學術思想闡釋簡史譜系中，傳統經史學視閾下的章氏學術思想評鑒，選取了龔自珍、譚獻和康有爲。龔自珍「是章學誠之後，史學向清末民初過渡的重要中介者」〔註 26〕；譚獻於章氏及其學術思想，不僅有文本方面的尋佚搜遺之功，而且有學術及思想方面的推介之勞；康有爲是清學之殿軍，也是以經學之解而濟政治之困的標誌性人物。在現代史學建立的過程中，出現了科學派和文史派兩大陣營。「所謂科學的歷史研究，背後有太多的不確定和可爭議」〔註 27〕，科學史觀成爲近現代史學學人爭相自伐以解釋歷史的學術追求。進化史觀、唯科學史觀和唯物史觀在科學史觀的旗幟下其實各有主張。在進化史觀下的舊史學批判與新史學建設中，梁啓超全面肯定和吸納了章學誠的史學思想及其他學術成果；作爲亦舊亦新、以學問家與革命家並譽的章太炎，隨境彈贊章氏之政教思想以爲我用也頗具代表性。在史術與史料爲核心的唯科學史觀下，胡

〔註 26〕 龔鵬程：《近代思想史散論》，臺北：東大圖書公司印行，1991 年，第 6 頁。
〔註 27〕 桑兵：《晚清民國的學人與學術》，北京：中華書局，2008 年，第 45 頁。

適對章學誠學術思想的闡釋影響深遠，其學術盟友何炳松（字柏丞，1890～1946）關於章氏學術思想價值的評介也不乏影響，因其所論多已在胡氏《〈章實齋年譜〉序》中集中反映，故不再另列章節介紹。倡引疑古思潮的顧頡剛推贊章學誠為思想啓蒙先驅。凡此種種足證章氏學術思想於科學實證思潮之價值。在文化史觀下，錢穆和劉咸炘對章氏學術思想的豐富與闡揚，在學理性方面更勝一籌。而唯物史觀下章學誠之「六經皆史」論、「君師合一」說、「薄古崇今」議都獲得了明引暗徵之實際的運用。同為馬克思主義史學家的范文瀾與侯外廬在批判地借鑒章氏學術思想方面各有所取，形成了一定的互補。當代學者倉修良的《文史通義新編新注》自成一家之言，對章氏學術的普及之勞不得不提。在大陸上個世紀 70 年代以後，讓章學誠《文史通義》可列入普通文史研習者閱讀書籍，倉修良功不可沒。國際漢學作為章學誠學術思想闡釋的他者視角，從思維方式、研究方法和成果顯示諸多方面，都為章氏學術思想闡釋史考察提供了別樣的視點。美國學者倪德衛、日本學者山口久和以及美籍華裔學者余英時三位學人與中國文化的關係呈現出三個不同的層次，闡釋章氏學術思想的面相也各各有別。

下篇選取在章學誠學術思想闡釋史中形成的 6 個主要焦點問題。它們是《文史通義》之主旨論與辯；《文史通義》之「文」論議；《文史通義》之「史義」論說；「六經皆史」論新探；「心術」與「史德」問題考論；以史為則、以學為用、以用為體之章氏方志學理論與實踐的學理邏輯及價值取向發掘。通過考察這些問題闡釋及互動形成的爭鳴，發現這些問題產生爭訟的學術思潮背景、學人學術個性因素，以及產生爭訟的其他可能性因素。當然，這種爭鳴又提供了讓闡釋活動越來越接近或偏離章氏學術思想的可能。這種考慮既是在考察章學誠學術思想闡釋史過程中自然形成的，也是對不同時期學術思想問題梳理後之所得，也可以視為是在闡釋史線性描述基礎上就重要問題作「點」上的照應，以期使得整個課題成為既現學術主義之談，又有學術問題研究的有機整體。

二、國內外研究綜述

關於章氏學術思想的研究已經野無遺題，研究文獻汗牛充棟。這些都是後學者闡釋章氏學術思想的成果，其中自有良莠。完全統計這些闡釋文獻，已經成為章氏學術思想研究的一項繁複工作。上個世紀 90 年代末，臺灣中央

研究院林慶彰先生主編的《乾嘉學術研究論著目錄（1900～1993）》（以下簡稱《目錄》）「章學誠」條目下，按「生平、年譜」，「著述研究」，「學術總論」，「史學理論」，「方志理論」，「文學理論」，「文獻目錄學」，「研究述評」8 大類，搜羅編目文獻計 299 篇（部、章、節）〔註 28〕；2004 年，浙江大學歷史系鮑永軍博士作《章學誠研究論文著作索引（1801～2003）》（以下簡稱《索引》）〔註 29〕在上述分類的基礎上，以「學」代「理論」（史學理論、文學理論除外），在「文獻學目錄學」一目中，刪去「目錄」，增加「檔案學、譜牒學」，又增加「教育思想」一目，且將「研究專著」、「港臺以及國外研究專著」、「港臺以及國外研究論文」單列並置，總共十一類，搜羅編目共692 條。

　　海峽兩岸學者所作之章氏學術思想研究文獻的編目整理，先後相繼，各有短長，互為補益。林氏《目錄》之章氏條目，是在臺灣中央研究院中國文哲研究所「乾嘉經學研究計劃」之「乾嘉學術研究」「學者分論」下的一個子目，雖較鮑氏簡略，但在林氏所列 74 位乾嘉學人中已是非常顯著了。因為在 74 位入選學人中，林氏僅對 8 人的研究文獻進行了分類編目，而分類分項編目之細，目錄之詳者唯戴震（東原，1724～1777）與章學誠，由此則章氏學術思想受研究者關注程度已可見一斑。鮑氏之《索引》係《章學誠國際學術研討會論文集》〔註 30〕的「附錄」，是專門為章氏一人所作的一項研究文獻索引，搜羅的上下時限相對較長，也更全面，尤其是「生平、年譜」研究文獻的搜羅和「著述整理」兩方面更顯豐富詳實。兩相比較，林氏編目像速寫，而鮑氏編目則似素描。無論繁簡詳略全缺，對考察後之學者對章氏學術思想研究，以及章氏對晚清、近現代學人及學術思想的影響都不無幫助。從中尚可發現：以余英時所作戴震與章學誠乃清代中葉學術思想史上的「雙峰」之論〔註 31〕形象生動且具體準確，已然形成共識。然而，這矗立的「雙峰」卻並非乾嘉時代學術生態的本來面目，而是後之學者闡釋建構出來的一

〔註 28〕林慶彰：《乾嘉學術研究論著目錄》，臺北：臺灣學生書局，1995 年，第 203～227 頁。

〔註 29〕中國歷史文獻研究會編：《章學誠國際學術研討會論文集》，北京：北京圖書館出版社，2004 年，第 446～482 頁。

〔註 30〕中國歷史文獻研究會編：《章學誠國際學術研討會論文集》，北京：北京圖書館出版社，2004 年。

〔註 31〕余英時：《論戴震與章學誠》，北京：三聯書店，2000 年，第 3 頁。

幅影像。因為在那樣一個考據學主導下的時學風尚中，章學誠不僅自覺活
在戴震的陰影之下，而且事實上也是被極度邊緣化的。他的學術思想被接受
的情形極為矛盾，一方面是每一章出，朋友們便爭相傳閱；另一方面又被
視之為無學之狂言虛語，只有像邵晉涵等少數學術知音認識到其學術思想
的真正價值。儘管章氏內心強大，敢於面對潮流，批判時學，堅持自己的
學術方向，執著自己的學術理想，然而，章氏生前之落寞和寂寥則是無可置
疑的。

　　換言之，關於這樣兩座學術思想高峰的群識共見，並非赫然矗立於乾嘉
時代，從某種意義上說，是後來學人們整理發掘清代中葉學術思想的過程中
慢慢建構起來的，學術「雙峰」乃後之學人闡釋先賢學術思想的文石口碑。
戴震作為乾嘉樸學翹楚贏得身前身後名，而晚生戴震 15 年的章學誠則命途多
舛。乾嘉時期無論是統治者所力倡踐行的「學問政」，還是考據學之「道問
學」，都是排斥章氏之經由校讎之徑而「尊德性」的，更不用說一般「但知聚
銅，不解鑄釜」的知道分子對章氏其人其學的誤會或曲解。

　　時代容與至晚清，中國社會遭遇「三千年未有之大變局」，在政事之壞檢
視學術的傳統和思潮下，章氏學術思想交上了好運：由先前少數幾個知音的
整理闡揚，到成為主流學術界不同學術派別、不同學術主張、不同文化觀念
及不同學術領域主要學人交相闡釋的對象，且歷久不輟，成為學術史上一種
甚為特異的現象，其趣也良多。

　　然而，在所有相關研究中，關於章氏學術思想研究的研究，雖然不能說
沒有，但總的說來相對於章氏學術思想研究本身則顯得甚為寥落。這其中臺
灣學者黃兆強《六十五年來之章學誠研究》〔註 32〕，大陸學者裴成發《建國
以來對清代目錄學家章學誠研究述評》，是兩個帶有章學誠學術思想研究綜述
性質的文獻。前者發表於 2001 年，後者見刊於 1991 年。「六十五年」，確切
的時域是 1923～1988 間；「建國以來」，即以 1949～1991 為限。雖說兩者都
帶有綜述性質，但論域卻不盡相同，從黃氏之文題看是綜合的、整體性的概
觀，然而，細讀文本，則主要評議的方面是對章學誠學術思想研究過程中學
術失範問題的批評。集中表現在對研究者在材料的取採方面的偏失、偏信、
偏採；表述模式及取徑的概念式而非歷史式；態度表現的輕率以及難以超越

〔註32〕 此文為黃兆強先生向臺灣第四屆中國文獻學學術研討會提交的論文，是其在
　　　　法國攻讀博士學位的博士論文的部分章節內容改寫後的漢譯。

的意識形態色彩等問題的評議。裴氏之論僅限於大陸當代「目錄學」一域，具體而細密。兩相比較，對於系統研究，亦體現整體與部分的相互映照。據悉斯坦福大學倪德衛教授的「一位學生正在搜集彙編全世界範圍內有關章學誠研究的相關論著」〔註33〕，現在結果尚未目見。

此外，從學術思想與闡釋者關係角度論及章學誠的雖有，但不多見。幾個有限的個案是：張榮華之《章太炎與章學誠》〔註34〕、王標之《譚獻與章學誠》〔註35〕、劉巍之《經典的沒落與章學誠「六經皆史」說的提升》〔註36〕。其中張文從闡釋學的角度考論章太炎「六經皆史」論與章學誠「六經皆史」論之殊別，指出在這一問題上「唯名論」者的附會與牽強，認爲章太炎對章學誠學術思想的認識評價，受學術觀念、論學方式、學術思潮和社會政治環境甚至是個人人際因素的影響較大；王文通過對譚獻學術思想中「天下無私書，天下無私師」與章學誠「六經皆史」論、「官師合一」說關係的考察，「看章學誠在晚清思想史中的影響」。這兩篇文章可以視爲專人影響之考論。劉文旨在從章學誠「六經皆史」說與近代經學、近代史學的關係這一視角切入，認爲章氏經史之論在近代之備受關注，「深刻地反映了時勢的變動」，是「中國近代經學的衰敗及其主導地位被史學所取代，而經典自身不能不以『史料』的身份寄身於『史學』的歷史命運」的反映。上述闡釋者個案和個別問題展開的章氏學術思想與闡釋關係的考察，無疑給本課題以啓示。

除了這幾篇「專人」「專題」性的論文，在其他論著中有涉及對章氏學術思想研究問題討論的，都非闡釋角度的研究。比如陳新在《二十世紀以來中西史學理論比較史研究》中對余英時《章實齋與柯靈烏的歷史思想》所作工作的評價，認爲余氏對章氏史學思想的比較闡揚，既是中西史學比較研究史上一個重要階段的標誌性轉換，又建立起中西史學比較研究的典範。張汝倫《存異與求同——以章學誠和柯林伍德的比較研究爲例》《章學誠與柯林伍德的歷史觀念差異比較——與余英時先生商榷》，對余氏比較研究失範的批評。

〔註33〕倉修良：《紀念章學誠紀實》，見《章學誠國際學術研討會論文集》，北京：北京圖書館出版社，2004 年，第 434 頁。

〔註34〕張榮華：《章太炎與章學誠》，《復旦學報》（社會科學版），2005 年第 3 期。

〔註35〕王標：《譚獻與章學誠》，《杭州師範大學學報》（社會科學版），2009 年 1 月第 1 期。

〔註36〕劉巍：《經典的沒落與章學誠「六經皆史」說的提升》，《近代史研究》，2008 年第 2 期。

張京華在葉長青撰《文史通義注》之《整理弁言》〔註 37〕中對葉瑛《文史通義校注》與葉長青《文史通義注》關係的詳細考辨，以為《文史通義校注》實則是對葉長青《文史通義注》的抄襲。文章同時對胡適之自評《章實齋先生年譜》的首發性貢獻之說，以歷史方法進行了學術價值的歸位。吳震的《章學誠是「近代」意義上的「學者」嗎──評山口久和〈章學誠的知識論〉》是一篇書評式的學術論文，作者借與山口久和對話，評議了這位日本學者對章氏學術思想理解的諸多令人「困惑」之處，對章氏學術屬性和學術身份認定的可商榷之處進行了討論。認為「章學誠主張『道』亦在歷史而批評『道』衹在經學的片面觀點，表明其以史學抗經學的學術旨趣；他的『性情』說則旨在主張做學問須就『性之所近』作出適當的選擇，而非主張學術觀點須以自己之『性情』作判斷標準」。認為「總體而言，『史學經世』是其思想旨趣，而經世主張的落實須建立在『官師合一』、『政教合一』的前提上」，由此則「章學誠的思想性格可以定位為激進的文化保守主義。」〔註 38〕這些涉及章氏學術思想研究的研究，皆從研究價值評判或學術規範探討視角切入。嚴格地說，它們都不是從闡釋學的角度進行的研究。誠然，對本課題研究的展開，亦有開卷之益。

三、闡釋史研究：「意」「義」衝突與和解的歷史考察

　　章學誠學術思想和被闡釋的章學誠學術思想，是既有交集又面貌各異的兩個系統，兩者之間既有前見之別而呈現的差異，又有視界融合的同情共識，關係既簡單又複雜。章氏自有其學術思想。他一生七歷科場，雖然最終獲得了進入那個時代體制內的入場券，然而卻又拒入官場，實現由士人向學人的轉變。輾轉流離，求供書院講席，幫助畢沅（秋帆，1730～1797）整理《史籍考》，謀編方志，既為稻糧謀，也為學術計。形貌不揚，性情古怪，不拘於時，執著不輟的章學誠，雖然有《言公篇》，既述遠古學術所為之質性，為「公」而不復存「私」，也批評後儒之貪名趨利，以學術為謀私之具。然而，他又有學術撰著徵引需有標注規範的議論。表面上看似矛盾，其實是性質不同的兩碼事。前者是論學術之人為學要存公心，斷不可為私利曲學阿世；後者是強調學必有據，論必有徵。但也不乏要留思想在人間，以垂不朽的信念。

〔註 37〕葉長青：《文史通義注》（上），上海：華東師範大學出版社，2012 年。
〔註 38〕吳震：《章學誠是「近代」意義上的「學者」嗎──評山口久和〈章學誠的知識論〉》，《南國學術》，2014 年第 1 期。

所謂「學者好古敏求，操觚吮毫，矻矻窮年，而憂恐著述之湮沒不傳者，視此其亦當爽然自解矣！」〔註39〕在這一點上他深受司馬遷的影響：既不見容於當世，則發奮著述，「藏之名山，傳諸後世」，以待來者。爲此，在他生前，不僅每一篇出，輒反覆抄錄，傳諸師友和知己，以求同情和理解，而且在他離世前 5 年的嘉慶元年（1796）〔註40〕，在經濟情況極爲艱窘的境況下，自刻《文史通義》。這個分「內篇」、「外篇」、「雜篇」和「雜著」的自刻本，一共收錄 15 篇文章，所選皆「近情而可聽者」〔註41〕，並非全部著述。計劃整編一部收羅較爲完全的《文史通義》，是在嘉慶六年（1801）。章氏離世「數月前」，他「把所著的文稿請他的朋友蕭山王宗炎（谷塍）校定」，並往復討論斯事〔註42〕。章氏是有自己明確的學術思想主張的，雖然有些主張隨時有更易，且現前後矛盾反覆之態。從積極的意義上來觀，這是他不斷思考，嚴謹自律學術精神的表現，也可視爲其思想轉變和成熟的自然演進之眞情實態的另外一種記錄。他用「文史通義」來概括其學術的主張。這一命名果決鏗鏘，雖經多位重要學人的闡釋，然而，在筆者看來，依然存在極大的討論空間。是以，下篇便專闢一章就《文史通義》主旨展開論闡。

　　章氏生前知己、愛好者和批評者對其文稿的輯遺收羅，甚至冒名剽纂者，以及後之編輯出版者等等，所作的編纂出版工作皆具雙重的價值。一方面，無論木石刻錄還是機械翻影，雖所借印刷工具有別，傳播途徑和渠道不同，但在利用編輯傳播的特殊手段和方式及完整再現一個自己理解和認爲的章學誠及章氏學術思想體系這一點上，卻是沒有區別的。他們的工作都可以視爲一種特殊的闡釋。另一方面，這些工作爲後來的章氏學術思想研究者提供了豐富的文獻基礎和可參照的研究視角。至於在此基礎上的詞詮典釋之校注、課程講義之發揮、學術研究之徵引以及問題發掘之闡揚者，雖然皆以正解、直釋、雅訓等不同名目來批判章氏學術思想之義爲旨歸。然而，從某種意義上講，都只不過是一個特別視角。從闡釋學的視角來看，作爲思想載體

〔註39〕孫次舟：《章實齋著述流傳譜》，《說文月刊》第 3 卷第 2、3 期合刊，1939 年。

〔註40〕關於《文史通義》自刻本的時間，學術界存兩種說法，一種依章氏《與汪龍莊書》，認爲自刻時間當爲嘉慶元年（1796），胡適、錢穆等主此說，成主流意見；一種以章氏《報黃大俞先生》爲據，推測自刻時間當在乾隆六十年（1795）左右，兩說時距相差不大。

〔註41〕章學誠：《與汪龍莊書》，《章學誠遺書》，北京：文物出版社，1985 年，第 82 頁。

〔註42〕胡適：《章實齋先生年譜》，第 120 頁，見《胡適文存》（七）。

的文本是一種特殊的開放系統，而不是某個人或某類人專有獨佔的專屬品。文本一經創生即享有與生俱來面對無限廣大闡釋主體的權利，而任何有能力或自認爲有能力進行闡釋的文本受眾，也都有自由進入求知求解與對話的權力。在古典闡釋學嚴格的規範審視下，每一個闡釋者都宣稱自己的理解才是眞正接近章氏學術思想的正解，而非誤解，更不是曲解，是對以章氏學術思想文本爲信託的章氏學術思想的發掘和指正，是通過對文本含義的追索而最接近章氏本意的知識考掘和思想考索。

中國古老的闡釋學智慧認爲：文本乃荃、蹄；意義方魚、兔。現代闡釋學對古典闡釋學的重大發展，是對於闡釋主體權力的主張和解放，是對精神理解廣泛性客觀現實的尊重。這種主張和解放賦予了闡釋者追求理解和意義的權力。於是，古典闡釋學嚴格的科學規範和現代闡釋學開放包容之間所形成的張力，便出現了「意義」不斷被接納又不斷被生產的延綿不斷。一部章氏學術思想的歷史就成了一部以章氏學術思想文本爲酵母的、自發的思想再生產的歷史——章氏學術思想的闡釋史。

本課題側重於對章學誠學術思想闡釋史的研究。從闡釋學的角度而言，作者與文本、文本與闡釋者、闡釋者作者之間普遍存在著一種既依賴又緊張的對話關係。闡釋者的闡釋活動既針對作者，又針對文本；既尋求兩者之間最大的意義公約，又有擴大兩者分歧的可能性。加之闡釋者自身的闡釋背景、闡釋動機和可資憑藉的闡釋手段以及個性的因素，都有可能影響闡釋活動的結果。造成「意」與「義」之間的衝突或和解。研究闡釋史，就是考察這種「含義」和「意義」之間衝突的原因，實現和解的可能性。所以，每一種闡釋都是「含義」和「意義」〔註43〕之間的一種「衝突」或者「和解」的調處或妥協。通過觀察「衝突」，除了發現解釋與理解、含義與意義，以及不同闡釋主體之間存在怎樣的分歧，具有怎樣的合法性、合理性和必然性；通過觀察「和解」，發現諸解「共和」基於怎樣的商約過程達成了同情、共理和共識，進而達到凝結和鞏固社會文化同一性，使傳統在新的條件下成爲可能的基理。通過對章氏學術思想在被闡釋過程中「含義」與「意義」，「衝突」

〔註43〕赫施認爲：「含義存在於作者用一系列符號所要表達的事物之中，……而意義則是指含義與某個人、某個系統、某個情境或某個完全任意的事物之間的關係」。換言之「含義」乃文本符號的本意，而「意義」則發生於闡釋者與文本的關係之中。〔美〕赫施：《解釋的有效性》，王才譯，北京：三聯書店，1991年，第2頁。

或「和解」的考察，對於每一被選擇進入研究視域的闡釋者，「聽其言，觀其行」，「視其所以，觀其所由，察其所安」（《論語‧爲政》）。從學術史的角度看，通過對章氏學術思想闡釋史的考察，以期達成（1）發現章氏學術思想文本的特殊面貌，這種特殊的本文面貌對章氏學術思想的闡揚、延傳產生了什麼影響；（2）發現章氏學術思想本身的進化價值；（3）發現時代思潮對學人闡釋課題的選擇以及闡釋向度選擇的關係；（4）發現闡釋者學術觀念、趣味，學術偏見（「先有」、「先見」、「先知」）以及這些個人闡釋的起點，對學術思想形成的影響。

　　因爲章氏學著流傳過程中版本歧異，本文所據引主要以 1985 年文物出版社出版之《章學誠遺書》，此書中未有之篇什則別擇其次者。

上 篇
不同學術鏡像下的章學誠學術思想

　　每一個民族在面臨巨大危機和轉機的前夜，都會通過學術和藝術的方式重溫這一民族歷史文化和學術思想的源頭。無論這樣的思潮以「文藝復興」冠譽還是「古文運動」、「整理國故」標的，其本質都是在復興古代文化的旗幟下，表達時代新的訴求。魏源今文古文交相取代說〔註1〕，梁啓超之「復古解放論」〔註2〕，皆此之謂也。18世紀正是中國社會進入近現代社會的前夜。這個世紀中葉的文化建設，出現了由官方主導，傾全國之力而興舉的三禮館之設，《古今圖書集成》編撰和《四庫全書》編修等大型的文化工程。在學術思想上，體現科學精神的考據學發展至登峰造極，以至這一具有悠久歷史的學術方法和傳統被冠以「乾嘉樸學」，來體現這個時代學術的特徵和貢獻。與此同時，在文化視闊下另闢學術新徑，以觀照中國歷史文化的新的學術形態和學術代表人物也應運而生。前者的代表人物是戴震，後者的代表人物是章學誠。這是宋儒之「道問學」與「尊德性」在新的「時會」下的表現，呈現

〔註1〕 魏源論今文古文交相替代有言：「西京微言大義之學墮於東京，東京典章制度之學絕於隋、唐，兩漢訓詁聲音之學熄於魏、晉，其道果孰隆替哉？且夫文質再世而必復，天道三微而成一著。今日復古之要，由訓詁聲音進於東京典章制度，此齊一變而至魯也；由典章制度以進於西京微言大義，貫經術政事文章於一，此魯一變至道也。」魏源：《劉禮部遺書序》，見《魏源集》（上），北京：中華書局，1976年，第242頁。

〔註2〕 梁啓超：《清代學術概論》，見朱維錚校注《梁啓超論清學史二種》，上海：復旦大學出版社，1985年，第3～89頁。

出中國學術由近世向近代〔註3〕轉變的徵象。兩者對中國文化思想內在精神的探索殊途而同歸，都主張並實踐由「道問學」而至「尊德性」，所不同者戴震經由考據，而章學誠經由校讎。他們的共同之處在於，都意識到並且主張要對古代的經典有真正的理解必須從重新認識現存的文獻開始。所不同者，前者由訓詁章句而近大道；後者經文獻源流考辨、條別、部次而企以恢復經典的原貌和原旨精神。前者是在經學的範疇內展開的釋經；後者是在全面考察古代學術源流的基礎上對古代學術進行哲學意義的思辨與學理上的「正本清源」。從某種意義上，兩者都是在史學範疇內的原史。前者因釋經而論釋經要，已非單純的釋經，而將古老的哲學發展至語言的哲學；後者借修志考籍而論史意史德，也非單純的史修史撰，而是集成古老的史傳傳統而將史學上升至系統的歷史哲學。章學誠「六經皆史」論，將現實生活中以學人群趨而致同體異質之經史學縐合。以成其卓。所以，生前死歿，寂寂無聞的章學誠，與戴震一樣，同樣成為接下來兩個世紀的中國學人們溫傳統學術思想之故，尋濟時新方時的闡釋對象。

〔註 3〕關於中國社會階段的劃分眾說紛紜，眾多的思想史的劃分既有與社會史劃分契合的，也有不協的。陳來在其《中國近世思想史研究》中，在交待其著述何以「近世思想史」冠名時，專門就「近世」與「近代」有過辨析，他認為：「『近世』與『近代』不同，是有其特定意義的，在世界文明的譜系中，它是介於中世紀與近代之間的一個形態。由於在中國歷史上這個階段是屬於近代以前的一個社會文化階段，與英文 pre-modern 有重合之處。但 pre-modern 往往只是時間性的泛指。如果把秦漢魏晉都稱為前現代，則已失去意義。此種用法乃派生於現代化理論，所注重之點僅在現代與現代以前的分別。而在歷史學上，處理中國歷史這樣現代以前有幾千年歷史變遷的歷史，自不能以『現代以前』的泛泛之詞為滿足。事實上，pre-modern 若真有意義，也應當指在時間上較接近於近代，這樣才有較確定的意義。」（見陳來：《中國近世思想史研究‧序》，生活‧讀書‧新知三聯書店，2010 年）此外，胡適在《中國古代哲學史》中，亦以「宋元明清」指歸「近世」，日本學者在研究中亦多以宋元明清稱「近世」，以清末及後為「近代」。余英時自言論清代學術受啟於章學誠《浙東學術》和《朱陸》篇，認為這「兩篇實為治清代儒學發展史者所最當深玩之文字也」。余英時：《章實齋的「六經皆史」說與「朱、陸異同」論》，見余英時文集第四卷《中國知識人之史的考察》，桂林：廣西師範大學出版社，2004 年，第 430 頁。在同一篇文章中，余英時說：章學誠建構從宋至清中葉的學術思想史脈絡，於是形成了「南宋有朱、陸，清初有顧、黃」，「乾隆時」有「戴、章並峙」的局面（第 417 頁）。儘管余英時強調這一建構與真實的歷史並非同一歷史，但他自己在治清代學術史的時候則基本上是從宋代開始講起的。所以，以宋元明清作「近世」成為部分治思想史學者的取樣。

　　這一系列的闡釋活動，經歷了傳統經史學視界下的評鑒和近現代社會科學和人文科學各學科門類，特別是歷史學不同史觀視閾下的審視，獲得了廣泛的認可。余英時說：「近代學人論戴震與章學誠所代表的乾嘉之學往往強調其現代精神。從某些方面說，這一觀察確有根據。但是我們也必須記住，乾嘉學者包括戴、章兩人在內，畢竟生活在傳統社會尚未解體之前；因此他們也不可能完全擺脫傳統的思想格局。」〔註4〕這當然也可以視爲對考察章學誠學術思想闡釋史學者的一種提醒：對於傳統經史學視閾下章氏學術思想闡釋的考察並非可有可無。這種闡釋可以視爲一種學術發展過程的內在觀察，不僅從時間上講更爲靠近，而且就闡釋背景、闡釋思想、闡釋手段、闡釋方法而言，更具有同質同構的性質。事實上，這一時段學者們在經史學的視界下闡釋章氏學術思想的背景、動機和心態也十分的複雜。考察章氏學術思想的研究情形，不難發現在胡適作《章實齋先生年譜》之前，國內學術界受章氏影響的學人已經可以形成這樣一個長長的人物譜系：龔自珍－魏源－李慈銘－譚獻－鄭觀應－康有爲－蔡元培－章太炎－梁啓超－王國維－張爾田－孫德謙－錢基博－沈增植－朱一新－江瑔等〔註5〕，不同的研究者還有可能增補和延長這個名單。胡適之撰著《章實齋先生年譜》之後，闡釋章氏學術思想的學者更是難以統計。他們或承襲、或批判、或闡揚、或辨議、或利用章氏學術及思想的某一個側面，進行章氏學術思想的再生產，各取所需，不一

〔註 4〕　余英時：《論戴震與章學誠》，北京：三聯書店，2000 年，第 176 頁。
〔註 5〕　張京華：《整理弁言》，見葉長青撰《文史通義注》，上海：華東師範大學出版社，2012 年，第 24～29 頁。有學者論說：「有清一代學術，在嘉道以後分化之大勢，基本上是漢學與今文學二分，經生與文士抗禮。而實齋《六經》皆史之說與流略之學，則在晚清民初之間，有後來居上之勢。」（見蔡長林：《文人的學術參與——〈復堂日記〉所見譚獻的學術評論》，臺北：中央研究院中國文哲研究所《中國文哲研究集刊》第四十期，2013 年，第 137 頁）爲了說明這種上升之勢，論者羅列晚清民初「或心折欽仰，或嚴詞批駁，或據以爲式」之學術巨擘凡 34 人。這 34 人是蕭穆、胡鳴玉、俞樾、戴望、蔣湘南、沈曾植、姚振宗、鄭文焯、吳昌碩、劉承幹、朱一新、朱祖謀、文廷式、章梫、廖平、康有爲、梁啓超、夏曾佑、宋恕、譚嗣同、唐才常、孫德謙、孫寶瑄、陳衍、陳黻宸、陳慶年、李詳、章太炎、劉師培、張爾田、柳詒徵、劉咸炘、甘鵬雲、蔡元培。這些都是活躍在當時學術界、思想界、政治界一線且影響後來深遠的風雲人物。論者且曰「不必待內藤湖南、胡適之繼」。按照這樣一個劃分，前述亦新亦舊，半新半舊之人，其論闡章學誠學術思想，除梁啓超、夏曾佑對章氏論闡主要在現代西方史學理論比照下，發現其多具現代史學理論之普適意義而外，其餘則基本上多在經史學領域裏闡論。

而足。全面進行梳理將是一項巨大的學術工程，非短時間內可以完竣。本文也只能在史觀這一特定的學術視域下，以有限的幾位代表性學人的闡述，形成一個簡單的闡釋史考察。這裡以胡適之撰著《章實齋先生年譜》言說，並非以此作為闡釋史研究的事件或時界劃分，而是胡適自述其所撰章氏《年譜》在國內有研究章學誠及學術思想的墾拓之功之後，在相當長的時間內造成了一定的學術混亂。至今不瞭解這段學術史的學人，還持斯論。再者，胡氏所倡章氏研究，也確實推動了章氏研究的進一步升溫，並且確有促成章氏及學術思想研究範式轉換的標誌性意義。這裡涉及學人地位、聲望、學術貢獻面向、學術價值與學術效應的問題，也存在學術理路轉變與學術範式轉型的問題。在此提及茲事，是想說明章學誠學術思想闡釋史的基本情況。另外，本文所言「不同的學術鏡像」，雖呈其前後相續的線性之序，但非層進式逾後者逾進步的預設，不否認「不同學術鏡像」相互重疊、彼此糾纏而又平行異質的歷史事實。事實上，由於現代中國長期處於不同政治勢力統轄的分治格局，即使在相對統一的局面下，主導學術研究的主流意識形態，雖然希望通過學術之外的強制手段來「規劃」學術研究，但學術思想存在的方式，文化建設及發展的獨特規律，往往形成不同的學術競爭。這種競爭的結果在今天昭然如揭。這也從另一個方面為馬克思、恩格斯關於政治經濟文化發展不平衡理論增添了新的例證〔註6〕。這種所謂的不平衡現象，參見美國學者丹尼爾·貝爾的《資本主義文化矛盾》〔註7〕更易於理解。所以，不存在後者勝於前者的預設評價。

〔註6〕 馬、恩關於「不平衡理論」的提出及闡述在大陸出版的文獻中存在不同的表述，分別見於《馬克思恩格斯文集》第 2 卷，第 592 頁；第 8 卷，第 34 頁；第 10 卷，第 669 頁，北京：人民出版社，2009 年，第 3 頁。列寧對這一理論有進一步的論述，比較集中的保留 1915 年《論歐洲聯邦口號》,《列寧全集》第 2 卷，第 70 頁；1916 年的《無產階級革命的軍事鬥爭》,《列寧選集》第 2 卷，第 873 頁，北京：人民出版社，1975 年。

〔註7〕 〔美〕丹尼爾·貝爾：《資本主義文化矛盾》，趙一凡等譯，北京：人民出版社，1975 年，第 873 頁。

第一章　傳統經史學人對章學誠學術思想的評鑒

第一節　龔自珍：宗實齋史學經世，因學議政

　　龔自珍（字璱人，1792～1841）是「章學誠之後，史學向清末民初過渡的重要中介者」。他「學問」「淹雅」：「聲音文字訓詁一道，得諸家學，自極淹通」；「論經學亦頗地道」，「非一般學者流」；「且深於校讎掌故之學」；「亦為諸子學復興先聲」；於金石「成《吉金款識》十二卷」；「在佛學方面」「論述甚多，於晚清佛教之復興，關係亦極大」，「又《尊俠》《尊隱》；收藏書畫，討論藝文，擅長詩、文、詞；兼治中外關係史，撰《蒙古圖志》，對青海、西藏史地亦有研究，號稱『天地東西南北之學』。」〔註1〕龔氏上述很多方面的修為和成績都是章學誠「學以經世」、「史學經世」思想的重要體現，代表了那個時代知識精英的「眼光心力」，也反映了那個時期知識階層內在信仰與知識價值追求的矛盾與緊張。

一、因學議政的經世之略

　　龔自珍出生京師世宦之家。他自述：「先大父宦官京師，家大人宦官京師，至小子三世，百年矣。」〔註2〕然而，道光十九年（1839），他卻決定「出都」。

〔註1〕 龔鵬程：《近代思想史散論》，臺北：東大圖書公司，第6～7頁。
〔註2〕 龔自珍：《己亥雜詩》注，《龔自珍全集》，上海：上海古籍出版社，1999年，第500～501頁。

其於途中有詩曰：

> 河汾房杜有人疑，名位千秋處士卑。一事平生無齮齕，但開風
> 氣不爲師。

詩中的抒情主人公「託古言志」，既慷慨豪邁，又隱忍無奈。是龔自珍自陳其大志難申的情緒表現，是他由北京南返，退而待謀時候的感慨悲歌。其所謂開風氣云云，具體而言，開啓了因學議政、諷喻時政之風，而非於學術思想開創一片新氣象。

梁啓超說：「龔、魏之時，清政府漸陵夷衰微矣，舉國方沉酣太平，而彼輩若不勝其憂危，恒相與指天畫地，規天下大計。」〔註3〕錢穆認爲在清廷「以雷霆萬鈞之力」「嚴壓橫摧」之下，清儒「習於積威」，對於政治，不只是「莫之談」，而且是「莫之思」。然而，「嘉、道以還。清勢日陵替，堅冰乍解，根蘗重萌，士大夫乃稍稍發抒爲政論焉，而定庵則爲開風氣之一人」，「其銳意於經史」又「不屑屑爲經生」的志趣，「頗有取於其鄉人實齋章氏文史經世之意也」。〔註4〕這當然是很不俗的行舉。因爲「清王朝經過了一百多年的禁錮思想的文化專制政策，一般讀書人早就嚇破了膽，不敢治史，尤不敢言近代事。」〔註5〕龔氏亦感士風萎靡：「避席畏聞文字獄，著書史爲稻粱謀。」〔註6〕然而，他卻詠史說今，且以章學誠爲師。章氏論史，以爲「史以載道」，「道者，非聖人智力所能爲，皆其事勢自然，漸形漸著，不得已出之。」〔註7〕龔氏承實齋之說有以發揮，他說：「史以明道」，「聖人之道，本天人之際，臚幽明之序，始乎飲食，中乎制作，終於聞性與天道」〔註8〕，而「欲知大道，必先入史」，是所謂「出乎史，入乎道」〔註9〕。

〔註3〕 梁啓超著、朱維錚校：《梁啓超論學史二種》，上海：復旦大學出版社，1985年，第63頁。

〔註4〕 錢穆：《中國近三百年學術史》（二），北京：九州出版社，2011年，第585～586頁。

〔註5〕 王元化：《龔自珍思想筆談》，見《文學沉思錄》，上海：上海文藝出版社，1983年，第183頁。

〔註6〕 龔自珍：《詠史》，《龔自珍全集》，上海：上海古籍出版社，1999年，第471頁。

〔註7〕 章學誠：《原道上》，《章學誠遺書》，北京：文物出版社，1985年，第10頁。

〔註8〕 龔自珍：《尊史》，龔自珍著、王佩錚校：《龔自珍全集》，上海：上海古籍出版社，1999年，第41頁。

〔註9〕 龔自珍：《尊史》，龔自珍著、王佩錚校：《龔自珍全集》，上海：上海古籍出版社，1999年，第81頁。

　　龔氏所處嘉、道之世，距所謂雍、乾盛世不過三十年，然而，在他看來，這已然是一個「文類治世，聲音笑貌類治世」的「衰世」。又三十年之後，太平軍起，清廷幾近傾覆。龔氏於清廷之運有如此預見，賴其由史而觀政也。他說：

> 吾聞深於《春秋》者，其論史也，曰：……世有三等，……皆觀其才。才之差，治世爲一等，亂世爲一等，衰世別爲一等。衰世者，文類治世，名類治世，聲音笑貌類治世。黑白雜而五色可廢也，似治世之太素；宮羽淆而五色可鑠也，似治世之希聲；道路荒而畔岸墮也，似治世之蕩蕩便便；人心混混而無口過也，似治世之不議。

然而，實際的情形卻是：

> 左無才相，右無才史，閭無才將，庠序無才士，隴無才民，廛無才工，衢無才商；抑巷無才偷，市無才駔，藪澤無才盜。則非但是少君子也，抑小人甚少。〔註10〕

　　衰微緣於「無才」，而「無才」緣於治教、世風和時學。雖然三者互爲助長，然層層溯理，終究於學。龔氏「雖自幼濡染於樸學，而早年持論，頗已著眼於世風時政。」表現在治學旨趣上則「不取於嫥嫥治古經籍，而有志於爲昭代治典之探討」。〔註11〕這種探討雖無章氏之「辨章學術，考鏡源流」之功，而現章氏學術思想之果。由此而說龔氏於章學誠之學因襲多於創見亦不爲過。比較龔氏所論「六經皆史」論與章氏之所論，如出一轍，其合若神。雖有文字表述上之小異，若論思想則基本是章氏之意的轉述。試觀其《乙丙之際著議第六》所述與章氏所議，即可一窺究竟。龔氏論三代說：

> 自周而上，一代之治，即一代之學也。一代之學，皆一代王者開之也。
>
> 載之文字謂之法，即謂之書，謂之禮，其事謂之史職。以其法載之文字而宣之士民者，謂之太史，謂之卿大夫。

　　此即章學誠三代學治一體，官守其法，學從官守的思想。以下龔氏闡述亦體現章氏「官師合一」、「同文爲治」論的思想。

〔註10〕龔自珍：《乙丙之際著議第九》，龔自珍著、王佩諍校：《龔自珍全集》，上海：上海古籍出版社，1999 年，第 6 頁。

〔註11〕錢穆：《中國近三百年學術史》，北京：九州出版社，2011 年，第 586～587頁。

　　天下聽從其言語，稱爲本朝、奉租稅焉者，謂之民。民之識立
法之意者，謂之士。士能推闡本朝之法意以相誠語者，謂之儒師。
王之子孫大宗繼爲王者，謂之後王。後王之世之聽言語奉租稅者，
謂之後王之民。王若宰若大夫若民相與以有成者，謂之治，謂之
道。〔註12〕

　　此即章學誠「三人居室」而「道」生的思想。章氏之論頗有今之社會史
學者論史的意味，亦與恩格斯之《家庭私有制及國家的起源》中所論人類社
會關係形成契合。旨在闡明「道」非聖賢所創制，而是自然而然地生長出來
的，其所述更張顯「道」與「日常人倫」之關係。「道」超越於「日常人倫」，
而又體現於「日常人倫」之中。龔氏所闡增加「租稅」說，亦是社會制度體
現治統的經濟權衡，可視爲「日常人倫」之具體闡揚。龔氏又說：

　　若士若師儒，法則先王、先冢宰之書以相講究者，謂之學。師
儒所謂學有載之文者，亦謂之書。是道也，學也，治也，則一而已
矣。

　　至此，章氏之政學治師一體數用的思想闡述完成。接下來的「後王」與
「先王」之關係，在於師儒之教，學於先王，用於後王，仍然是章氏師道之
要不只在於「知其然」，更重要的在於「知其所以然」，治史重今，學當致用
思想的闡釋。於此，龔氏自然由學而轉至學之人，即「士」的責任與使命上
來。指出學術風尚、世風與時代的關係。批評今之學風與學士之昧。

　　乃若師儒有能兼通前代之法意，亦相誠語焉，則兼綜之能也，
博聞之資也，上不必陳於王，……下不必信於民。陳於王，……信
於民，則必以本朝之法，讀本朝之書爲率。師儒之替也，源一而流
百焉，其書又其百流焉，其言又百其書焉。各守所聞，各欲措之當
世君民，則政教之未失也。

　　……

　　後之爲師儒不然。重於其君，君所以使民者則不知也；重於其
民，民所以事君者則不知也。生不荷耰鋤，長不習吏事。故書雅記，
十窺三四，昭代功德，瞠目未觀。上不與君處，下不與民處，由是
士則別有士之淵藪者，儒則別有儒之林囿者，昧王霸之殊統，文質

〔註12〕 龔自珍：《乙丙之際箸議第六》，龔自珍著、王佩諍校：《龔自珍全集》，上海：
　　　　　上海古籍出版社，1999 年，第 4～5 頁。

之異尚。其惑也，則且援古以刺今，囂然有生氣矣。是故道德不一，風教不同，王治不下究，民隱不上達，國有養士之貲，士無報國之日。殆夫，殆夫！終必有受其患者，而非士之謂乎？〔註13〕

　　學情染乎世變，然而，「學術當以經世，勿趨風氣追時尚」，這是章學誠因為所處乾、嘉之時，批評學者趨從時學而忘卻文史之義在於「究大道而純古人之大體，切日常人倫」所議。龔氏對其處時代之經學徵實太過而求義不足，也是甚為不滿，是以引章氏為同道。他在《江子屏所著書序》中寫道：

　　　三王之道若循環，聖者因其所生據之世而有作。

　　　孔門之道，尊德性、道問學二大端而已矣。二端之初，不相非而用，祈同所歸。識其初，又總其歸，代不數人，或數代一人，其餘則規世運為法。入我朝，儒術博矣，然其運實為道問學。……是有文無質也，是因迭起而欲偏絕也。聖人之道，有制度名物以為之表，有窮理盡性以為之裏，有詁訓實事以為之迹，有知來藏往以為之神，謂學盡於是，是聖人有博無約，有文章而無性與天道也。

〔註14〕

　　這裡對清代學術裂決「孔孟之道」「尊德性」與「道問學」之互濟同歸，「偏絕」「道問學」而致「有文無質」，亦與章氏對清代漢學抨彈同轍。所不同者，將「尊德性」與「道問學」一體兩端溯至孔孟。而所用之術乃章學誠「辨章學術」而來，而以「聖人之道，有制度名物以為表，有窮理盡性以為裏」亦是章學誠以校讎為徑，別開新途，以究大道。又云「有訓詁實事以為之迹，有知來藏往以為之神」，言「訓詁實事」亦當為「知來藏往」之具。此亦章氏「六經皆史」，考經亦考史，而史者貴在「知來而藏往」，非存他義的思想。龔氏於此將校讎、考據經、史大義交相替述，自有泯漢、宋之爭於無形，存校讎與考據互為競學於有迹。錢穆以為「大旨與實齋通義之說絕類」〔註15〕。筆者以為，豈止「絕類」，已然隱現後世學者論章學誠之學與戴震之學相與輔承，「雙峰」並立議之雛影。

〔註13〕龔自珍：《乙丙之際著議第六》，龔自珍著、王佩諍校：《龔自珍全集》，上海：上海古籍出版社，1999 年，第 4～5 頁。

〔註14〕龔自珍：《江子屏所著書序》，龔自珍著、王佩諍校：《龔自珍全集》，上海：上海古籍出版社，1999 年，第 191 頁。

〔註15〕錢穆：《中國近三百年學術史》（二），北京：九州出版社，2013 年，第 589 頁。

二、倡實齋之「學」潤定庵之「術」

若論龔氏之學，其「已不在學術本身，換言之，他們（龔自珍、魏源——筆者注）的今文學，重點在『今』，不在『經』。」〔註16〕其與實齋之間學術思想的影響關係，則定庵與實齋之別在其「術」，而不在其「學」也。若論定庵之學，其「學」也「雜」，若議其「術」，其「術」也「變」。

考察實齋學術思想對近世學者的影響，定庵實為一重要「中介者」〔註17〕。「中介者」是一個比較含混的說法。梁啟超曾言龔定庵「喜章實齋之學」、章太炎指出其學與「章學誠相類」。二者皆有議而無證。錢穆比較龔氏之學與實齋之學，悉以「與實齋」「絕類」，「此議儼然似實齋」，「此章氏之緒論」及「龔氏襲之」作斷〔註18〕，然亦無考據，襲與非襲漸成公案。

張蔭麟（1905～1942）在龔自珍百四十週年的紀念文章中有涉此事，其論曰：「考《文史通義》之最初刊行乃在道光十二年，而自珍發此論之文字，……亦於道光九年已具稿矣。」〔註19〕張氏以章氏著述初版時間與龔氏著述面世時間相較，一先一後，兩者無緣交叉。言下之意，龔氏所述之襲實齋，無足信也。

2005年，臺灣學者梁紹傑對這樁學術公案有進一步的偵察報告。梁氏通過梳理龔氏之外祖父段玉裁（字若膺，1735～1815）與章學誠的一段交往，以及段氏對實齋之學的推尊，實齋與友人邵晉涵書信中對與段氏交往的交待及對段氏的嘉許，段氏對實齋行蹤的追尋等等事實陳羅，推猜實齋已將自己《文史通義》若干重要的篇章交付段氏〔註20〕。而龔自珍極有可能在章氏

〔註16〕劉夢溪：《學術思想與人物》，石家莊：河北教育出版社，2003年，第232頁。

〔註17〕龔鵬程：《近代思想史散論》，臺北：東大圖書公司印行，1991年，第6頁。

〔註18〕錢穆：《中國近三百年學術史》（二），北京：九州出版社，2013年，第585～610頁。

〔註19〕張蔭麟：《龔自珍誕生百四十年紀念》，原載《大公報·文學副刊》載，第260期（1932.12.26）轉引自梁紹傑《章學誠對龔自學術思想的影響衍論》，見陳仕華主編、林惠珍編輯《章學誠研究論叢》，臺北：學生書局印行，2005年，第236～237頁。

〔註20〕章學誠的確有雇抄手抄錄自己文章分送朋友的習慣，見《跋酉冬戊春草》。後世編輯刊行章氏著作，陳述體例難一，且多有同名異文，或一文多存文字出入，難辨先後、真偽，推究其因，「蓋先生每一篇已，嘗錄示人」「又嘗別行，故迻寫不無柴虒，諸家或未得睹全帙。」（見王秉恩《〈文史通義〉跋》，倉修良：《文史通義新編新注》，杭州：浙江古籍出版社，2005年，第1084頁）又張京華在《整理牟言》中亦言：「章氏每以初稿抄送朋輩，而不留意定

《文史通義》尚未刻印面世之前，已從其外祖父段若膺那裡獲得《文史通義》部分重要內容。是故，龔氏諸多論經說史，評議漢、宋及闡述方志之修的著述中才出現了驚人相似的情形〔註21〕。此論信否，可資仁智之取。然其所舉段氏與章學誠過從不虛。治乾嘉學術史者，悉知段氏乃戴震高足。從段、章兩人的交往，以及段氏對章氏之學的讚賞和追慕來看，亦真有明修棧道，暗渡陳倉意味。由此亦可見，此間學術生態複雜之一斑，並非後世學者反覆言說的不同學術宗尚學者之間此疆彼界嚴若男女之防的想像。可以補充說明的是：段、龔外祖孫關係，實非平常人家長輩與晚輩之間的人倫之親。段氏關注龔氏成長甚殷，認為龔乃其所處時代繼統興學之輩，且其學非一家一姓之學，而是一世一代之功業。他不僅借新春元日（1811 年新春初一），為自己這位外孫取字「愛吾」，以應其「自珍」之名（其中意蘊耐人深味），而且於其才華不吝贊辭。1812 年，在為龔自珍 19～21 歲間詞集《懷人館詞》所作序中，段氏評價龔孫「以弱冠」而「造意造言，幾如韓李之於文章」，而自陳己「詞不逮自珍之工。」這絕非一般血親長輩對晚輩的鼓勵與讚譽，而是一代學人對另一代學人實事求是的評價。而從下面的事實來看，這種評價更非虛誇。段氏在讚賞龔孫詞才之餘，卻並不鼓勵其在詩詞方面用功。以為詩詞乃「無用之文」，「名士」無補於世，「努力為名儒、名臣」，方不負其才。所以，勸其「勿讀無益之書，勿作無用之文。」當詢其「何謂有用之書？」段氏斬截答曰：「經史是也」。而在段氏看來，龔孫是不乏經史之才的。當其獲龔氏《明良論》四篇之後，不僅深以為然，而且以為甚合章學誠「文史經世」之術，亦甚契己意。可見，章、龔兩者之間的影響關係成立其說，當無可疑。不過，於定庵而言，襲章氏之「學」而申己之「術」而已。

在中國，「學」與「術」就語源而言，始於分，各有其義；次於合，以「學術」與「術學」並用，在語用實踐中漸至「學術」盛而「術學」衰；終於以西方「學術」代替中國傳統之「學術」或「術學」。晚清以來，西學東漸，「學術」亦在東西方學術的碰撞中實現新舊轉型與中西接軌——漸以西學之義取

稿。」（見葉長青：《文史通義注》（上），上海：華東師範大學出版社，2012年，第 2 頁）此外，章氏在艱困中欲尋己說之認同，亦有抄錄己文干謁時學諸賢之舉。可見，其文章主張，在未能刊行之前，於文史學界輾轉傳播亦是事實。

〔註21〕梁紹傑：《章學誠對龔自學術思想的影響衍論》，陳仕華主編、林惠珍編輯《章學誠研究論叢》，臺北：學生書局印行，2005 年。

代中學之義。〔註22〕較早進行現代「學術」闡述的當數嚴復（字又陵，1854～1921）和梁啓超。兩者論及同一問題，前後亦相距 10 年。

1901 年，嚴復所譯《原富》按語：

> 蓋學與術異，學者考自然之理，立必然之例。術者據已知之理，求可成之功。學主知，術主行。〔註23〕

1912 年，梁啓超在《學與術》中嚴分「學」和「術」，以爲：

> 學也者，觀察事物而發明其眞理者也；術也者，取發明之眞理而致諸用者也。……學者術之體，術者學之用。〔註24〕

嚴復和梁啓超所論「學」與「術」之別，主要是介紹西方近代科學與技術之別，當然也適用於社會科學與人文科學。今之論「學術」者亦無過於二者。此在嚴分「學」與「術」，以論定庵與實齋之別在其「術」，而不在其「學」。若論定庵之有「學」也，其「學」也雜；若論定庵之「術」，其「術」也變。其「學」在「變」中，其「術」在「學」中。其「術」也，非所謂「學術」之「術」，乃一士子應對理想與現實矛盾之「策」而已。

錢穆論定庵之「學」道：

> 定庵之爲學，其先主治史通今，其卒不免於治經媚古；其治經也，其先主大義通治道，其卒又不免耗於瑣而抱其小焉。自浙東之六經皆史，一轉而爲常州公羊之太義微言；又自常州之大義微言，再折而卒深契乎金壇、高郵之小學訓詁；此則定庵之學也。〔註25〕

這種頻密的、跳躍式的學術變頻，其實跟學術求眞關係不大，倒是和自我的期許和人生的設計有關。所以，錢穆說：「定庵之學，博雜多方，而皆有所承，亦非能開風氣。」〔註26〕

龔氏天才早慧，年十二即從外祖段玉裁習小學，二十歲由副榜貢生考充

〔註22〕 可參見梅新體、俞樟華：《前言》，見俞樟華、毛策、姚成榮撰《中國學術編年（清代卷）上》，上海：華東師範大學出版社，2013 年，第 5～12 頁。

〔註23〕 轉引自梅新體、俞樟華：《前言》，見俞樟華、毛策、姚成榮撰《中國學術編年（清代卷）上》，上海：華東師範大學出版社，2013 年，第 12 頁。

〔註24〕 轉引自梅新體、俞樟華：《前言》，見俞樟華、毛策、姚成榮撰《中國學術編年（清代卷）上》，上海：華東師範大學出版社，2013 年，第 12 頁。

〔註25〕 錢穆：《中國近三百年學術史》（二），北京：九州出版社，2013 年，第 605～606 頁。

〔註26〕 錢穆：《中國近三百年學術史》（二），北京：九州出版社，2013 年，第 607 頁。

武英以工代殿校錄，二十八歲從劉逢祿受公羊春秋，三十八歲成進士。然而，其舉途卻歷經坎坷。從 28 歲到 35 歲間，七次衝刺會試，七次名落孫山。原因非其不才不中於舉，皆因楷法不中於程款。1829 年，對於龔自珍而言，是極有可能成為其實現治國安邦之志有轉機的一年。4 月 28 日，道光皇帝的策對命題是「安邊綏遠疏」。試後龔氏亦躊躇滿志：「交卷最早出場。人詢之，定公舉大略以對。友慶日：君定大魁天下」〔註27〕。龔氏文驚當朝滿座〔註28〕，語折後來豪傑〔註29〕。然而，「卒以楷法不中程，不列優等。」〔註30〕因「楷法不中於程」而致落選，在龔氏已不是第一次了，1821 年亦因此而致軍機處落選。此次雖致仕禮部主事，然而，這與其要成為唐代名相房玄齡、杜如晦一樣的志向，落差不可以道里計。如何平衡理想和現實的矛盾呢？通過詩的形式，揭露批判現實的政治和文化制度不滿是其「術」之一。這便是《己亥雜詩》的由來。龔氏在詩中「揚己露才，笑狎諸侯」〔註31〕，其狂飆突進的精神得以充分表現，但這只能獲得情緒上暫時的緩釋。他深知現實生活中「狂名」非譽，「狂慧」難受，「狂生」難容。「誰信尋春此狂客」〔註32〕？因為「時流不缺狂生議」〔註33〕。不僅身處之現實難信「狂言」、難容「狂奴」，古來「狂客」，「南風愁絕北風狂」〔註34〕，稱心如意，又幾人能夠？「終古漢家狂執戟」、「猖狂乞食過江淮」、「強續狂遊拭涕痕」〔註35〕；「絕

〔註27〕參見劉逸生注《龔自珍己亥雜詩注》，北京：中華書局，1980 年，第 60 頁。

〔註28〕讀卷戴敦元「欲置第一」；「閱卷諸公皆大驚」。見劉逸生注：《龔自珍己亥雜詩注》，北京：中華書局，1980 年，第 60～61 頁。

〔註29〕清・張祖廉《定盦先生年譜外紀》載：李鴻章評贊此疏曰：「古今雄偉非常之端，往往創於書生憂患之所得，龔氏自珍議西域置行省於道光朝，而卒大設施於今日。」見《龔自珍全集》，上海：上海人民出版社，1975 年，第 604 頁。

〔註30〕劉逸生注：《龔自珍己亥雜詩注》，北京：中華書局，1980 年，第 61 頁。

〔註31〕夏中義：《横以孤：王元化與龔自珍──兼論王元化在「思想解放」前夕的學思境界》，《清華大學學報（哲學社會科學版）》，2012 年第 5 期第 27 卷。

〔註32〕龔自珍：《過揚州》，《龔自珍全集》，上海：上海人民出版社，1975 年，第 445 頁。

〔註33〕龔自珍：《己亥雜詩》，《龔自珍全集》，上海：上海人民出版社，1975 年，第 513 頁。

〔註34〕龔自珍：《詠史》，《龔自珍全集》，上海：上海人民出版社，1975 年，第 449 頁。

〔註35〕龔自珍：《己亥雜詩》，《龔自珍全集》，上海：上海人民出版社，1975 年，第 510、518、527 頁。

憶中唐狂杜牧」〔註36〕,「狂臚詩萬首」〔註37〕,「狂擄文獻耗中年」〔註38〕。
俱往矣,「食古欲醉醉欲狂」〔註39〕,只有「九泉肯受狂生譽」〔註40〕。而己
身之「別有狂言謝時望」〔註41〕,「幽光狂慧復中宵」〔註42〕,「負盡狂名十
五年」〔註43〕,「原是狂生漫題贈」〔註44〕。到頭來,還不是「狂刪乙丙書」,
「收狂漸向禪」〔註45〕。他說:「有是非,則必有感慨激舊。感慨激舊而居上
位,有其力,則所是者依,所非者去;感慨激舊而居下位,無其力,則深探
吾之是非,昌昌大言之。」〔註46〕這從其詩中跌宕起伏的情感亦可以獲證。
調整人生的目標算是其「術」二。本節開篇所引其己亥雜詩(其一),即其從
北京南歸途中所作,然而其矛盾之處亦自可現。不能成就像房、杜那樣的功
業,至少也要像王通那樣成為一代名相之師。但又標榜「一事平生無齮齕」,
「但開風氣不為師」。是不敢、不願,還是不屑,也許兼而有之。最根本的恐
怕還是時勢和世運,沒有形成與之同情共感、同理共識的基礎,以至於無法
振臂一呼而應者雲集。既無世功、世位、世言倚重,又沒有世運相助者,即
沒有動員社會資源的可能。但歲月蹉跎,心又不甘,即使「化作春泥」還要

〔註36〕 龔自珍:《程秋樵江樓聽雨卷》,《龔自珍全集》,上海:上海人民出版社,1975
年,第497頁。

〔註37〕 龔自珍:《乙酉十二月九日》,《龔自珍全集》,上海:上海人民出版社,1975
年,第472頁。

〔註38〕 龔自珍:《猛憶》,《龔自珍全集》,上海:上海人民出版社,1975年,第459
頁。

〔註39〕 龔自珍:《以奇異金石文字拓本十九種》,《龔自珍全集》,上海:上海人民出
版社,1975年,第472頁。

〔註40〕 龔自珍:《己亥雜詩》,《龔自珍全集》,上海:上海人民出版社,1975年,第
527頁。

〔註41〕 龔自珍:《己亥雜詩》,《龔自珍全集》,上海:上海人民出版社,1975年,第
521頁。

〔註42〕 龔自珍:《復又懺心一首》,《龔自珍全集》,上海:上海人民出版社,1975年,
第445頁。

〔註43〕 龔自珍:《程秋樵江樓聽雨卷》,《龔自珍全集》,上海:上海人民出版社,1975
年,第497頁。

〔註44〕 龔自珍:《己亥雜詩》,《龔自珍全集》,上海:上海人民出版社,1975年,第
528頁。

〔註45〕 龔自珍:《雜詩,乙卯自春徂夏,在京師作,得十有四首》,《龔自珍全集》,
上海:上海人民出版社,1975年,第441、445頁。

〔註46〕 龔自珍著、王佩錚校:《龔自珍全集》,上海:上海古籍出版社,1999年,第
319頁。

「更護花」。總之，人生世間，當有所「尊」。於是有《尊史》《尊隱》《尊任》《尊命》。然數「尊」不諧，多所軒輊。如其論「史尊」：

「出乎史，入乎道。入乎大道，必先爲史」，史之尊「自尊其心，心尊則其官尊矣，心尊，則其言尊矣。官尊言尊，則其人亦尊矣。」〔註47〕凜然釋然。然而，在另一篇《尊史》中，他又以太史公「副在京師」說史，以爲「京師既上繫君父，又必有磐石之宗，知古今之獻，羽翼天室，世世無極，以所著書託焉」，而「太史公家雖無剖符丹書之榮，其於京師也，根深而原遠。而忘京師，是不恩王父，不恩王父，以不恩師友，是故副在京師。」〔註48〕雖說如此，然而，既然帝師不可留，則不如歸隱，做「山中之傲民也已」，「枕高林，藉豐草，去沮洳，即犖確，第四時之榮木，矚九州之神皋，而從我嬉其間。」〔註49〕而「儒家之言，以天爲宗，以命爲極，以事君事父爲踐履。君有父之嚴，有天之威；有可知，有旨可知，而範圍乎我之生」，是以，當「尊命」。他批評「後之儒者，視其君」「不如葬者之尊山川，病者之尊其肺腑。於其君也，有等夷之心，有吾欲云云之志。」〔註50〕所以，龔自珍所「尊」，其實皆在「尊」與「不尊」之間。

錢穆評議龔氏諸「尊」說：

此定庵之無聊賴，乃欲設此自逃遁。然定庵不徒不能尊隱，抑亦不能尊命，以定庵之聰明才氣，終不能「悶悶默默，應其不可測；蠢蠢傀傀，安其不可知」。〔註51〕

就是在這「不可測」、「不可知」中，龔自珍終於悟出了自己一生不得不碌碌爲一「微官」，難伸一意的根本在於自己作爲漢人的「賓賓」之位。是以借鈎沈古史以言今實。他在《古史鈎沈沈四》中述道：

王者，正朔用三代，樂備六代，書體載籍備百代，夫是以賓賓。賓也者，三代共尊之而不遺也。夫五行不再當令，一姓不再產聖。

〔註47〕龔自珍著、王佩錚校：《龔自珍全集》，上海：上海古籍出版社，1999 年，第81 頁。

〔註48〕龔自珍著、王佩錚校：《龔自珍全集》，上海：上海古籍出版社，1999 年，第88 頁。

〔註49〕龔自珍著、王佩錚校：《龔自珍全集》，上海：上海古籍出版社，1999 年，第86 頁。

〔註50〕龔自珍著、王佩錚校：《龔自珍全集》，上海：上海古籍出版社，1999 年，第83～84 頁。

〔註51〕錢穆：《中國近三百年學術史》（二），北京：九州出版社，2013 年，第 598 頁。

興王聖智矣，其開國同姓魁傑壽耇，易盡也。賓也者，異姓聖智魁傑壽耇也。其言曰：「臣之籍，外臣也；燕師之遊不從，宮庫之藏不問，世及之恩不預，同姓之獄不鞫，北面事人主，而不任叱咤奔走，捍難禦侮，而不死私難」

古聞開國之年，異姓未附，據亂而作，故外臣之未可以共天位也，在人主則不暇，在賓則當避疑忌。……又易世而太平矣，賓且進而與人主之骨肉齒。然而祖宗之兵謀，有不盡欲賓知者矣；燕私之祿，有不盡欲與賓共者矣；宿衛之武勇，有不欲受賓之節制者矣；一姓之家法，有不欲受賓之議論者矣。

三代之異姓所深自審也。是故周祚四百，其大政之名氏，姜、嬴、任、羋、姒、子之材不與焉；征伐之事，受顧命之事，共和攝王政之事，皆姬姓也。其異姓之聞人也，則史材也。……孔子曰：「非天子不議禮，不制度，不考文，吾從周。」從周，賓法也。……故夫賓也者，生乎本朝，仕乎本朝，上天有不專爲本朝而生是人者在也。

前述三代之史，以喻今朝之事，其於外籍之臣也一也。是以，今朝既成大體，立正朔，則當無以爲異。既曰「三代之異姓」「深自審也」，即如史聃之訓「知足不辱，知止不殆」，則當不以爲議。既曰「從周」乃「賓法」，又言「生乎本朝，仕乎本朝」云云。其爲外籍之臣，心也不甘，溢於言表。此之謂窺得破，忍不過。價值理性和行爲理性發生衝突。是以，其既深味「賓賓」之位，等而次之，不見信於當道，恥之又恥，又難以即如史聃之訓。所以，當其父之友林則徐以欽差撫粵，龔氏作《送欽差大臣侯官林公序》，「獻三種決定義，三種旁義，三種答難義，一種歸墟義。」〔註 52〕幾有冀希一爲邊臣之意。

龔自珍無論在學術思想，還是在人生實踐中的表現，都是充滿矛盾和糾葛的。然而，其影響卻是巨大的。無論其所開創的議政論政之風、浪漫的詩風，還是狂飆突進的思想與民族主義意識，都影響了其後的年輕一代。張之洞（字孝達，1837～1909）曾有詩描述其所處的學術現實爲「理亂尋源學術乖，父仇子劫有由來。劉郎不歎多葵麥，只恨荊榛滿路栽。」〔註 53〕章太炎

〔註 52〕龔自珍著、王佩諍校：《龔自珍全集》，上海：上海古籍出版社，1999 年，第 169 頁。

〔註 53〕轉引自鮑正鵠《前言》，見《龔自珍全集》，上海：上海古籍出版社，1999 年，第 2 頁。

評龔氏其學其詩其文曾言：「自珍承其外祖之學，又多交經術士，其識源流，通條理，非源之儕，然大抵剽竊成說，無自得者。其以六經爲史，本自《文史通義》，而加華辭。觀其華，誠不如觀其質者。若其文辭側媚，自以取法晚周諸子，然佻達無骨體，視晚唐皮、陸且弗逮；以較近世，猶不如唐甄《潛書》近實。後生信其誑語耀，以爲巨子；誠以舒縱易效，又多淫麗之辭，中其所嗜，故少年靡然向風。自自珍之文貴，則文學塗地垂盡，將漢種滅亡之妖邪！」〔註54〕張、章於政見本不相諧，然於定庵之論卻同識共見。其可怪也歟！其評允當與否可討論，然於龔氏之學也雜、其術多變、其文浪漫無質，則切中肯綮。這從另一個側面說明了龔自珍的巨大影響。其實章太炎自己又何嘗未曾受過其影響。視其《客帝誆謬》與龔氏之「賓賓」論，則不啻反其意而論。龔氏似被逐客卿之泣慕，章氏對清人反客爲主則義憤塡膺。兩兩對讀，則滿漢之隙驟生。民族主義亦非自章氏始。龔氏啓蒙之功亦當不可誣。

　　龔自珍是勇敢的，他的著述，特別是年輕時候的《乙丙之際著議》和《塾議》等，主張無論學理還是政治，都需要來一場革故鼎新的「自改革」，所謂「一祖之法無不敝，千夫之議無不靡，與其贈來者以勁改革，孰若自改革。」〔註55〕但時代並沒有賦予他這一代思想家建立消解既往價值秩序的機緣，其自身的價值訴求也不甚清晰。時代的危機和個人的焦慮兩相疊加，使得思想家們表現出狂熱與急躁，多變與反覆，多元與蕪雜。思想精英們的心理和情緒對於動蕩時局中理想主義的年輕一代具有的特別的傳染性，所以其影響尤大。一當有機會就會頑強地表現出來，一旦形成思潮，成爲一部分人的社會行動，歷史的悲喜劇即不可避免。

第二節　譚獻：搜佚之勞與推闡之功

　　清季民初士大夫對章氏學術思想的闡釋活動，主要體現在兩個方面：一是對於章氏學術思想文獻的尋佚索遺、收集整理、選本翻刻。這些學術研究的基礎性準備工作，反映的是學術研究需要和各種教育教學對文本的多種需

〔註54〕章太炎：《說林》，傅傑編編：《章太炎學術史論集》，昆明：雲南人民出版社，2008 年，第 386～387 頁。
〔註55〕龔自珍：《乙丙之際著議第七》，《龔自珍全集》，上海：上海人民出版社，1975 年，第 346～347 頁。

求，說明學術界和教育界對章氏學術及思想的關注和選擇性應用已漸現興隆之勢；二是學術思想上的闡釋，主要表現為由其「六經皆史」論而引發的經史之辨和「史學經世」而導引的實學思潮。這個時期的實學思潮，由於清廷內政外交陷於困境，社會急劇動蕩，在學術上主要表現是政改之議、經濟之學、邊疆地理諸方面的活躍。形而上和形而下的兩個命題，相互輔承，反應了這個時代激進知識分子普遍的現實焦慮和世情關懷。而闡釋者對於章學誠學術思想的有彈有贊，出現不同的闡釋者對於同一闡釋對象否泰如天地的現象。這一方面說明學術界對於章氏學術思想的評價和定位尚存分歧，另一方面也反映了評價者學術觀與價值標準的矛盾和衝突，當然也預示著對章學誠及其學術思想的關注和研究即將深入展開。這兩類評價具有代表性的莫過於章學誠的兩位同鄉李慈銘和譚獻，還有持學派異見比較有代表性的湘籍學人王闓運。他們與章學誠相距正好是一代人的時間。李慈銘（字愛伯，1830～1894），是晚清重要的文史學人，以日記述學名世。李氏評章學誠，但有評議無事實，有結論無過程，且情緒之論多，理性之議少。其議已不為後之研究章氏者所重，故此不存比較。

一、搜佚尋遺與補輯之功

譚獻（字仲修，1832～1901），初名廷獻，號復堂，浙江仁和人。同治六年（1867）舉人，會試屢不第。早年以文名，曾任杭州詁經精舍監院、浙江書局總校。後納貲為縣令，歷知安徽歙縣、全椒、合肥、宿松等縣。晚年受到張南皮之邀，主講武昌經心書院。《清史稿》載：其「讀書日有課程，凡所論著，隱括於所為日記」〔註56〕譚獻對章氏學術思想不僅有理論上的推闡之功，而且影響到當時一流政治人物（張之洞）和一流學者（章太炎）〔註57〕的思想。有學者認為深入比較譚獻在章學誠學術思想方面的發掘之功，遠不及他在《章氏遺書》補輯方面做出的貢獻令人稱道〔註58〕。這樣的看法有違

〔註56〕趙爾巽等：《清史稿》，北京：中華書局，1991年，第44冊第486卷，第13441頁。

〔註57〕姜義華說：「譚獻以文學知名於世，為文宗魏晉。章炳麟原先喜愛秦漢文風，自向譚獻求教『文辭法度後』，轉師魏晉文章」，並且致書譚獻，「檢討自己原來仿傚司馬相如、揚雄，『文多奇字，危側趨詭，遂近偽體』」，「多虧譚獻給『愍其懵闇，頻賜救療』，撰文方才得趨正軌。」見姜義華：《章炳麟評傳》，南京：南京大學出版社，2002年，第653頁。

〔註58〕王標：《譚獻與章學誠》，見《杭州師範大學學報（社會科學版）》，2009年第

歷史的眞實，正好說明了比較的欠深入。應該說，譚獻在章氏學術思想的傳播方面，既有補輯之勞，又具闡揚之功。

譚獻比李慈銘早出生 11 年，又比李氏晚離世 7 年，所以，他們是同時代的人。關於兩位同以日記爲著述名世的學人所做之專門的比較研究尚未發現，但在對清代學人日記所作的一般性評價中將兩者作比較的並不乏見，最著名的當屬錢鍾書。錢鍾書（字哲良，1901～1998）在給譚獻《復堂日記》所作《序》中點評認爲，在清代眾多以日記爲著述〔註 59〕的學人著述中，譚氏日記「獨能盡雅」，且「情思嬋媛，首尾自貫，又異乎箚記之倫，以少勝多，蓋勿徒然。」〔註60〕這一評價是中肯的。

作爲生前被邊緣化，顛簸流離，歿後聲名不張的章學誠，其流傳下來的文獻，存在編次殘缺、編年失秩、編目失篇之類是難以避免的。學術研究必須解決這一基本層次的問題。而譚獻在這方面的工作，可圈可點。

搜佚整理章氏遺著。作爲晚清傳播章氏學術思想的重要人物，譚獻推尊章學誠學術思想爲當代絕學之一。在出版章氏《文史通義》方面，功莫大焉。譚獻第一次看到《文史通義》大約是咸豐七年（1875）遊學北京期間於葉名澧〔註 61〕處。一見傾心，深感「洞然於著作之故，文章之流別，實自此書」。〔註 62〕同治元年（1862），在廈門，譚獻「偕子高訪孫夢九司馬，閱其藏書目」，「攜《文史通義》歸」〔註 63〕。同治三年（1864）意外購得《文史通義》《校讎通義》殘本，喜不自禁。同治四年（1865）由福州返杭州後更留

1 期。王氏認爲：「作爲晚清傳播章學誠思想的重要人物，與其出版《文史通義》的功績相比，譚獻對章學誠思想的發揮實在太遜色了。」

〔註59〕蔡長林：《文人的學術參與——〈復堂日記〉所見譚獻的學術評論》：「晚清時期，湧現出一批享譽朝野的著名日記，或言學術，或論政事，或譚文藝，或記交遊，或析軍事，或載掌故，洋洋灑灑，頗值一觀。其中李慈銘（1829～1894）《越縵堂日記》、翁同龢（1830～1904）《翁文恭公日記》、王闓運（1833～1916）《湘綺樓日記》、葉昌熾（1847～1917）《緣督廬日記》等，皆因獨具特色，而被文人金梁（1878～1962）並稱爲晚清四大日記。除上述之外，尚有許多各具特色、值得探究的日記，例如皮錫瑞……以及譚獻（1832～1901）的《復堂日記》等等。」《中國文哲研究集刊》第四十期，2013 年，中央研究院中國文哲研究所。

〔註60〕錢鍾書：《序》，譚獻著，范旭倉、牟曉朋整理：《復堂日記》，卷首，第 2 頁。

〔註61〕葉名澧：葉名琛之弟，兄弟二人年輕時即「以詩文鳴一時」。

〔註62〕譚獻：《復堂日記》，石家莊：河北教育出版社，2001 年，第 207 頁。

〔註63〕譚獻：《復堂日記》，石家莊：河北教育出版社，2001 年，第 207 頁。

心四處搜尋章氏遺書。同治十年（1871）上京會試期間，「借朱子清《文史通義》」，雖「僅刻本十之四五」，然「有雜說二篇爲刻本所未有」，後在同鄉李慈銘[註64]和友人陶子珍[註65]的指引下，終於在自己同年周福清之族叔周以均[註66]處，獲得殘缺了 54 頁的大梁版《章氏遺書》。隨後，譚獻根據數年來搜集到的各種藏本進行比勘補刻。這就是後來廣爲流傳的浙江書局補刻本《文史通義》[註67]。

二、學經三變與終奉實齋

儘管譚獻自述「章氏之識冠絕古今，予服膺最深。」[註68]又有「胡石莊之論性學，章實齋之論著書，先生（王夫之）之論治理，如山有喬嶽、水有靈海，奉以爲歸而推求之，畢世不能盡也」[註69]之說，推尊章學誠學術思想爲清代絕學之一。然而，其學術取向卻並非不加選擇的隨從，也非從一而終，墨守一說，而是標舉一學而融合眾學。

而立之前的譚獻，轉移多師。據其自言：「甲寅（1854）年，館山陰村舍，始填詞，旋又棄去，後乃尊信經張臯文、周保緒先正之言，銳意爲之」，此時的他「於古文無所偏嗜，於今人之經學嗜莊方畊、葆琛二家，文章嗜成容若、項蓮生。」[註70]也就在這一年，22 歲的他爲學使萬青藜[註71]所攜入京師，結交京華通人不下十餘眾[註72]。不過這些京師學人存在比較嚴重的門戶之見，學崇宋儒，文尚桐城。這些與章氏之學多有不諧，章氏向來反對學術固倚門戶，桐城之文更是他在《古文十弊》中集中批判的「假古文」。此間學人

〔註64〕 譚獻：《復堂日記》，石家莊：河北教育出版社，2001 年，第 49 頁。

〔註65〕 譚獻：《復堂日記》，石家莊：河北教育出版社，2001 年，第 57 頁。

〔註66〕 李慈銘：《越縵堂日記》，揚州：廣陵書社，2004 年，第 6124 頁。

〔註67〕 〔日〕井上進：《六經皆史說的系譜》，見小野和子：《明末清初的社會與文化》，京都：京都大學人文科學研究所，1996 年，第 552 頁。

〔註68〕 譚獻：《復堂日記》，石家莊：河北人民出版社，2001 年，第 17 頁。

〔註69〕 譚獻：《復堂日記》，石家莊：河北人民出版社，2001 年，第 70～71 頁。

〔註70〕 譚獻：《諭子書一》，參見《半廠叢書》，《復堂類集》，臺北：華文書局，1970 年影印光緒十五年刊本，第 3 冊，《文集》卷 1，第 282 頁。

〔註71〕 萬青藜（字文甫，1821～1883），道光二十年進士，授翰林院編修，大考第一，升侍講侍讀學士。歷官兵部尚書、吏部尚書、武英殿總裁等。

〔註72〕 不完全統計有：朱伯韓、葉潤臣、馮魯川、王少鶴、孫琴西、許海秋、蔡梅庵、尹杏農、李子衛、楊汀鷺等。參見蔡長青《文人的學術參與——〈復堂日記〉所見譚獻的學術評論》，《中國文哲研究集刊》第四十期，2012 年 3 月。

與譚氏性情也不合，頗有冠蓋滿京華，一人獨憔悴的感受。當然，此番京遊也還幸得「性命骨肉之交」，不僅有舊好鄉人吳子珍，而且亦結新友莊中白。多年之後，譚獻在《論子書》中，還深情回憶與這兩位師友之間的問難質疑、切磋學問對於自身學問增進的意義。所謂「予之略通古今，有志於微言大義，皆此二年師友之所既也，至於今不敢忘。」〔註 73〕依其自述，而立之後，譚獻「差有窺於微言大義，遂棄前日記誦之所得。」〔註 74〕

他「是較早領悟實齋學術精華的清代學者」，「二十五、六以後，潛心經訓古子，有志於微言大義……先生淡於仕進，銳志著書，盛推武進莊方耕侍郎、會稽章實齋為當代絕學。」〔註 75〕在譚氏眼中的章氏絕學乃「辨章學術，考鏡源流」的校讎學，是探討先秦、兩漢學術流變，劃分經、史、子、集畛域，標示各自價值體系的學問。並非簡單的圖書編目和歸類。所以，他不僅崇尚章實齋「辨章學術，考鏡源流」的流略之學，而且「立足於」這一「視野」「來評論諸儒經術文章，然後以是否蘊有對經書微意的探索企圖而定高下。」同樣受章學誠「學者有宗主而不必有門戶」思想的影響，在「評論古今文章流派及學術傳衍，誠懇之中，別有慧解。」〔註 76〕如果說上述影響表現在學術路徑方面，那麼章氏「論古文必恕」之同情理解的態度，在譚氏則有「在述古論今之間，仍帶有一種溫情與敬意」，兩個方面的影響結合起來，使得他「能從更寬廣的視野，以及更高的立足點，來評價他所認同或不認同的學術主張，而非一味的指責或迴護。」〔註 77〕他在日記中直白地寫到「（自己）洞然於著作之故，文章之流別，實自此書（《文史通義》）」〔註 78〕並且謙

〔註 73〕 譚獻：《論子書一》，參見《半廠叢書》，《復堂類集》，臺北：華文書局，1970 年影印光緒十五年刊本，第 3 冊，《文集》卷 1，總頁第 1435 頁。

〔註 74〕 譚獻：《答林君書》，參見《半廠叢書》，《復堂類集》，《文集》卷 2，臺北：華文書局，1970 年影印光緒十五年刊本，第 3 冊，《文集》卷 1，總頁第 1499 頁。

〔註 75〕 夏寅官：《譚獻傳》，見閔爾昌纂錄：《碑傳集補》，臺灣文海出版社，1973 年，第 2829 頁。

〔註 76〕 蔡長林：《文人的學術參與——〈復堂日記〉所見譚獻的學術評論》，臺北：中央研究院中國文哲研究所《中國文哲研究集刊》第四十期，2013 年，第 131 頁。

〔註 77〕 蔡長林：《文人的學術參與——〈復堂日記〉所見譚獻的學術評論》，臺北：中央研究院中國文哲研究所《中國文哲研究集刊》第四十期，2013 年，第 132 頁。

〔註 78〕 譚獻著，范旭倉、牟曉明整理：《復堂日記》卷二，第 38 頁。

恭地表示要「治經史未竟之業，得一卷書，附庸於胡石莊、章實齋兩先生，於願足矣。」〔註79〕

　　考察譚氏治學，一生三變，經歷了由許、鄭之學轉向今文之學；由考據博搜到探求微言大義的變化。早年以文名，咸豐七年遊學京師，轉而潛研經史；而立之後，「差有窺於微言大義，遂棄前日記誦之所得」〔註80〕，轉而治史，「初欲隨筆條記闕失誤字、疑義駁文」，然而，此項工程前賢已臻成，所謂「《二十二史考異》《十七史商榷》既有成編」，不僅如此，更因「百一之補苴亦非所急」，所以，「異日當爲表微之學耳」。〔註81〕有學者認爲：「在學術上，儘管譚獻同樣精於考據，熟讀《說文》，善於校刊，但他更認同常州的經術文章與實齋的通識古今。」〔註82〕這兩者本來是相互矛盾的，譚獻的了不起之處就在於綰合兩者以成其大。此其卓也。他說：

　　　　譚既宗仰今文，而又信《六經》皆史之說，自有牴牾，拳拳奉
　　《文史通義》以爲能洞究六藝之原〔註83〕。

　　針對譚獻此說，有學者評論道：「與其說譚氏宗仰實齋「六經皆史」論，不如說譚氏具有實齋流略學的識見，能以歷時性的眼光考察學者所業之優劣及其在當下的意義。」〔註84〕亦即通過「辨章學術，考鏡源流」的校讎學，考察學人之學及著述性質，將其置諸學術發展的流變中，進行比較、鑒別、分析、列目，確立其在學術上的地位。錢穆認爲章學誠的學術理路就是通過學術史的方式來梳理既往學術的成績，譚獻對章氏的學術尊崇不只表現在理論的闡揚上，而且還通過學術實踐來發揚光大。這就是譚獻對章學誠學術思想的貢獻，有別於同時代同樣推崇章氏學術者的地方。

　　比如，譚獻以爲「明以來，文學士心光埋沒於場屋殆盡，苟無摧廓之日，

〔註79〕 譚獻：《復堂日記》，石家莊：河北人民出版社，2001年，第240頁。
〔註80〕 譚獻：《答林實君書》，參見《半廠叢書》，《復堂類集》，《文集》卷二，臺北：華文書局，1970年影印光緒十五年刊本，第3冊，《文集》卷1，總頁第1499頁。
〔註81〕 譚獻：《復堂日記》，石家莊：河北教育出版社，2001年，第159頁。
〔註82〕 蔡長林：《文人的學術參與——〈復堂日記〉所見譚獻的學術評論》，見《中國文哲研究集刊》第四十期，中央研究院中國文哲研究所，2012年3月，第145頁。
〔註83〕 錢鍾書：《序》，《夏堂日記》，石家莊：河北人民出版社，2001年，第3頁。
〔註84〕 蔡長林：《文人的學術參與——〈復堂日記〉所見譚獻的學術評論》，見《中國文哲研究集刊》第四十期，中央研究院中國文哲研究所，2012年3月，第139頁。

則江河日下，天可倚杵。予自知薄植，竊欲主張胡石庄、章實齋之書，輔以容甫、定庵，略用挽救，而先以不分駢散爲粗迹、爲回瀾。」〔註85〕就頗有章氏以通識古今之法治學論學，不就事而論事，而是考辨從來，以定其位之風。章學誠論文諸作密集於《文德》《文理》《質性》《黠陋》《俗嫌》和《古文十弊》等。諸文雖各有旨歸，然統而言之，則反對桐城諸公所倡之義理、考據、辭章之「義法」的主張和已蔚然之學風。桐城之說，非桐城諸公自創耳，亦明代歸有光「唐宋派」於清代之易面再生。章實齋正本清源，指出：「學文之事，可授受者規矩方圓，其不可授受者心營意造」，「今歸、唐之所謂疏宕頓挫，其中無物，遂不免於浮滑，而開後人以描摹淺陋之習。故疑歸、唐諸子得力於《史記》者，特其皮毛，而於古人深際，未之見也。」〔註86〕章實齋一貫主張恢復三代理想之知識形態，通過研習史遷之傳記爲基礎之古文辭，以成「文史之學」。對照章實齋的論文主張，比較譚獻之論文說法，則不難發現兩者之間的發明与被發明關係。

　　譚獻對章氏學術的闡揚不僅廣其校讎略一域，於其「史學經世」之治古在於崇今及「官師合一」亦有推闡。本諸章氏論「《春秋》固治未來之人事」。在《春秋》的性質問題上，譚獻根據章氏《易》象與六藝相表裏的見解，批評「言《春秋》治已往之人事、《易》治未來之人事，義甚粹美，然又烏知《春秋》固治未來之人事乎？」「《公羊》家法蔽晦，世遂以《春秋》爲陳迹，然而知《易》象、《春秋》相表裏者亦鮮矣。」〔註87〕於章氏之方志說，譚獻說：「閱《文史通義》外篇。表方志爲國史，深追《官》《禮》遺意，此實齋先生所獨得者。與內篇重規疊矩，讀者鮮不河漢其言，或浮慕焉，以爲一家之學亦未盡耳。懸之國門，羽翼六藝，吾師乎！吾欲造《學論》曰：天下無私書，天下無私師。正以推闡緒言，敢云創獲哉！」〔註88〕

　　考察譚獻對章學誠學術思想闡述的價值，如果比較一下同一時期、同樣以日記爲學術著述方式對章氏學術思想進行過評價的李慈銘和王闓運（字任秋，1833～1916）可能會更立體全面一些。

　　比較上述同一時期、述學方式相同，立論對立、闡述各異的章氏學術思

〔註85〕譚獻：《夏堂日記》，石家莊：河北人民出版社，2001年，第59頁。

〔註86〕章學誠：《文理》，《章學誠遺書》卷二，北京：文物出版社，1985年，第7頁。

〔註87〕譚獻：《復堂日記》，石家莊：河北人民出版社，2001年，第240頁。

〔註88〕譚獻：《復堂日記》，石家莊：河北人民出版社，2001年，第20頁。

想評論，只能說明社會在接受章氏思想的同時，關於它是什麼、怎麼樣、將如何，還處於思辯討論階段，其學術思想的面相還十分模糊。但其爭訴基本上未脫離漢、宋，今、古門戶之議，其所臧否絕無時事朝政之嫌。之所以如此，與時事背景雖不無關係，亦關乎學人個性稟賦。一般論章氏其人其學者絕少注意其干預時政的抱負、議政的勇氣與藝術。本書附錄一《章學誠「時務六書」論政的啓示》可窺一斑。這說明即便在政治高壓十分嚴峻的時期，還是有學者涉政議政的。章氏之後闡釋章氏學術者有就學論學的論經說史者，如以上所論。也有政治學術相互發明，互以爲錯者，更有政治解經、政治說史的。前者的代表學人是龔自珍；後者以康有爲最爲典型。

第三節　康有爲：政學衝突下對章氏學說的前恭後倨

　　李澤厚說：「康有爲的思想」「是數千年來封建主義思想體系終於在最後一代封建士大夫們身上分崩瓦解和向資產階級思想方向蛻化的表現，作爲一面鏡子，它清晰地照出了晚清這一代人新舊並陳、青黃不接的思想面貌和階級性格。」〔註89〕「新舊並存」和「青黃不接」的時代環境，決定了康有爲作爲傳統君主官僚政治統治體系與這一體系瓦解在即之際的過渡性人物特徵〔註90〕。此論之後，三十多年過去了，學術界對康有爲學術思想、政治思想及政治活動的研究雖然取得了許多新的成果，但這一總體的評價並不顯得過時。

　　考察康有爲的政、學活動，離不開「戊戌變法」這一歷史事件。在甲午戰敗背景下發生的這場救亡圖存的維新運動，「與中國歷史上常見的改革，比如王安石變法、張居正變法，具有本質上的不同，它開啓的是古老的華夏文明在面臨現代性挑戰之際，尋求新的社會政治模式和思想文化模式的歷史。」〔註91〕作爲這一運動領袖群倫的康有爲（字廣廈，1858～1927），其顯著的特點之一，便是其多重角色的衝突進而導致的政學矛盾。這種衝突在康有爲不同時期、不同語境下對章學誠學術思想闡釋的崇拒恭倨也表現得十分充分。

〔註89〕 李澤厚：《中國近代思想史論》，北京：人民出版社，1979 年，第 93 頁。

〔註90〕 姜義華認爲：「中國歷史甚爲悠久的士大夫——君子型知識精英，在君主官僚政治統治體系中的角色定位是所謂『帝師王佐』」，而近現代的科技革命、產業革命、政治革命和社會革命，「使知識精英這一群體發生急遽分化，從一元走向多元。」見姜義華：《學問與革命：知識精英的蛻變和新生》，《章炳麟評傳》，南京：南京大學出版社，2002 年，第 2～4 頁。

〔註91〕 王焱：《社會思想的視角》，杭州：浙江大學出版社，2012 年，第 59 頁。

一、學問家、政治家及帝師：多種角色的衝突

康有爲的胞弟康廣仁在評價其兄時曾說：

「伯兄規模太廣，志氣太銳，包攬太多，同志太孤，舉行太大」

〔註92〕。

康廣仁（字廣仁，1867～1898），「戊戌六君子」之一。他不僅是康有爲的胞弟，而且是其維新變法大業的同志。對其兄的這個評價，談不上褒貶，十分中肯，對考察康有爲在維新運動中一身多任，彼此衝突的角色定位，不失一個很好的視點。「康有爲的先世，並非『顯宦』，而『實以教授世其家』」〔註93〕，其本人身處承平之時，無攻城野戰之功，無守疆鎮遠之勞。在清廷內憂外患踵接而至，帝后黨爭劍拔弩張之際，脫穎而出，一舉而爲中外矚目，成爲中國近代學術思想、政治文化無法繞避之砥柱。其雄偉非常之端，既因時勢，亦賴其書生憂患所得。

其政治活動始於上書。1888年《上清帝第一書》向光緒陳情苦於「下情不得上達」，冀其「懼左右」，不達。在此之前，其所乞帝黨首領翁同龢及帝黨同僚盛昱確呈遞，被拒〔註94〕。康有爲上書言變，已遠非洋務派所變「器」，不是在器物層面的向西方學習，而是要「改制」「變法」。這一點他在1898年的《敬謝天恩並統籌全局摺》中有很明確的劃分。他說：「今天下之言變者，曰鐵路、曰礦務、曰學堂、曰商務，非不然也，然若是者，變事而已，非變法也。」〔註95〕洋務運動已深爲保守的帝黨所忌憚，當他們尚未意識到可借康氏變法作爲與后黨實現政治平衡的時候，康氏的變法要求自然受到他們排拒。康氏披讒受譏，實屬當然。變法不易，在傳統思想和既有政治利益格局的籠罩下，依靠什麼樣的力量、選擇什麼樣的理論爲變法張本至爲重要。於是有萬木草堂講學之舉，《新學僞經考》《孔子改制考》及《春秋董氏學》之著。錢穆評價康有爲的這一系列學、政之舉說：「言近三百年學術者必以長素

〔註92〕 轉引自孔祥吉《康有爲變法奏議研究》，瀋陽：遼寧教育出版社，1988年，第234頁。

〔註93〕 湯志鈞：《戊戌變法史》，北京：人民出版社，1984年，第56頁。

〔註94〕 《翁文恭日記》光緒十四年戊子十月十三日有記：「南海布衣康祖詒上書於我，意欲一見，拒之」，同月又有記：「盛伯義以康祖詒封事一件來，欲成均代遞，然語太訐直無益，只生釁耳，決計復謝之。」

〔註95〕 《中國近代史資料叢刊·戊戌變法》第二冊，上海：上海人民出版社，2000年，第216頁。

為殿軍，而長素學術生命可記者，則始於其長興之講學。」〔註96〕

1891～1894 年間，康有為來往兩廣，一來聚集生徒，培養維新骨幹。梁啓超回憶說：「吾儕受其教者，……流俗駭怪，指目之謚曰『康黨』，吾儕亦居之不疑也。」〔註97〕再則著書立說，構建變法理論體系。其間《新學偽經考》《孔子改制考》等維新運動的主要理論著述皆於此間完成。梁啓超說：「先生著《新學偽經考》方成，吾儕分任校讎；其著《孔子改制考》及《春秋董氏學》，則發凡起例，詔吾儕分纂焉。」雖說是渠師七十壽誕之回憶，但大體不謬。據學者考證，上述三書成書、刊印皆在戊戌以前。由是，則「康有為的草堂設學，實以講學為名，而行衍創變法理論之實。此後，外患日急，康有為的思想體系逐漸形成，維新骨幹招聚漸多，他所領導的變法運動，也就日益高漲了。」〔註98〕康有為畢興學、培養骨乾和政改理論準備三役於一役，大獲成功，既因「時會」，亦賴其激進的思想和特別的教學感召力。康氏興學雖在兩廣，然而，其影響主要在北方，於南人甚小。其「大棒大喝」的教學方式使其多得傑才。梁啓超於康氏歿後評價其師生之誼說：「或不能受，一見便引退；其能受者，則終身奉之」。這也可以視為梁氏自釋與渠師依違合離之密。「萬木森森散萬花」雖說是梁氏後來的追懷，不無詩性誇張，但是康氏在當時保守和敵視的社會氛圍下，與其弟子們於萬木草堂中「躲進小樓成一統」，其意氣揚揚無疑予其巨大的鼓舞。

1894 年，甲午一役，中國戰敗，朝野震驚。1895 年，中、日議和成，康有為發動「公車上書」，請拒和、遷都、變法。雖未達上聞，但名聲大震。是年成進士，即入工部役。南返，開強學會於上海。1897 年，膠州灣事起，康有為赴京上書陳時事之急。加之朝中帝后黨爭，波譎雲詭；國中維新之士或蠢蠢欲動，或明行暗踐，一時輿論洶洶。翌年，光緒命其在總理衙門京章上行走。康有為以賴時勢、高昂的政治熱情「參與中央朝廷的變法運動」。其推動維新「主要依賴兩條路徑：一是代朝廷大臣草擬奏摺；其次是向光緒皇帝推薦書籍，並前加按語」〔註99〕，以示引導。康氏之於光緒，本無帝師之名，

〔註96〕 錢穆：《中國近三百年學術史》（二），北京：九州出版社，2013 年，第 706 頁。

〔註97〕 梁啓超：《南海先生七十壽言》，《飲冰室合集》文集 4 上，北京：中華書局，1989 年，第 27～28 頁。

〔註98〕 湯志鈞：《戊戌變法史》，北京：人民出版社，1984 年，第 75 頁。

〔註99〕 王焱：《社會思想的視角》，杭州：浙江大學出版社，2012 年，第 60 頁。

由於光緒的新政之舉，在朝中實無強有力的支持者，而實際上的帝師翁同龢思想保守，其於新政不過借其以實帝權。所以，光緒的新政之思，實賴康梁師生。比較湯志鈞《戊戌變法史》所列之《康有爲關於除舊、布新的新政建議表》《新政「上諭」時間次序表》以及《光緒皇帝關於除舊、布新「上諭」分類表》〔註100〕，不難發現康、梁所奏，光緒幾乎全擬照頒。光緒的新政實際上是替康、梁背書。儘管這些「變法」之令難出紫禁城，但正好說明了康氏與光緒之間在「變法」上相互依存，彼此借重。康氏之於光緒新政而實存帝師之實，故存帝師之心。「帝師王佐」，「帝師：指匡正帝王；王佐，指輔佐君主治理天下。」〔註101〕這是傳統士大夫實現致君堯舜上理想的終南之徑，也是其人生價值的最高實現。康氏終身抱持這一士大夫的人生哲學。達兼窮獨，即使受迫害流亡異域，晚年退隱，也不忘做忠君愛主，化民成俗的表率。他夙「有志爲聖人，開口輒曰『聖人聖人』焉，里黨戲號之曰『聖人爲』。」〔註102〕其間康氏被特許享專摺言事之權，於是，一日數摺。既有出自康、梁之手，由康、梁署名呈遞者，也有出自康、梁，而經由別人署名的。之所以如此，實在是呈遞太多太繁。由此亦見朝中變法維新之虛熱。湯志鈞《戊戌變法史》「詔定國是」後附錄有康有爲新政建議表。由表而知，從 1898 年 6 月 17 日到 9 月 14 日，不足百日，僅新政建議即達 37 項，內容廣涉政治、經濟、軍事和文教〔註103〕，由此不難看出當時朝中參與維新者「不變則已，要變全變」、「驟變」，變政、變教，畢其功於一役〔註104〕的急躁。這還不包括「定國是詔」之前和之後的眾多摺奏所涉及更廣泛的內容〔註105〕。康氏甚至進言光緒推倒一切重來：「於二千年成一新世，如新宮之作金碧輝煌，如新衣之服色樣整潔，分毫舊料皆棄勿用」，「故不變則已，一變當全變，急變之」，「就皇上權力所能至，此雷霆萬鈞之力，勢之所發，罔不披靡，如牧者之驅羊，東西惟鞭所指。」〔註106〕急進冒進之策以圖全變驟變，當然不是康有爲

〔註100〕湯志鈞：《戊戌變法史》，北京：人民出版社，1984 年，第 357～403 頁。

〔註101〕姜義華：《學問與革命：知識精英的蛻變與新生》，見《章炳麟評傳》，南京：南京大學出版社，2002 年，第 3 頁。

〔註102〕錢穆：《中國近三百年學術史》，北京：九州出版社，2011 年，第 705 頁。

〔註103〕湯志鈞：《戊戌變法史》，北京：人民出版社，1984 年，第 357～368 頁。

〔註104〕康有爲：《日本政變考》卷九按，北京：中國人民大學出版社，2011 年。

〔註105〕見湯志鈞：《戊戌變法史》（附表二、附表三），北京：人民出版社，1984 年，第 370～371、375～396 頁。

〔註106〕見黃明同、吳熙釗主編：《康有爲早期遺稿述評》附《傑士上書彙錄》，廣州：中山大學出版社，1998 年，第 321 頁。

一人的主張，而是康黨同情共識的集體選擇。1897 年梁啓超赴湘應時務學堂之邀前，與其師密商，議以辦學之旨有「漸進」、「急進」、「立憲爲本位」、「徹底革命、種族革命爲本位」四個選項。梁氏主張二加四選項，康有爲亦無異詞。〔註107〕

康有爲變「維新」爲「唯新」的「冒進」之舉，不僅引起了守舊一派人士的極大恐慌，而且讓地方維新派深感不安。還在朝廷變法方熾之際，湖南巡撫陳寶箴（字相眞，1831～1900）即致電朝廷：「惟變法事體極爲重大，創辦之始，凡綱領、節目、緩急、次第之宜，必須斟酌盡善，乃可措置實行。楊銳等四員，雖爲有過人之才，然於事變尚須閱歷。方今危疑待決，外患方殷，必得通識遠謀，老成重望，更事多而慮患密者，始足參決機要、宏濟艱難。」在地方維新派的眼中，光緒左右的一邦維新之士徒具逞才之志，毫無實政之資，亦不具施政之能，更不用說承擔維新大業之智。他們更看好的是深具人望又有維新之志，且識大體、知進退，學政俱佳，雄才有大略的張之洞。所以，力挺張氏主持維新大局。他在電文說：「竊見湖廣總督張之洞，忠勤識略，久爲聖明所洞鑒。其於中外古今利病得失，講求至爲精審」，「擬宜特旨迅召入都，贊助新政各事務，與軍機總理衙門王大臣及北洋大臣遇事熟籌，期自強之實效，以仰副我皇上宵旰勤求至意。」〔註108〕陳寶箴們的擔憂不久就變成了現實。「驟變」「全變」導致了轟轟隆隆的變法變成了短命的「百日維新」。個中原因，令人深思。而如何看待康有爲個人因素對事變的影響，也不能不是題中之義。

1919 年，當花甲之年（62 歲）的康有爲在上海迎娶 19 歲的貧家女子張光作爲第六房妻子的時候，同樣年近花甲的德國人馬克斯·韋伯（1864～1920）在慕尼黑向一群青年學生發表了《以學術爲業》和《以政治爲業》兩篇演說。在這兩篇演講中，韋伯深刻地闡述了作爲學者和政治家兩者在角色分工和價值追求上的差異。他說，對於學問家而言：

> 因爲對實際政治問題所持的意見，同對政治結構和黨派地位的
> 科學分析完全是兩碼回事。如果是在公眾集會上講論民主，他無須
> 隱瞞自己的態度；在這種場合，立場鮮明甚至是一個人難以推卸的
> 責任。這裡所使用的詞語不是科學分析的工具，而是將其他人的政

〔註107〕丁文江、趙豐田編：《梁任公先生年譜長編（初稿）》，北京：中華書局，2010年，第 43 頁。

〔註108〕陳寶箴：《陳寶箴集》（中），北京：中華書局，2005 年，第 834～835 頁。

治態度爭取過來的手段。……與此相反，如果在討論或課堂上，以這種方式使用詞句，那麼未免荒唐透頂。﹝註109﹞

　　對於無論是「『爲』政治而生存」的政治家還是「『靠』政治生存」的政治家，他們雖然因爲「以政治爲業」所得不同﹝註110﹞，但是作爲以「政治爲業」者，當他們和「以學術爲業」者相區別的時候，他們充任的社會角色，遵循的業態規範和價值追求卻並無二致。學者和政治家實際上置身於兩個不同的社會價值領域，扮演不同的社會角色，受制於不同的職能規約。韋伯的告誡是否包括這兩者的角色定位應該涇渭分明，如果學者和政治家角色混亂，那麼就會導致學術失範和社會失秩這樣的意思，其意自足，並不存仁智之見。而康有爲的學術生涯和政治生涯，則無疑可以成爲這一告誡的最好注腳。按照韋伯「職業政治家的來源」所述的五種情況﹝註111﹞分析，康有爲屬於「是君主獎掖」的、「受過人文主義教育的文人」，他們的角色定位「最理想的是成爲一名諫臣」。﹝註112﹞然而，康有爲實際上一人扮演了「實際的改革者與虛幻的思想家」﹝註113﹞兩重角色。這一雙重角色，不僅使得其政治實踐呈現出十足的烏托邦色彩，而且使得其學術活動呈現出政治解經和政治解史的特點。康氏這種雙重角色的擔當，終其一生未有改變。蕭公權討論其「社會思想的兩個層次」時說：「一個是關注實際事務，在晚清時冀圖挽救帝國危亡，在民國時抨擊風雨飄搖的政局。另一個是神馳於理論與想像的領域，超

﹝註109﹞　〔德〕馬克斯・韋伯（Max Weber）著、馮克利譯：《學術與政治》，北京：三聯書店，2005年，第37頁。

﹝註110﹞　馬克斯・韋伯認爲：「『爲』政治而生存的人，從內心裏將政治作爲他的生命。他或者是因擁有他所行使的權力而得到享受，或者是因爲他意識到服務於一項『事業』而使生命具有意義，從而滋生出一種內心的平衡和自我感覺。」而「『靠』政治而生存」者與前者的「區別所涉及的是事物十分基本的層面，即經濟的層面。力求將政治作爲固定收入來源者，是將政治作爲職業，『靠』它來吃飯。」

﹝註111﹞　馬克斯・韋伯認爲：「面對貴族等級，君主主要從這個等級之外尋覓政治上可資利用的階層」存在這樣五個可能的階層：一是僧侶階層；二是受過人文主義教育的文人；三是宮廷貴族；四是由小貴族和城市食利者組成的顯貴階層，即紳士；五是大學裏訓練出來的法律專家。見馬克斯・韋伯著、馮克利譯：《學術與政治》，北京：三聯書店，2005年，第72～74頁。

﹝註112﹞　〔德〕馬克斯・韋伯（Max Weber）著、馮克利譯：《學術與政治》，北京：三聯書店，2005年，第73頁。

﹝註113﹞　蕭公權語，轉引自〔美〕魏斐德著、李君如等譯：《歷史與意志》，北京：中國人民大學出版社，2005年，第121頁。

脫現實。康氏常往來於兩層次之間，有時同時立足於兩層次。他可說是扮演了雙重角色：實際改革家與嚮往烏托邦的思想家。」〔註114〕當他將這兩者結合起來，把思想實驗的邏輯推演當成歷史社會實踐的實際演進時，悲劇的發生自然不可避免。康有爲的政治活動不是本文所應關注的，而其多重混亂的角色定位與其服務於政改活動的學術活動，特別解經、解史與章學誠之關係則成了不可迴避的問題。其對章氏學術思想之前恭而後倨，是因由什麼？出於怎樣的動機？又折射了怎樣的心態呢？

二、「尊周公、崇《周禮》」與上書失意

康有爲治學，始信古文經學，「尊周公、崇《周禮》」，著《教學通義》以通其意；後棄古文經學而轉奉今文經之《公羊學》，轉變之因乃受廖平（字旭陵，1852～1932）《知聖篇》和《闢劉篇》的影響。此論雖說不謬，但問題卻非如此簡單。促使其發生思想上重大轉變、學術修爲上重大轉向的是遭遇現實政治生活中的重大挫折。

1884年8月～1885年3月的中法戰爭和隨後締結的《中法新約》，以中國在軍事上的不敗，而外交上的全面失敗而告終。這給康有爲很大的刺激。1888年12月10日，康有爲第一次上書清政府。提出「『變成法，通下情，愼左右』三事，舉京師之人，咸以康爲病狂，大臣阻格，不爲上達」。〔註115〕歷史雖然不能假設，但如果按假設來推衍，是否有存在另一種歷史的可能性空間呢？這對於歷史和歷史之人自然已毫無意義，但對以後的人們則意味著什麼，就可另當別論。否則，「藏往知來」的歷史就可能變得毫無價值。如果憂心國事、關心時局而熱心政治的有識之志，通過上書言事言政都能獲得應有結局，情況會如何呢？洪秀全是因爲科舉之路走不通而舉事，康有爲是因爲上書受挫而覺得有變法之必要，孫中山也是因爲上書受挫而掉丢幻想，立志推翻清廷的。制度設計拒絕了體制自我更生的任何機會。這三次只有康有爲在特殊的時代背景下，獲得了與朝廷當局合作的機會。這種合作機會因爲是偶然的機緣獲得的，所以，不僅使得合作雙方失去平等的地位，也使得合作失去了制度性的保障而變成了一種個人和少部分人的意願。康氏雖有狂人之稱，但亦非不諳此理。所以，他

〔註114〕蕭公權：《康有爲思想研究》，臺北：聯經出版事業公司，1998年，第385頁。

〔註115〕湯志鈞：《戊戌變法史·附錄·大事年表》，北京：人民出版社，1984年，第500頁。

既要乘勢而進，也要使得所從事的變法之業是不違傳統的。於是要在歷史上尋找先例，在理論上說服自己、合作對象、旁觀合作者和反對者。他作《教學通義》也罷，作《新學僞經考》《孔子改制考》也好，都是要作變法方面的準備。其學術的宗旨，都是爲其政改服務的。在《教學通義》中，他闡述著述宗旨即「言教通治，言古切今」。他說：

> 今天下治之不舉，由教學之不修。今天下學士如林，教官塞庭，教學惡不修？患其不師古也。今天下禮制、訓詁、文詞皆尚古，惡爲不師古？曰：師古之糟粕，不得其精意也。……教學之不修，患在不師古。〔註116〕

生活充滿悖論。「不師古」非不以古爲師，而是師古之不善，「師古之糟粕，不得其精意」。而善師者全不然，「必切於今」，「必通於治」。這就是章學誠的政學關係、及治教之論的康氏表達。至於如何習古修教，其法亦從章氏之「官師合一」說，周、孔縮綸說，「六經皆史」說。他說：「六經」都是古代的典章制度，是「周公經綸之迹」，是周公治理國家的歷史，「周公以天位而制禮」，「言切古今」，「鎔鑄一時」，是以「制度美密，纖悉無遺」。〔註117〕此與章氏所謂「周公以天縱生知之聖，而適當積古留傳道法大備之時，是以經綸制作，集千古之大成，則亦時會使然」，「集大成者，周公所獨也」〔註118〕其合若契。周公德位兼備，是以制作，當爲後世王者楷模；《周禮》是周之官守，「如《易》出於太僕，《春秋》出於外史，《詩》出於在師，《論語》《詩經》出於師氏」。〔註119〕所以說，《周禮》是周公留給後世之人最大的政治智慧，也是極爲寶貴的教學資源。而孔子就是在「王迹日夷，官守漸失」之後，「搜括文、武、周公之道，以六經傳其徒，其徒尊之，而奉爲六經」的。〔註120〕所以，「孔子雖聖，而絀於賤卑，不得天位以行其損益百世、品擇四代之學，即躬行明備，亦不過與史佚之徒佐翊文明」。〔註121〕他甚至認爲孔子周遊列

〔註116〕康有爲：《教學通義・序》，《康有爲全集》第一集，中國人民大學出版社，2007年，第19頁。

〔註117〕康有爲：《教學通義・從今第十三》，《康有爲全集》第一集，北京：中國人民大學出版社，2007年，第45頁。

〔註118〕章學誠：《原道上》，《章學誠遺書》，北京：文物出版社，1985年，第10頁。

〔註119〕康有爲：《教學通義・私學第四》，《康有爲全集》第一集，北京：中國人民大學出版社，2007年，第36頁。

〔註120〕康有爲：《教學通義・失官》，《康有爲全集》第一集，北京：中國人民大學出版社，2007年，第35頁。

〔註121〕康有爲：《教學通義・六經第九》，《康有爲全集》第一集，北京：中國人民大

國，遠適宗周，都是為了搜佚。

康有為反覆強調「言古切今」，與章學誠批評後儒之崇古而賤今、厚古而薄今亦屬言異而意合。但不能就此言之，康有為尊章氏之學。在某種意義上，康有為作《教學通義》的時候，是以眼前的現實來遙思遠古的周公成王的。人的存在感受與人對歷史的理解，往往是結合在一起的。正因為如此，有時候人們常常希望歷史有驚人相似的一幕。成王年幼，周公輔政，「制禮作樂」，以奠國基，是為千古之則。而時下的情況是，當年的光緒年幼，不得親政，如今幼皇漸長，歸位有期。於是他代屠侍御擬《請醇親王歸政摺》。祈請醇親王「預遠嫌微」，期以歸政，同時也冀望光緒能有周成王之時的郅治。

「尊周公、崇《周禮》」尚有希望朝中大臣為社稷和皇上「吐哺握髮」的幻想。在給朝中重臣的上書中，康有為並不諱言此意。在給軍機大臣、工部尚書潘祖蔭的《與潘宮保伯寅書》中，康有為陳情析理，暢抒胸臆，他說：「方今國勢日微，民困未起，承唐、宋千年之弊法，當歐美百國之窺逼，公卿與國為體，此直延攬異才，搜求俊乂之時。雖九九之術，濫竽之眾，不患有所失；雖吐哺握髮之勤，猶恐不及也。」〔註122〕在給潘的另一封信中更是從「海內之窮困」、「列國並立，無日不訓討軍實而慮敵之至」，分析王朝面臨的危機。希望潘氏利用自己的影響，說服「兩宮」「少使更陳法，斟酌古政而施行之」。為此，哪怕「反覆言之，牽裾痛哭」亦所不惜。〔註123〕拳拳之心，殷殷之情，溢於言表。此外，他也向吏部尚書徐桐上《與徐蔭軒尚書》《與徐蔭軒書》陳情授計。希望他們能夠「憂國如家」，「感悟上意」，勵精圖治。他還多方請託帝師翁同龢，以及同情光緒的其他臣僚轉達他向光緒的奏陳。最終不是泥牛入海，就是招致譏嘲。顯然，輔政者們並無「周公吐哺」之意。康有為每每祈乞朝中大臣「代為奏」，不是輾轉再三無消息，就是「三詣於門，不獲見」〔註124〕。系列上書，系列失敗。王公貴戚不是「意在保全」，就是以

學出版社，2007年，第36頁。

〔註122〕康有為：《與潘宮保伯寅書》，《康有為全集》第一集，北京：中國人民大學出版社，2007年，第163頁。

〔註123〕康有為：《與潘文勤書》，《康有為全集》第一集，北京：中國人民大學出版社，2007年，第169頁。

〔註124〕康有為：《與徐蔭軒尚書書》，《康有為全集》第一集，北京：中國人民大學出版社，2007年，第171頁。

「狂生見斥」。在經歷了一系列的上書失敗後，康有為意識到袞袞諸公，「齷齪保全」，欲求周公，其何難哉！依靠別人，還不如靠自己。自己也可以做周公那樣的人，做孔子那樣的人。正是在這樣的心理背景下，康有為回到廣州，也正是在這樣的心理背景下，廖平的學術給他以思想的啓迪。於是在治學方向的選擇上發生改變。由信奉實齋之古文今學，轉而崇奉今文《公羊學》。研究康氏政、學活動的學者說：「康有為的援用今文經說，是在第一次『上書不達』以後，是通過上書的政治實踐，遭受封建勢力的摧殘，才促使他找到新的理論依附的。」〔註125〕這一判斷是符合實際情況的。

三、「託古改制」與政治解經

考察康有為學術思想與章學誠學術思想之間的關係，並非一定能夠找到康氏從正面直言某論某說自章氏所來，唯相關處兩者文本比照，可推測其存在影響關係；再者，從康氏批評章氏之論，反觀其受章氏影響。學術思想之間的影響有的時候以顯性的方式呈現，有的時候則以隱性的內在精神、甚至是變異的方式相關聯。析釐康氏學術思想，其由古今中外多種學術思想拼湊雜糅而成，已是學界共識。而究其對章氏學術思想的態度及利用也呈現前後自相矛盾之處。

「託古改制」非有德有位者方可有為，章氏一介書生雖然沒有改制之心，但卻有「託古言志」之意。「託古」總是一種有影響力的方式，無論是「聳上者之聽」，還是「求其友聲」。特別要說服那些擁有話語權力和實際威權者。何況孔子的「述而不作，信而好古」奠定了這樣一種傳統。不過章學誠「辨章學術」與「考鏡源流」的學術方式使其「託古」雖在言志，但其在古今之間架構的關係，卻非實用主義的人為所致，而是充分體現「尊德性」不在於「微言大義」之途，而須基於「道問學」之徑。這也是後世之效其行者服其學的原因。康有為早期信奉古文經學，也「受到章學誠所謂『集大成者周公也，非孔子也』思想的影響。」〔註126〕

章學誠對其所處時代士人學術取向的批判是在嚴格的學術基礎上展開的。他通過釐述三代之治、「六經皆史」、「官師合一」等經史命題，進行系統

〔註125〕湯志鈞：《戊戌變法史》，北京：人民出版社，1984年，第65頁。
〔註126〕陳鵬鳴：《試論章學誠對於近代學者的影響》，《章學誠國際學術研討會論文集》，北京：北京圖書館出版社，2004年，第417頁。

的歷史考辨，條理分明、層層深入地展開。所以，在嚴厲批判的背後有深厚的學理支撐。嚴肅的批判雖然來得直接，但申述自己學術主張的時候必須以理服人，因為理在學中、義在史中，不容置疑。粗心的學者論及章學誠的保守時，指陳其希望回歸三代之治以濟時務，不僅不現實，而實有反動衛道之嫌。這其實只是看到了問題的表象，真實的情形是章氏在恢復古人大體的要求下，表達的是對當下（「時會」）關切和主張。這裡其實也有一個「時會」的問題需要考量。那就是章學誠雖然不滿意於考據時學當道的學風，但當舉世唯此唯學，博學君子趨之若鶩，其所面對的壓力也可想而知。這從他希望自己的學術和思想為人接受，不得不向考據學大師陳請示好，可以窺斑見豹。用今天後置的學術結論來觀乾嘉時期的學術格局，好像戴震是那個時代兼具考據與義理的學術帶頭人。余英時看得明白，戴震不過是混在「狐狸」群中的「刺蝟」，本為「刺蝟」卻裝「狐狸」，說明以「刺蝟」真相面世難以立世。而其時真正的「狐狸」首領是錢大昕，章學誠看得明白。所以，他可以對戴震評頭品足、斥其德性、譏其不知史而言史。而對錢大昕之尊敬，可從其書信中用語之謙卑，表意之婉轉以見一二。這與章學誠之生平氣質和性格實不相符，不能說不是一種委曲自己而求成全的心態使然。這在他數次寫給錢大昕的信和給朋友陳情的書信中都不乏見。對比章學誠《上曉徵學士書》〔註127〕、《上辛楣宮詹書》〔註128〕、《上錢辛楣宮詹書》〔註129〕與《侯國子司業朱春浦先生書》〔註130〕、《上慕堂光祿書》〔註131〕，這些同一時期先後所作且同敘其作《文史通義》之旨，以及輯錄義例諸事的話語姿態及腔調亦可窺見其中堂奧。一則小心翼翼、謙卑有餘；一則意氣揚揚、躊躇滿志。可見章學誠在考據大師面前所受到的壓力，其不得不由校讎之徑，「辨章學術」，「考鏡源流」，以「自古而然」來展訴自己與時學之異的衷曲。這不就是一種「託古言志」嗎？

〔註127〕 章學誠：《上曉徵學士書》，倉修良編注《文史通義新編新注》，杭州：浙江古籍出版社，2005年，第648頁。

〔註128〕 章學誠：《上辛楣宮詹書》，《章學誠遺書》，北京：文物出版社，1985年，第332頁。

〔註129〕 章學誠：《上辛楣宮詹書》，《章學誠遺書》，北京：文物出版社，1985年，第332頁。

〔註130〕 章學誠：《侯國子司業朱春浦先生書》，《章學誠遺書》，北京：文物出版社，1985年，第225頁。

〔註131〕 章學誠：《上慕堂光祿書》，倉修良《文史通義新編新注》，杭州：浙江古籍出版社，2005年，第660頁。

　　章氏嚴分周、孔，旨在闡述上古之世，官、師如何由合一而衍變爲治、教分離。說明周公集大成，非周公之聖，因「時會」使然，而孔子之聖非遜於周公，也是拘於「時會」，不得不然。周公應天順人創立政統，孔子因應「時會」「述而不作」立建學統。孔子有德無位被稱爲「素王」。這一點對康有爲的影響可能更爲深遠。他後來輔佐光緒，籲倡變法，建章立制，唯新政是務，頗有相佐之風。又興學創教，著書立說，培植學黨，頗有聖人之風。所以，當其以維新變法、領袖群倫時，其角色也是相當模糊的。既似周公之相佐，又似孔子之教主，以「聖人」自居，以「長素」爲號。他說：孔子以「布衣改制，事大駭人，故不如與之先王，既不驚人，自可避禍」〔註132〕，其說孔子，實屬夫子自道。這種心理上的自我暗示，自然影響其言爲舉止，一般多以性情視之。性情天生成，心理暗示則是隨著地位和影響的變化而發生變化的。這也就難怪其胞弟康廣仁既同情其變法之志，以至於爲之喋血，又憫其「同志太孤」。

　　康有爲本來治古文經學，自述其 29 歲時著《教學通義》。那個時期闡揚古文經學，述周、孔之別實述治、教之分，絕類章學誠之論。他說：

> 經雖出於孔子，而其典章皆周公經綸之迹。〔註133〕

> 孔夫子雖聖，而絀於賤卑，不得天位以行其損益百世、品擇四低之學……既不得位，自無制作之事相迫而來……必不能坐談高義，捨器言道，遂可家有衣食，國備兵農也。周公以天位而制禮，故範圍百官萬民，無不曲備。孔子以布衣之賤，不得位而但行教事……孔子未嘗不欲如周公之爲萬民計也……天命不在，僅與七十子講學。〔註134〕

章學誠論「道」之所自、「統」之所成說：

> 周公成文、武之德，適當帝全王備，殷因夏監，至於無可復加之際，故得籍爲制作典章，而以周道集古聖之成，斯乃所謂集大成也。

> 孔子有德無位，即無從得制作之權，不得列於一成，安有大成可集乎？非孔子之聖遜於周公也，時會使然也。〔註135〕

〔註132〕康有爲：《孔子改制考》卷十一，北京：中華書局，1988 年，第 267 頁。
〔註133〕康有爲：《教學通義·六經第九》，《康有爲全集》第一集，上海：上海古籍出版社，1978 年，第 121 頁。
〔註134〕康有爲：《教學通義·六經第九》，《康有爲全集》第一集，上海：上海古籍出版社，1978 年，第 118 頁。
〔註135〕章學誠：《原道上》，《章學誠遺書》，北京：文物出版社，1985 年，第 10 頁。

又說：

> 夫子盡周公之道而明其教於萬世，夫子未嘗自爲說也。表彰六籍，存周公之舊典，故曰：「述而不作，信而好古。」……非夫子尊推先王，意存謙牧而不自作也，夫子本無可作也。
>
> 有德無位，即無制作之權。〔註136〕

顯然，康、章所論，異辭而同旨，孔子既無制作之功，也無改制之實。

光緒二十四（正月元日），即1898年1月28日，康氏《孔子改制考》成，中有「六經皆孔子改制所作考」批評章學誠之論道：

> 章實齋謂「集大成者，周公也，非孔子也。」其說可謂背謬極矣！〔註137〕

有學者指出康有爲「攻擊『新學』」、「指斥『僞經』」是因爲「乾、嘉以來，講究訓詁考據，施於古籍整理和語言研究的『樸學，流傳甚廣』」，考其源流則所成之「吳派」和「皖派」兩脈，雖然在學術上各有主張以立門戶，但「鮮言『經世』」則一也。另一方面，宋明以來之「宋學」由於統治者的嘉祐，和科舉考試悉以之爲據，致士大夫好喜空言義理。「這樣，漢學的訓詁考據，朱學的義理文章，就成了麻痺知識分子的毒品，成爲封建專制制度的護身符」，康有爲的「辨僞」「就予當時學術界占統治地位的兩大學派以根本的打擊，予維護封建統治制度的傳統思想以大膽的衝擊，爲掃除變法維新的絆腳石準備了條件。」〔註138〕這是一種我們熟悉的解釋模式，是解釋思想轉變之所以發生，學術活動之所以展開，社會運動之所以產生的外緣論解釋，當然也是有據之論〔註139〕。除此之外，我們是否也可以從經學史上今文經學與古文經學所宗尚的學術思想分

〔註136〕章學誠：《原道中》，《章學誠遺書》，北京：文物出版社，1985年，第11頁。

〔註137〕康有爲：《孔子改制考》卷十，《康有爲全集》第三集，上海：上海古籍出版社，1992年，第284頁。

〔註138〕湯志鈞：《戊戌變法史》，北京：人民出版社，1984年，第76頁。

〔註139〕康有爲：《孔子改制考・學記》：「劉歆挾校書之權，僞撰古文，雜亂諸葛亮經。……鄭康成兼採古今，盡亂家法，深入歆室。……國朝經學最盛，顧、閻、惠、戴、段、王，盛言漢學。……天下風靡，然日盤旋許、鄭肘下而不自知。於是二千年皆爲歆學。……諸儒用力最勤，入部愈深，悖聖愈甚。……可謂之新學，不可謂之漢學，況足以論夫子之學哉！既無學識，思以求勝，則大其言曰：『欲知聖人之道，在通聖人之經；欲通聖人之經，在識諸經之字。』於是古音古義之學，爭出兌奏。以此求道，何異磨磚作鏡，蒸沙成飯？西漢之學，以禹貢行河，以三百五篇諫，以洪範說災異，皆實可施行。自歆始尚訓詁，以變異博士之學，段、王羣扇之，乃標樹漢學，聲動後生，沉溺天下，相率於無用。可爲太息！」

竄而纂，來判斷康有為學術思想的變化為轉變也好，發展也罷，考察其所要利用傳統的利用便利度來考察其對兩者的價值判斷和選擇。今文經學與古文經學究竟存在怎樣的學術價值取向之別呢？

　　大體而言，古文學尊奉周公；尊孔子為先師，是史學家，「信而好古，述而不作」；認為「六經皆史」，以《周禮》為主，尚存《毛詩》和《左傳》，斥緯書為誣妄。而今文經學尊奉孔子，尊孔子為「受命」的「素王」，認為孔子是政治家、教育家，認為「六經」皆孔子為「託古改制」而作；以《公羊傳》為主，尚存《儀禮》《穀梁》《禮記》《韓詩外傳》，信崇緯書，認為孔子大義微言間有所存。「今文與古文既是經與史之別，也是教與政之別。且教高於政，故潛藏著今文高於古文，經高於史的意識。」〔註 140〕兩相比較，不難發現，今文經學更適合康有為在即將致力推動的維新大業中翻轉騰挪。所以他的斥「章實齋謂『集大成者，周公也，非孔子也。』其說可謂背謬極矣！」並非對章氏的不敬，而是出於政治上將要有所為的需要。是政治實用哲學的驅使，而非學術求知的唯真理是從。是政治欲望而導致的學術人格分裂。梁啟超評價其師「喜以經術作政論」〔註 141〕。與康氏的非劉歆相比，非章就顯得小巫而見大巫了。有學者評價說：

　　　　他（康有為）以批判劉歆為名，對古文經學，同時對程朱理學和漢學進行激烈的攻擊。……把古文經典一概指為「偽經」，全盤加以否定。……未免簡單武斷。〔註 142〕

　　　　這種武斷總體的表現為其所「駁誼」之三十事「徵引也博」，「屬詞也肆」，「判斷也武」，「立意無稽」，「言之也不怍」。〔註 143〕錢穆稱其為「康氏之新考據學」，認為其「為力反乾、嘉以來考據之學，而別求開一新徑」，「然而未能自赴其所志也。」〔註 144〕

〔註 140〕蔡長林：《文人的學術參與——〈復堂日記〉所見譚獻的學術評論》，見《中國文哲研究集刊》第 40 期，中央研究院中國文哲研究所，2012 年 3 月，第139 頁。

〔註 141〕梁啟超著、朱維錚校注：《梁啟超論清學史二種》，上海：復旦大學出版社，1998 年，第 63 頁。

〔註 142〕何耿鏞：《經學概說》，武漢：湖北人民出版社，1984 年，第 140 頁。

〔註 143〕符定一：《新學偽經考駁誼・序》，轉引自湯志鈞《戊戌變法史》，北京：人民出版社，1984 年，第 78 頁。

〔註 144〕錢穆：《中國近三百年學術史》（二），北京：九州出版社，2011 年，第 715頁。

　　康氏的這種轉變發生在 1889～1890 年的冬春之際，在廣州遇見治今文經學的廖平（字旭陵，1852～1932）之後，受廖氏《知聖篇》和《闢劉篇》的啓發，康有爲「盡棄其舊說」，統率眾生著述《新學僞經考》《孔子改制考》。於此還引發一段廖、康之間爭訟著作權的公案。錢穆在其《中國近三百年學術史》第十四章《康長素》中，詳細羅陳了廖平對康有爲剽竊的指陳，其意顯明。而康有爲在其《自編年譜》中隻字不提此事，學者以爲此乃康氏「爲了表示他一無剿襲，一無依榜。」〔註 145〕但筆者以爲梁啓超的說法似更公允，更貼近康氏著述的本質。他說：

> 有爲早年，酷好《周禮》，嘗貫穴之著《政學通義》，後見廖平所著書，乃盡棄其舊説，……平……頗知今文家法……，然有爲之思想，受其影響，不可誣也。〔註 146〕

又說：

> 康先生之治《公羊》治今文也，其淵源頗出自井研（廖季平），不可誣也。然所治同，而所以治不同。疇昔治《公羊》者皆言例，南海則言義……以改制言《春秋》，以「三世」言《春秋》者自南海也。改制之義立，則以爲《春秋》者，絀君威而申人權，夷貴族而尚平等，去內竟而歸統一，革習慣而尊法治，此南海之言也。〔註 147〕

　　梁氏認爲康有爲受廖季平啓發「不可誣」，但《新學僞經考》《孔子改制考》絕不是《知聖篇》和《闢劉篇》的簡單的翻版。廖平是學者，其治《公羊》著眼於「例」；康有爲是政治思想家和政治家，是從政治改革的需要出發，利用《公羊》學說鼓吹「三世」進化的思想。這一點，不僅作爲康氏助手的梁啓超深知其意，反對康有爲變法的守舊派也管窺蠡測。朱一新揭康氏之底說：「託於素王改制之文，以便其推行新法之實」〔註 148〕而已。所以說，康有爲假學術之名，行政改之實，不僅是共襄其維新大業的同志心知肚明，反對其政改的論敵也洞若觀火，其政治解經術昭然若揭。

〔註 145〕湯志鈞：《戊戌變法史》，北京：人民出版社，1984 年，第 67 頁。

〔註 146〕梁啓超著、朱維錚校注：《梁啓超論清學史二種》，上海：復旦大學出版社，1985 年，第 63 頁。

〔註 147〕梁啓超：《論中國學術思想變遷之大勢》，北京：中華書局，1989 年，第 99 頁。

〔註 148〕朱一新：《朱侍御答康有爲第四書》，見蘇輿編《翼教叢編》卷一，上海：上海書店出版社，2002 年。

　　由古文今學的信奉者，轉而崇奉今文經學之「公羊學」，維新始於「變經」，其實是「託古改制」的第一步。因為「經學在中國歷史中的地位，與哲學之在歐洲歷史中之地位相當。其在西方史中，每當社會有巨變之世，哲學必先之或緣之而變。其在中國史中，每當社會有巨變之世，經學亦必先之或緣之而變。」〔註149〕康有為深知其中堂奧，所以，在第一次上書清帝受挫之後，即興學著述，以為變法維新作理論上、組織上和骨干上的準備。康氏之所為自然絕非自創新舉，「中國經學史的派別，經常利用和憑藉以前的思想材料和繼承以前的某些治學方法。但他們卻又是從前人對經書的闡釋中找符合本階級利益的思想材料……如清代今文經學，『繼承』的只是今文經學『微言大義』特點的形式，而實質上卻是披著經學的外衣，作為變法維新的理論工具了。」〔註150〕這就與章學誠的「託古言志」大不一樣了，章學誠以校讎為徑，「辨章學術，考鏡源流」，是通過嚴格的學術史重建來批評時學之弊，其他無論漢學、宋學，無論兩漢今文學、清代復興之今文經學，無論是東漢之古文學還是清代復興之古文學，都是圍繞經書翻跟頭，但絕少如康有為脫離經書而「任性」發揮的。章太炎在其《與簡竹居書》《與王鶴鳴書》《反對以孔教為國教篇示國學會諸生》及《徵信論》中批評康有為為政治目的而無視學術真正生命力所在，不能完全說是借學術而言政爭，可以說切中康氏之弊。周予同在 1941 年作《五十年來中國之新史學史》說：「學術思想的轉變，仍有待於憑藉，亦即憑藉於固有的文化遺產。當時，國內的文化仍未脫經學的羈絆，而由外輸入的科學又僅限於物質文明；所以，學術思想雖有心轉變，轉變的路線仍無法脫離二千年來經典中心的宗派。」〔註151〕劉夢溪在解讀周氏此說時說：「按周予同的說法，晚清治史諸家中」，「只有梁啟超是逐漸擺脫了今文學的羈絆，走上了新史學的道路。」〔註152〕而其老師，雖以康梁連名並著於世，然而，這一組合無論從學術旨趣，還是人格面相都是新舊兩個不同時代的學人代表。

〔註149〕張蔭麟著、李洪岩選：《素癡集》，天津：百花文藝出版社，2005 年，第 187
　　　　頁。
〔註150〕湯志鈞：《近代經學與政治》，北京：中華書局，1989 年，第 21 頁。
〔註151〕周予同：《五十年來中國之新史學史》，見朱維錚《周予同經學史論著選集》，
　　　　上海：上海人民出版社，1983 年，第 517 頁。
〔註152〕劉夢溪：《學術思想與人物》，石家莊：河北教育出版社，2003 年，第 165
　　　　頁。

第二章　進化史學觀照下的章學誠
##　學術思想闡揚

第一節　梁啓超：西學參比與價值掘發

　　清季民初，影響中國社會至深的西學，莫過於「進化」學說。進化史觀學說，也爲中國史學家考察中國歷史提供了新的思想武器，引爆了一場新的史學革命。這場史學革命「無論是歷史觀上的革命，還是方法論上的革命，落腳點只有一個，就是盡力把歷史學納入救世的軌道。」〔註1〕這與章學誠所高揭之「史學經世」的學術宗旨和主張相得益彰。史學在新的社會思潮和學術背景下，變成了服務現實政治鬥爭和促進社會變革的「實學」。章氏之「藏往知來」的史學思想在新的史學思潮澎湃中獲得了新的生命力。梁啓超說：「歷史者，以過去之進化，導未來之進化者也」，「而史家所以盡此義務之道。即求得前此進化之公理公例，而使後人循其理，率其例，以增幸福於無疆。」〔註2〕

　　梁啓超（字卓如、任甫，1873～1929），清季百科全書式的學者，政治思想家和社會活動家。他的新史學與其新小說等主張服務於一個共同的需要，即養成新的國民，史學的致用功能被發揮到極致。爲此，第一，要改造舊的

〔註1〕王學典、陳峰：《二十世紀中國歷史學》，北京：北京大學出版社，2009年，第18頁。
〔註2〕梁啓超：《新史學》，《飲冰室合集·文集之九》，北京：中華書局，1989年（影印本），第11頁。

史學理論系統；第二，要探索新的歷史研究方法；第三，要改革學校的史學課程；第四，籲倡新史的編撰。要完成這樣一個系統的工程，梁氏一方面學習和引進西方現代史學思想，一方面向中國傳統的史家和學術思想家尋求智慧。企圖從西學與中學兩個學術系統獲得借鑒，構建自己新的史學思想和新的歷史體系。正是在這樣的學術動機和心理驅動下，章氏學術思想贏得了特別的青睞，獲得了被詮釋和闡揚的特殊機緣。梁啓超對章學誠學術思想的闡釋是全方位的，在此僅從其與時俱進，不斷深入的章氏學術思想認識，建構「中國圖書館學」和擬撰之《中國通史》對章氏學術思想的借鑒作論。

一、同源比較，嘉譽日隆

梁啓超對章學誠學術思想的認識有一個隨著時間推移而不斷出新的過程。先是放在整個清代學術譜系中來衡權，繼而置諸中國史學發展史中來歷時比較，最後推向世界歷史學發展的前沿進行共時比較闡揚。梁氏依其「時代思潮」流轉相遞，生（啓蒙期）、住（全盛期）、異（蛻分期）、滅（衰落期）「循環」之說，以爲「有清三百年，則其最切著之例」〔註3〕，章學誠實乃「全盛期與蛻分期之間」「一重要人物」，屬於正統學術的異變力量。他「不屑於考證之學與正統派」；「其言『六經皆史，且極尊劉歆《七略》，與今文家異』」，其學術思想「實爲乾嘉後思想解放的源泉」。對於章氏思想之先鋒性和前瞻性，梁氏不僅概觀其要，而且於其《文史通義》之創見，一一細舉：

> 其言「賢智學於聖人，聖人學於百姓」，「集大成者乃周公而非孔子」（《原道篇》）；言「六經皆史，而諸子又皆出於六經」（《易教》《詩教》《經解》諸篇）；言「戰國以前無著述」（《詩教篇》）；言「古人之言，所以爲公，未嘗私據爲己有」（《言公篇》）；言「古之糟粕，可以爲今之精華」（《說林篇》）；言「後人之學勝於前人，乃後起之智慮所應爾」（《朱陸篇》）；言「學術與一時風尚不必求適合」（《感遇篇》）；言「文不能彼此相易，不可捨己之所求以摩古人之形似」（《文理篇》）；言「學貴自成一家，人所能者，我不必以不能爲愧」（《博約篇》）。〔註4〕

〔註3〕 梁啓超著、朱維錚校注：《梁啓超論清學史二種》，朱維錚校注，復旦大學出版社，1985年，第2～3頁。

〔註4〕 梁啓超著、朱維錚校注：《梁啓超論清學史二種》，朱維錚校注，復旦大學出版社，1985年，第2～3頁。

　　梁氏不僅認為章氏這些思想將會對新起的學術思潮產生影響，而且對支撐這些思想的深層背景有深入的發掘。這種發掘所使用的方法總體上表現為多層次的同源比較研究，即將章氏學術及思想置諸清代學術、中國傳統學術和世界近代歷史學學術體系中進行比較，進而闡揚章氏學術思想不斷產生的價值。這樣的研究也讓我們看到了梁氏對章學誠學術思想研究與時推移，嘉譽日隆的評贊線索。

　　1902 年其《論中國學術思想變化之大勢》說：「實齋為《文史通義》，批評導窾，雖劉子元蔑以過也。其《校讎通義》，啟研究周秦學之端矣。」〔註5〕

　　1920 年在《清代學術概論》中，梁氏將章氏放置於整個清代學術譜系中衡權，稱章氏「學識在劉知幾、鄭樵上」，「所著《文史通義》實為乾嘉後思想解放之源泉……實為晚清學術者開拓心胸，非直史家之傑而已。」〔註6〕

　　1921 年，梁啟超在南開大學講授《中國歷史研究法》稱：「章氏生劉、鄭之後，較其短長以自出機杼，自更易為功，而彼於學術大原，實自有一種融會貫通之特別見地，故所論與近代西方之史家言多有冥契。」〔註7〕

　　1924 年，在《中國近三百年學術史》中，梁稱章氏為「清代惟一之史學大師」，「方志學之成立實自實齋始也。」〔註8〕又說：「實齋之於史，蓋有天才，而學識又足以副之。」〔註9〕還說「實齋可稱為『歷史哲學家』，其著作價值更高了。」並且擬另文專著詳論（「下文別有一篇詳論他」）〔註10〕，但不知出於怎樣的原因，在該書中並無前述專文。該書中《清代學者整理舊學之總成績》《方志學》專節中，有較翔實文字論章學誠之方志成績，但與前述之「歷史哲學」不符。梁任公是有傳統士大夫情操的知識分子，他一身難以忘懷自己對國家和社會的責任。系統的學術研究於他，兩相比較，總是前者居先的。其很多的學術有計劃無實施不難理解。

〔註 5〕梁啟超：《論中國學術思想變化之大勢》，《飲冰室合集·文集之七》，北京：北京出版社，1999 年，第 96 頁。

〔註 6〕梁啟超著、朱維錚校注：《梁啟超論清學史二種》，上海：復旦大學出版社，1985 年，第 57 頁。

〔註 7〕梁啟超：《中國歷史研究法》，上海：上海古籍出版社，1987 年，第 25 頁。

〔註 8〕梁啟超著、朱維錚校注：《梁啟超論清學史二種》，上海：復旦大學出版社，1985 年，第 446 頁。

〔註 9〕梁啟超著、朱維錚校注：《梁啟超論清學史二種》，上海：復旦大學出版社，1985 年，第 450 頁。

〔註10〕梁啟超著、朱維錚校注：《梁啟超論清學史二種》，上海：復旦大學出版社，1985 年，第 200 頁。

1926 年，在《中國歷史研究法補編》中，梁氏把對章氏的評價推向一個更高的層次。他說：「章學誠，可以說截至現在，只有他配說是集史學之大成的人」，「最近德國才有幾個講歷史哲學，若問世界上誰最先講歷史哲學，恐怕要算章實齋了。」〔註11〕這一大膽的學術判斷，是需要認真的學術比較研究方才算是眞確之論的，梁氏也未能完成。在他之後五十年，由美籍華裔學者余英時承接。余英時認爲：「中國儘管缺乏嚴格意義上的歷史哲學，卻並不必然表示歷史哲學在劉知幾和章學誠以前就根本不存在。……只不過這些零零碎碎的思想……直到章學誠時才獲得有意識的檢討與系統化罷了！」〔註12〕他在《柯靈烏與章實齋的歷史思想——中西歷史哲學的一點比較》中，「將章氏哲學中可以與柯靈烏的觀點相對應的部分加以剔出」，進行「分析和比較」，「使《文史通義》一書中某些觀念因此而日益明析。」〔註13〕

儘管梁啓超未能完成對這一工作，但其章學誠研究的世界眼光和見識，爲後來學人學術研究提供了一個明確的向度。基於其對中國傳統學術的瞭解，他對章氏學術在學術史上的價值更具辨識力。他是較早將章氏學術思想置諸千年學術史的長時段進行考察的學者，他說：

> 千年以來研治史家義法能心知其意者，唐劉子玄、宋鄭漁仲與清之章實齋三人而已。茲事原非可責望於多數人，故亦不必以少數發明爲諸儒詬病。顧吾曹最痛惜者，以清代唯一之史家章實齋，生乾嘉極盛時代，而其學竟不能爲斯學界衣被以別開生面，致有清一代史家僅以摭拾叢殘自足，誰之罪也？〔註14〕

又說：

> 實齋才識絕倫，大聲不入於里耳，故不爲時流宗尚」，「不盛於清代，清代學術界之恥也。〔註15〕

梁任公正是在這種極爲不平的心態下，來發掘章學誠之學術與思想價值的。所以，其治學遇有合於實齋者，必引必徵必闡，其於章氏之推崇可謂備至。

〔註11〕梁啓超：《中國歷史研究法補編》，北京：中華書局，2010 年，第 308、310 頁。

〔註12〕余英時：《論戴震與章學誠》，北京：三聯書店，2000 年，第 240 頁。

〔註13〕余英時：《論戴震與章學誠》，北京：三聯書店，2000 年，第 240 頁。

〔註14〕梁啓超著、朱維錚校注：《梁啓超論清學史二種》，上海：復旦大學出版社，1985 年，第 439 頁。

〔註15〕梁啓超著、朱維錚校注：《梁啓超論清學史二種》，上海：復旦大學出版社，1985 年，第 408 頁。

二、梁氏「中國的圖書館學」與章氏「校讎學」

傳統中國學術延傳一個十分重要的側面是非常注重典籍收藏。按收藏主體及服務對象來劃分有「公家收藏體系、寺觀收藏體系、書院收藏體系及私家收藏體系」〔註16〕。這與現代意義上的圖書館存在很大的差別。現代意義上的圖書館崇尚平等服務、知識自由、信息公開、民主政治和社會包容；與此同時，也不乏尊重和維護個人隱私的法律制度保障。傳統中國關於典籍整理和研究的理論也非常發達，有所謂「七略」、「四部」之術，成為中國現代「圖書館學」建立的本土理論。梁啓超是中國現代圖書館建設的實踐者和圖書館學的開創者。他說：

> 中國從前雖沒有「圖書館學」這個名詞，但這種學問卻是淵源發達得很早，自劉向、劉歆、荀勖、王儉、阮孝緒、鄭樵以至近代的章學誠，他們都各有貫通的研究，各有精到的見解，所留下的成績，如各史之藝文志、經籍志，……都能供給我們以很豐富的資料和很複雜的方法。〔註17〕

「建設中國的圖書館學」，循名責實，即是中西兩種學術文化雜交的產物。在梁啓超看來，學問本無國界，圖書館的建設原則是舉世共認的，中國亦不能自異於此。但中國歷史文化悠久，書籍出現的歷史早，性質特別複雜，必須運用現代圖書館的原則整理之，改造之。所以他提出「建設中國的圖書館學」。這是西方學術思想對傳統圖書分類法衝擊的反應。他認為「中國現代青年對於外國圖書館學得有根柢之後，回頭再把中國這種目錄學（或用章學誠所定名詞叫做校讎學——梁啓超注）加以深造的研究，重新改造，一定能建設出一種『中國的圖書館學』來。」〔註18〕他在其所擬構之「圖書館學」前之所以冠以「中國」，一則以強調其為中國學術、學人服務之宗旨，同時也因傳統中國有深厚的圖書分類學。而這套分類學說，既是研究中國傳統學術的門徑和工具系統，瞭解中國文化發展的一個很好的路由，也是建立與世界接榫的圖書分類學的現實基礎。然而，他清醒地認識到這套系統理論和深厚

〔註16〕 李致忠、周少川、張木早：《中華文化通志——典籍志》，上海：上海人民出版社，1998年，第286頁。

〔註17〕 梁啓超：《中華圖書館協會成立會演說辭》，《飲冰室文集》四十二，第42～49頁。

〔註18〕 梁啓超：《中華圖書館協會成立會學說辭》，《飲冰室文集》四十二，第42～49頁。

傳統已經越來越難以應對社會的發展和學術研究、學科建設以及教學的需要了。他說：

> 社會日益複雜，應治之學日多，學者斷不能如清儒之專研古典；而固有之遺產，又不可蔑棄，則將來必有一派學者焉，用最新的科學方法，將舊學分科整治，擷其粹，存其真，續清儒未竟之緒，而益加以精嚴，使後之學者既節省精力，而亦不墜其先業；世界人之治「中華國學者」，亦得有藉焉。〔註19〕

這意味著其「中國圖書館學」創構的學術背景，因為傳統學術向現代學術轉變過程中，學術研究和學科教學都面臨研究資源和教學資源的重新組織問題。即使在信息方式與西方同樣的情況下，傳統學術資源的利用都因其分類、檢索、傳播方式受到限制而遭遇挑戰。梁氏關注此事甚早。1896 年，他在《時務報》上發表《西學書目表》，以解決急切之大量西學譯籍別屬和分類問題，實因傳統「四部」法無以納容譯籍。當時按照學、政、教三個大類，基本上是以傳統學術概念統籌之，其他「門類之先後，西學之屬，先虛後實，蓋有形有質之學皆從無形無質而生也。」〔註20〕比較章學誠之六藝、諸子和詩賦三略屬於理論而置前，兵書、數術、方技三略屬於應用而後置的理論〔註21〕。這種分類上的理念不難發現其內在關聯性。這雖然只是一個以解當前的權宜之計，但已然呈現按社會科學、自然科學和綜合性圖書類別分類的雛形。他說：

> 西學各書，分類最難。凡一切政皆出於學，則政與學不能分，非通群學不能成一學，非合庶政不能舉一政，則某學某政之各門不

〔註19〕梁啓超著、朱維錚校注：《梁啓超論清學史二種》，上海：復旦大學出版社，1985 年，第 88 頁。

〔註20〕梁啓超：《西學書目表序列》，轉引自吳銘能著《梁啓超研究叢稿》，臺北：臺灣學生書，2001 年，第 51 頁。

〔註21〕章學誠《補校漢藝文志第十》曰：「『形而上者謂之道，形而下者謂之器。』善法具舉，本末兼該，部次相從，有倫有脊，使求書者可以即器而明道，會編而得全」。他舉例說：「《兵書略》中形勢、陰陽、技巧條，與《方技略》中經方、房中、神仙三條，皆法術名數，所謂形而下之器也。任、李二家，部次先後，體用分明，能使不知其學者，觀其部錄亦可瞭然而窺其統要，此專官守書之明效也。充類求之，則後世之儀注當附《禮》經為部次，《史記》當附《春秋》為部次。縱使篇帙繁多，別出門類，亦當申明敘例，俾承學之士得考源流，庶幾無憾。」見葉長青撰《文史通義注》，上海：華東師範大學出版社，2012 年，第 1060～1061 頁。

能分，今取便學者，強爲區別，其有一書可歸兩類者，則因其所重，如行軍測繪，不入兵政，而入圖學，御風要術，不入天學，而入船政，化學衛生論，不入化學，而入醫學是也；又如電氣鍍金、電氣鍍鎳等書，原可以入電學，脫影廳觀、色相留眞、照相略法等書，原可以入光學，汽機發軔、汽機必以、汽機新制等書，原可以入汽學，今可以入工藝者，因工藝之書無不推本於格致，不能盡取而各還其類也；又如金石識別，似宜以歸礦學類，又似宜歸地學類，而似宜歸海軍類，而皆有不安，故歸之船政。此等門目，亦頗費參量，然究不免牽強之誚。顧自七略七錄以到四庫總目，其門類之分合，歸部之異同，通人猶或訾之，聚訟至今，未有善法，此事之難久矣。

海內君子惠而教之，爲幸何如！ 〔註22〕

　　基於上述分析，梁啓超以爲西學的分類並不嚴謹，也存在不甚科學之處多多。是以，致力於「建設中國的圖書館學」。「建設中國的圖書館學」，如何在普遍的原則下充分發揮傳統圖書分類的特點呢？檢視中國傳統學術資源的整理與部次，從西漢劉向、劉歆父子《七略》始，《漢書‧藝文志》以降，《隋書‧經籍志》《舊唐書‧經籍志》《新唐書‧藝文志》，以至《清史稿‧藝文志》經歷由「七略」而至「四部」分類的演變。對「七略」「四庫」深思而明辨者雖代不乏人，而以章學誠「校讎通義」爲最。當梁氏欲構建其「中國圖書館學」時，自然不能不將目光投向他一向折服之章實齋。

　　分類是既存現實困難，又因觀念萬殊而歧見紛呈殊難契合的難事。正確的態度只能是「博詢大方，參考同異，使井井不謬於前人」〔註23〕。「校讎」既是章氏「辨章學術，考鏡源流」之階，也是其學術思想安身立命之基，其學術意義與由訓詁而達通古人之義實殊途而同歸。章氏《校讎通義》的理論貢獻在於充分考慮了圖書部次所涉及廣泛的方方面面的情況，而作綜合的裁判和合理的選擇。上述梁氏所析西方圖書分類法之不盡合理的情況，在中國傳統分類中也顯著存在，章學誠不僅有關注，而且有系統論述。他說：

　　　　書有兩類皆可歸入，未嘗不可兼收並載，不以重複互注爲嫌，

〔註22〕梁啓超：《西學書目表序列》，轉引自吳銘能著《梁啓超研究叢稿》，臺北：臺灣學生書局，2001年，第51頁。

〔註23〕明祁承爜《澹生堂藏書目》之「藏書訓略」節，見袁詠秋、曾季光主編《中國歷代圖書著錄文選》，北京大學出版社，1995年。

目的在便於稽檢。主張經部宜通、子部宜擇、集部宜裁、方志宜選。〔註24〕

　　書有時可載其篇章，補苴部次，別出門類，以辨著述源流。〔註25〕

　　嫌名宜辨。有時門類相似，欲防編次一書兩入之錯謬，先作成長編，可將作者及書名，按韻編之，詳注一書源委於其韻下，至分部別類之時，按韻稽之，可使疑似之書一無犯複；至於一書兩名或數名，必當歷注互名於卷帙之下，一人有多字號者，亦當歷注其字號於姓名之下。〔註26〕

　　考異宜精。分類編次之際，自不免牴牾參差，不妨賅而存之，俟成書之後，別爲考異一編，庶幾無罅漏。〔註27〕

　　版刻宜詳。著名版本異同、校對者、刊刻年月、款識及題跋若何、有無缺論遺佚等。〔註28〕

　　禁例宜明。有違礙書籍，宜注明違礙應禁之故，不分類例，另爲編次。〔註29〕

　　這些史籍編修、校讎技術方面的原則爲梁氏在建設其擬想中的「中國圖書館學」充分考量。1925 年 4 月，梁氏促成中華圖書館協會在北京成立，親任董事長並發表「成立演說辭」。他認爲圖書分類，既要科學，又要具有包容性，能將古今中外的圖書儘量囊括進來；對於跨類的圖書，要採用「互見」和「別裁」的方法。這第三點，梁氏不僅充分吸收了章學誠史籍編纂的思想，而且徑直使用了章氏概念。在次年的家書中亦有告其工作的計劃。他說：

　　現在我要做的事，在編兩部書，一是中國圖書大辭典，預備一

〔註24〕章學誠：《互著第三》，《章學誠遺書》，北京：文物出版社，1985 年，第 96 頁。

〔註25〕章學誠：《別裁第四》，《章學誠遺書》，北京：文物出版社，1985 年，第 97 頁。

〔註26〕章學誠：《辨嫌名第五》，《章學誠遺書》，北京：文物出版社，1985 年，第 97 頁。

〔註27〕章學誠：《論修史籍考要略》，《章學誠遺書》，北京：文物出版社，1985 年，第 116 頁。

〔註28〕章學誠：《論修史籍考要略》，《章學誠遺書》，北京：文物出版社，1985 年，第 116 頁。

〔註29〕章學誠：《論修史籍考要略》，《章學誠遺書》，北京：文物出版社，1985 年，第 117 頁。

年成功；二是中國圖書索引，預備五年成功。兩書成後，讀中國書
真太方便了。關於編這兩部書，我要放許多心血在裏頭才能成，尤
其是頭一年訓練出能編纂的人才，非我親自出馬不可。〔註30〕

可見這應該是一項團隊集體協作方能完竣的工作，非假一人之手可以功
成〔註31〕。訓練團隊是以編纂梁氏飲冰室的十餘萬冊圖書的目錄方式展開
的。梁氏自陳這項工作的重要性在於它能對於將要開始的「圖書辭典」編輯
工作提供「五項幫助」，即「訓練分類方法」；「訓練版本知識」；「實驗原書，
免去誤會」；「對於手續上、經驗上有很大之準備」；「可於將來正式編輯辭典
時予以參考之便利」〔註32〕。雖然梁氏自陳「頗感斯業之有益，興味引而彌
長」，但因為健康原因，這項「預計一年成功」的計劃，變得十分的沒有把握。
一年之後，他在給胡適的信中陳述自己工作的進展和狀態說：

竊不自揆，意欲使此書成後，凡承學之士欲研治某科之學，一
展卷即能應其顧問，示以資料之所在，及其資料之種類與良莠，即
一般涉覽者，亦如讀一部有新系統的四庫提要，諸學之門徑可得
也。

此亦不啻章學誠之部次著錄以「考索學術源流」，縱使「不知其學者，觀
其部錄，亦可了然而窺其統要」〔註33〕之異語。梁氏在信中不僅有這樣概觀
的描述，而且還有詳細的分類說明。在說明中，他專門指出自己的分類「皆
新具別裁，與章實齋所謂橫通者迥別」〔註34〕。這說明，他是認真研究了章
學誠的編目類別法之後，作出的選擇。1928 年，《與守和足下書》：「此書（《中
國圖書大辭典》）編纂頗費苦心，其義例及方法皆迥然不襲前人，意欲為簿錄
界開一新紀元；衍劉略阮錄之正緒而適應於現代圖書之用……」〔註35〕

〔註30〕《梁任公先生年譜長編初稿》，臺北：世界書局出版，1972 年，第 721 頁。
〔註31〕梁氏在一年後寫給胡適的信中知會工作的進展情況中亦說：「此等工具之書編
　　　纂備極繁雜，非有一人總攬全部組織工作不可，卻絕非一人精力所能獨任，
　　　現在同學數輩分功合作。」見《梁任公先生年譜長編初稿》，臺北：世界書局
　　　出版，1972 年，第 744～745 頁。
〔註32〕《梁任公先生年譜長編初稿》，臺北：世界書局出版，1972 年，第 746～747
　　　頁。
〔註33〕章學誠：《補校漢藝文志第十》，《章學誠遺書》，北京：文物出版社，1985 年，
　　　第 99 頁。
〔註34〕《梁任公先生年譜長編初稿》，臺北：世界書局出版，1972 年，第 764～765
　　　頁。
〔註35〕梁啟超：《與守和足下書》，引自《梁啟超年譜長編》，第 1180 頁。

　　梁啓超擬建設之理想的「中國的圖書館學」「採西人之意，行中國之法，採西人之法，行中國之意，其總綱三：一曰教、二曰政、三曰藝」，以別於當時較為著名的四大新圖書分類系統〔註36〕。遺憾的是終因其健康原因而成未竟之業。

三、擬撰《中國通史》與章氏通史編纂理論

　　梁啓超在擬著《中國通史》〔註37〕之前曾作《中國史敘論》〔註38〕，1902年又作《新史學》，「此兩部史著即為梁啓超欲著《中國通史》之指導思想與先期準備」〔註39〕。《中國史敘論》凡「史之界說」、「中國史之範圍」、「中國史之命名」、「人種」、「紀年」、「有史以前之時代」、「時代之區分」共八節。君史－民史、家史－國史、朝代史－文明史、政治史－民生史；循環史－進化史，這些在闡述新史學觀中對舉的概念，一望而知，前項皆中國傳統史學的概括；後項皆西方史學思想的表述；前項皆古代歷史特徵的概括；後項皆當下要致力於建設的目標；前項皆舊史；後項為新史。如此古今、中外、新舊轉換。其所拒迎，不言自明。他批評傳統中國之舊史「四知」「四不知」，所謂「知有朝廷而不知有國家」、「知有個人而不知有群體」、「知有陳迹而不知有今務」、「知有事實而不知有理想」，「以上四者，實數千年史家學識之程式也。」〔註40〕緣此四蔽，復生二病」：曰「能鋪陳而不知別裁」，「能因襲而不能創作」〔註41〕，是又復生難讀、難別擇及難感觸三惡果。是故，「史界革命不起，則吾國遂不可救。」〔註42〕學術史家論及梁氏建設之新史學而必以批判舊史學為先，其所批判之舊史學所使用的武器，悉以經由日本而轉輸中國

〔註36〕四大新圖書分類法：「一是新舊混合法，以沈祖榮為主要代表，二是增改杜威法，以劉國鈞為主要代表，三是採用杜威法，以洪有豐為主要代表，四是中外統一制，以杜定友為主要代表。」見吳銘能著《梁啓超研究叢稿》，臺北：臺灣學生書局，2001年，第57頁。

〔註37〕此為1902年初擬作之名，後來更名為《中國民族外競史》，1904年冬，易名《國史稿》，成20餘萬言。

〔註38〕《清議報》第90冊，1901年9月3日。

〔註39〕齊全編：《梁啓超著述及學術活動繫年綱目》，北京：中國社會科學出版社，2011年，第20頁。

〔註40〕梁啓超：《中國歷史研究法》，《中國歷史研究法補編》，北京：北京聯合出版公司，2014年，第151～152頁。

〔註41〕梁啓超：《中國歷史研究法》，《中國歷史研究法補編》，北京：北京聯合出版公司，2014年，第153頁。

〔註42〕梁啓超：《新史學・中國之舊史》，《飲冰室全集（文集三十四）》，北京：中華書局，1989年，第7頁。

之泰西之學，「與本邦從來之習慣，大異其趣」〔註43〕。斯論雖說大體不錯，但不無偏頗。任何西方學術在中國受容都不可能毫無其可交融之視域，學術思想的「聚變」與「裂變」相反，是由異質多元而趨於一的一種思想變形，不能沒有接受基礎，也不等於簡單相加。利用傳統思想來作為新思想接受的前提，是新的學術思想得以順利生長和傳播的有效途徑。章學誠對傳統史學的批判，成為梁啓超破除舊史學羈絆，建構其新史學思想的重要資源。

　　章氏之樸素的唯物史觀給不遺力批判傳統史學之天命史觀者以莫大的支持。梁氏認為中國傳統史學之弊，皆緣於傳統史學之天命史觀使然。章學誠在清初史家王夫之（字而農，1619～1692）等批判天命史觀的基礎上，進一步提出：「道有自然，聖人有不得不然，其事同乎？曰：不同。道無所為而自然，聖人有所見，故不得不然，即道也。非無所見也，不可見也。不得不然者，聖人所以合乎道，非可即以為道也。聖人求道，道無可見，即眾人之不知其然而然，聖人所藉以見道者也。故不知其然而然，一陰一陽之迹也。學於聖人，斯為賢人；學於賢人，斯為君子；學於眾人，斯為聖人，非眾可學也，求道必於一陰一陽之迹也。」〔註44〕歷史之發展規律（天道）並不與聖人同體，而是孕育於社會生活之中。這無疑是對既往之君史的否定。當然，章氏不可能提出民史之說，而梁氏所謂民史說，亦不過梁氏借西史之說與章氏之說而成之新說。

　　梁氏對舊史的批判也以章氏之說為辭。他推崇司馬遷、班固有史創之功，而後來史家因循守舊，亦本章氏之說，他說：「章學誠曰：『遷書一變而為班氏之斷代，遷書通變化，而班氏守繩墨，以示包括也。後世失班史之意，而以紀、表、志、傳，同於科舉之程式，斷府之簿書，則於記注撰述，兩無所取。』又曰：『紀傳行之千有餘年，學者相承，殆如夏葛冬裘，渴飲饑食，無更易矣』。然無別識心裁可以傳世行遠之具……」對於章氏此議。梁氏批曰：「其論至痛切。」〔註45〕

〔註43〕 如 1902 年，汪榮寶之《史學概論》說：「所採皆最近史學界之說，與本邦從來之習慣，大異其趣，聊紹於吾同嗜好，以為他日新史學界之先河焉。」見《譯書彙編》第 9 期，1902 年 12 月。桑兵認為：「梁啓超心目中的參照，不但是泰西學術，而且是泰西的近代學術。」見桑兵著《晚清民國的學人與學術》，北京：中華書局，2008 年，第 19 頁。
〔註44〕 章學誠：《原道上》，《章學誠遺書》，北京：文物出版社，1985 年，第 10 頁。
〔註45〕 梁啓超：《中國歷史研究法》，《中國歷史研究法補編》，北京：北京聯合出版公司，2014 年，第 21 頁。

　　此外，梁氏對章氏之「史德」論，更是推崇。在其所作「史家的四長」中，他說：「劉子元說史家應有三長」，「章實齋添上一個史德，並爲四長。實齋此種補充，甚是。」〔註46〕他認爲章氏「史德」篇，可論說得更圓滿一些。他在章氏基礎上，將其「心術」之說，作了新的理解，以爲是「對於過去毫不偏私，善惡褒貶，務求公正」〔註47〕，並且將之推演至現代史學科學性與主觀性的高度。認爲史作之中，常犯之「誇大」、「附會」和「武斷」的「毛病」，正是章氏史德論所要批判的〔註48〕。

　　儘管梁氏說：「作史必當以公平之心待之，不然何取乎？」〔註49〕然而，其《中國通史》之擬撰並非一項純粹的學術計劃，與其政治理想和實踐息息相關。「是以史學爲用民族主義提倡愛國心的利器」，「是他放棄世界主義而改信國家主義，試圖催生新的少年中國的體現。」〔註50〕章學誠之「史學經世」，在梁啓超這裡演變成了史學爲改革中國社會之政治事業服務。雖然轟轟烈烈的維新事業以同志者六顆人頭落地謝幕，梁啓超逃亡日本，「日日爲文字之奴隸，……捨此更無術可以盡國民責任於萬一。……一年以來，頗竭棉薄，欲草一《中國通史》，以助愛國思想之發達，然荏苒日月，至今猶未能成十之二。」〔註51〕後來回顧此間情狀不無欣然。他說：

　　　　壬寅、癸卯間，譯述之業特盛，定期出版之雜誌不下數十種，
　　日本每一新書出，譯者動數家，新思想之輸入，如火如荼矣。然皆

〔註46〕梁啓超：《中國歷史研究法》，《中國歷史研究法補編》，北京：北京聯合出版公司，2014年，第197頁。

〔註47〕梁啓超：《中國歷史研究法》，《中國歷史研究法補編》，北京：北京聯合出版公司，2014年，第198頁。

〔註48〕梁啓超：《中國歷史研究法》，《中國歷史研究法補編》，北京：北京聯合出版公司，2014年，第198～199頁。

〔註49〕梁啓超：《李鴻章傳・序例》，北京：中華書局，1989年，第2頁。

〔註50〕桑兵：《晚清民國的學人與學術》，北京：中華書局，2008年，第18頁。

〔註51〕梁啓超：《三十自述》：此間，他泛採「西學」，一年之內，僅見諸報端的譯述即近30篇。（僅以1901～1902年，梁氏僅已完成的篇章即有《霍布斯學案》《斯賓諾莎學案》《盧梭學案》《近世文明初祖二大家之學說》《近世文明初祖二大家之學說》《法理學大家孟德斯鳩之學說》《論希臘古代學術》《生計學學說沿革小史》《意大利建國三傑傳》《格致學沿革小史》《民約論巨子盧梭之學說》《樂利主義泰斗邊沁之學說》《近世第一女傑羅蘭夫人》《進化論革命者頡德之學說》《亞里士多德之政治學說》《近世第一大哲康德之學說》《新英國巨人克林威爾傳》《大哲斯賓塞略傳》《政治學大師伯倫知理之學說》《二十世紀之巨靈托拉斯》等。其覽閱之眾，可想而知。

所謂「梁啓超式」的輸入，無組織、無選擇、本末不具，派別不明，
惟以多爲貴，而社會亦歡迎之。〔註52〕

　　廣涉西學之餘，亦博覽「東籍」。索尋濟國之策，以爲「普通學中之最重
要者」，歷史也。

　　而首先進入他思考領域的是中國最近十年的歷史。利用其最擅長的報章體
著述形式，他在《清議報》上發表《積弱溯源論》，把清朝260餘的歷史一分爲
四：「順治康熙」、「乾隆」、「咸豐同治」、「最近」。將中國「積弱」「分因之重大
者」歸諸慈禧，這是他從戊戌維新這一歷史事件中「帝黨」「后黨」之爭的表象
中獲得的結論，目的仍然是希望能從「后黨」派那裡奪得政權，擁護光緒。

　　對於擬修之《中國通史》，梁氏於章學誠之義例多有推崇。他不僅據章氏
《邵與桐別傳》中述畢沅《續資治通鑒》二百二十卷，推論「章實齋參與義
例」，而且根據章氏代畢沅致錢竹汀論《續鑒》書所涉及內容及方法諸要，推
論「章氏與此書關係極深」。〔註53〕至於章氏參與邵晉涵重編《宋志》之議，
先仿之擬，更是讚譽有加：「章實齋治史別有通裁，常欲仍『紀傳之體，而參
本末之法，增圖譜之例，而刪書志之名』；以爲載諸空言，不如見諸實事，故
『思自以義例撰述一書，以名所著之非虛語；因擇諸史之所宜致功者，莫如
趙宋一代之書』。是實齋固刻意創作斯業，然其書亦無成。」且云：「以亟須
改造之《宋史》，曾經多人從事，其中更有史學大家如二雲、實齋其人者，然
此書始終未得整理之結果，並前輩工作之痕迹亦不留於後，不得不爲學術界
痛惜也。」〔註54〕

　　1918年，梁氏重啓《中國通史》之著，在體例方面又有新的考慮。他在
致友人的信中說：「所著已成十二萬言，……體例……自信前無古人耳。宰平
〔註55〕曾以半日讀四萬言之稿兩遍，謂不忍釋。」〔註56〕這種自得和著述延

〔註52〕梁啓超著、朱維錚校注：《梁啓超論清學史二種》，上海：復旦大學出版社，
　　　　1985年，第71頁。

〔註53〕梁啓超著、朱維錚校注：《梁啓超論清學史二種》，上海：復旦大學出版社，
　　　　1985年，第424頁。

〔註54〕梁啓超著、朱維錚校注：《梁啓超論清學史二種》，上海：復旦大學出版社，
　　　　1985年，第420～421頁。

〔註55〕即林誌鈞（1878～1961），字宰平，福建閩縣人。曾任北洋政府司法部長，後
　　　　爲清華研究院導師。與梁交深。

〔註56〕梁啓超：《致陳淑通》，1918年。轉引自《梁任公編年長編（初稿）》，北京：
　　　　中華書局，1989年，第448頁。

續至八、九月間，終因勞累成疾、嘔血輟滯，直到 1927 年，終無暇完成。在
《給孩子們》中，自陳「我的《中國史》誠然是我對國人該下一筆大帳。」
〔註 57〕不只是梁啓超，崇尙「新史學」而致力於新通史修撰的其他新史學
家，如章太炎，都只有規劃而未能完成。除了史家們注意力的轉移、社會活
動頻密等原因外，各種專門史的修撰尙在萌芽階段，未能爲通史之修奠定良
好的基礎也是客觀的現實。更重要的是，新通史之如何體現縱橫「交通」也
是始終未能解決的問題。

章學誠《橫通》有說：「通之爲名，蓋取譬於道路，四衝八達，無不可
至，謂之通。」〔註 58〕又說：「古人一家之言，文成法立，離合銓配，惟理是
視，固未嘗別爲標題，分其部次也。梁武帝以遷、固而下斷代爲書，於是上
起三皇，下訖梁代，撰爲《通史》一編，欲以包羅眾史。史籍標通，此濫觴
也。嗣是而後，源流漸別，總古今之學術，而紀傳一歸乎史遷，鄭樵《通志》
作焉；統前史之書志，而撰述取法乎官禮，杜佑《通典》作焉；合紀傳之互
文，而編次總括乎荀、袁，司馬光《資治通鑑》作焉；彙公私之作，而銓錄
略仿乎孔、蕭，裴潾《太和通選》作焉。此四子者，或存正史之規，或正編
年之的，或以典故爲紀綱，或以詞章存文獻，史部之通，於斯爲極盛也。」
〔註 59〕章氏就傳統「通史」之修的背景和特徵有總體上的認識和說明，對不
同通史類例的興替亦有簡賅概論。應該說這些總結都是極可寶貴的理論闡
釋，也體現了傳統「通史」修撰的要則。對於傳統「通史」之修中的那些不
成功的案例章氏也有點評式的指正〔註 60〕。這些雖爲新史家所知，但缺乏認
眞對待。新史家們「爲學不僅須貫通古今，還要溝通中外」〔註 61〕，如何修
出既賡續舊史的斷代史，又如何編修出有別於傳統通史的新通史，實現學術
上的超越，光有新理論、新史觀的宣揚是不夠的，必須有像樣的治史的實績。
就像白話文要取代文言文作爲眞正的語用選擇，必須有白話文學創作的實績
爲證一樣。絕非幾部應應時勢需要模仿西洋和日本而成的歷史教科書能濟事
的。周予同在總結「五十年來中國之新史學」時說：「中國史學體裁上所謂『通

〔註57〕1918 年 3 月 10 日，《給孩子們》，轉引自《梁任公編年長編（初稿）》，北京：
中華書局，1989 年，第 1120 頁。

〔註58〕章學誠：《橫通》，《章學誠遺書》，北京：文物出版社，1985 年，第 39 頁。

〔註59〕章學誠：《釋通》，《章學誠遺書》，北京：文物出版社，1985 年，第 35 頁。

〔註60〕章學誠：《釋通》，《章學誠遺書》，北京：文物出版社，1985 年，第 35 頁。

〔註61〕桑兵：《晚清民國的學人與學術》，北京：中華書局，2008 年，第 13 頁。

史』，在現在含有兩種意義：一種是中國固有的『通史』，即與斷代史相對的『通貫古今』的『通史』；……另一種是中國與西方文化接觸後輸入的『通史』，即與『專史』相對的『通貫政治、經濟、學術、宗教等等』的『通史』，將中國史分爲若干期而再用分章分節的體裁寫作」〔註62〕。兩相比較，中國傳統「通史」之「明天人之故，通古今之變，成一家之言」，「融貫空間諸相，通透時間諸相而綜合一」〔註63〕的「綜通」，其優勢又豈是分科的「橫通」所能替代的。新史家們之所以未能創造出他們理想中的新史，其難所在，是否也在茲呢？

梁氏中國通史最終未能按照其原有規劃完竣，但在這一念念不忘的撰著計劃中，章實齋關於通史撰寫的理論和方志實踐始終成爲其選爲參考的對象。在通史撰述中如何既堅持史的眞實性又能充分體現史家的「別識心裁」，梁氏對章氏之述也特別推崇。在論及史家道德修養的時候又都特別強調史學的客觀性，章學誠以「盡天而不益以人」作爲一項重要的原則，梁啓超在討論新史才的時候，充分肯定了章學誠在劉知幾「良史三才」基礎上提出「史德」是良史不可或缺的觀點，但對章氏所謂「史德者即端正心術、不偏私」又不無辯證，他說：「我以爲史家第一件道德，莫過於『忠實』。如何才算忠實？即『對於所敘述的史迹純採客觀的態度，不絲毫參以自己的意見』便是。」〔註64〕他認爲史德作爲史家最基本之修養，「應如鑒空衡平，是什麼，照出來就是什麼，有多重稱出來就是多重。把自己的意見劃除淨盡，把自己的性格養成像鏡子和天平一樣。」〔註65〕他認爲史家就是歷史的鑒器權具，這雖然是一個比喻的說法，但表達的是他希望將歷史研究納入「眞際」之軌的願望。

梁啓超生前曾擬著《章實齋之史》，以全面闡述章學誠之史學思想，爲此，他進行了一系列的準備工作，其中一項就是對各種「章實齋年譜」的參考與評價。可惜《章實齋之史》並未下筆。從其弟子姚名達的章學誠研究中至少可以發現一些端緒。

〔註62〕周予同：《五十年來中國之新史學》，朱維錚編：《周予同經學史論著選集》（增訂本），上海：上海人民出版社，1996年，第535頁。

〔註63〕錢穆：《中國今日所需之新史學與新史學家》，見《思想與時代》第18期，1943年1月。

〔註64〕梁啓超：《飲冰室合集·專集》99，北京：中華書局，1989年，第14頁。

〔註65〕梁啓超：《飲冰室合集·專集》99，北京：中華書局，1989年，第14頁。

　　姚名達（字達人，1905～1942），現代目錄學家、歷史學家，中國抗日戰爭中殉國的第一位教授。1925 年 9 月，「考入清華國學研究院，師從梁啓超，以『章實齋之史學』爲題，進行史學研究。」〔註66〕1927 年發表《會稽章實齋先生年譜》，以相當於胡適《章實齋先生年譜》四分之三的篇幅承載多於其差不多一倍的內容。1928 年完成對胡適《章實齋先生年譜》的增補工作。1928 年發表《章實齋的史學》，學者認爲：「是其對章學誠思想全面研究的集中體現，反映了近代學術界全方位研究章實齋學術思想的起點，對推動這一課題的研究產生了重要影響。」〔註67〕姚名達的章學誠史學研究雖然成篇精短，但格局頗大，系統深入。他已不局限於單純的章實齋史學研究，而是將章氏史學思想的形成置諸其學術生態、社會關係和宋以來浙東學術發展的整個體系來觀察。呈現出縱橫立體的史學研究架構。爲此展開了對章學誠之師朱筠以及邵念魯、劉宗周、程頤等著名學者的研究。

　　梁啓超對於章學誠的評價與其關於清學的整體評價是分不開的，梁氏評清學借助佛學之概念工具，以「時代思潮」來評價清代學術，他說：「『清代思潮』果何物耶？簡單而言，則對於宋明理學之一大反動，而以『復古』爲其職志者也。其動機及其內容，皆與歐洲之『文藝復興』絕相類。」他認爲章學誠「爲晚清學者開拓心胸，非直史家之傑而已」〔註68〕，是具有啓蒙思想家和前導史學革命前驅的人物〔註69〕。梁氏作爲思想家的本質也使得他在評價和借取章氏學術思想的時候更多地看到了其思想的啓蒙性和革命性意義。他說：「學誠不屑於考證之學，與正統派異。」異就異在其重識、崇義，他的《文史通義》「實爲乾嘉後思想解放之源泉」〔註70〕他推崇章氏之「賢智學於聖人，聖人學於百姓」，「集大成者乃周公而非孔子」，「六經皆史」，「學術與一時風尚不必求適合」，「學貴自成一家，人所能者，我不必以不能爲愧」等祛傳統思想之魅，而蘊涵個性解放思想的觀念。

〔註66〕羅豔春：《姚名達文存・導論》，羅豔春、姚果源選編《姚名達文存》，南京：江蘇人民出版社，2012 年，第 2 頁。

〔註67〕羅豔春：《姚名達文存・導論》，羅豔春、姚果源選編《姚名達文存》，南京：江蘇人民出版社，2012 年，第 12 頁。

〔註68〕梁啓超著、朱維錚校注：《梁啓超論清學史二種》，上海：復旦大學出版社，1985 年，第 57 頁。

〔註69〕梁啓超著、朱維錚校注：《梁啓超論清學史二種》，上海：復旦大學出版社，1985 年，第 57 頁。

〔註70〕梁啓超著、朱維錚校注：《梁啓超論清學史二種》，上海：復旦大學出版社，1985 年，第 57 頁。

第二節　章太炎：駁議、承襲與辯議

　　章太炎（字枚叔，1869～1936），有學者總結其在「中國革命、中國思想史、中國學術史」三個方面建樹卓著的原因有三：一「是將中國和世界所遇到的現代、前現代、後現代大量實際問題，放在一起思考」；二是學術資源自向的多元複雜，「來自中國古代的，除去儒家思想學說外，還有佛學、諸子學；來自外國的，除去西方、日本的學說外，還有被人們完全忽略的印度各家學說」；三是「敢於懷疑，勇於批判，更重視建設，重視眞理的揭示」〔註71〕。這三點，如果逆序來視，則可以說，章太炎的「三大建樹」賴於其出於建設和揭示眞理的願望，以懷疑和批判的眼光，廣納博採古今中外的學術資源以期解決當下中國和世界面臨的各種問題。

　　對於進化論，章太炎有一個從批判的武器到武器之批判的轉變。從木刻本《訄書》中之《天論》和《原變》來看，章太炎開始宣傳進化論思想與向西方學習的其他知識分子出發點是有所不同的。他的運用進化史觀說古論今，既有駁議康有爲爲改良運動而作《孔子改制考》，將孔子奉爲教主和新神的意圖，又有下述的考量。即晚清西方天主教、基督教在中國的活動及產生的影響，導致「中國下層社會在反洋教鬥爭中表現出來的民間宗教力量，以及社會轉型過程中出現的精神失範、道德失衡」，使得像康有爲等「不少有識之士幻想有適合於本國足以振起民風民德的新宗教」〔註72〕思潮。其作《儒術眞論》，宣揚無神論；作《菌論》，介紹生物和人類進化之理；作《天論》，介紹西方科學的宇宙觀，作《原變》闡述達爾文的進化論等，皆爲「正面批駁上帝創造世界、上帝創作人類」〔註73〕的謬說。隨著其對西方政治、經濟、思想和文化的進一步瞭解，特別是因《蘇報》案羈繫監獄，精讀佛經和出獄到達日京後閱讀大量佛典後，發生了對西方進化論由信奉到辨議的思想轉變〔註74〕。他認爲生物進化之科學至理，並不可依樣畫葫蘆般引入社會發展論

〔註71〕姜義華：《章炳麟評傳》，南京：南京大學出版社，2002 年，第 4～5 頁。

〔註72〕姜義華：《章炳麟評傳》，南京：南京大學出版社，2002 年，第 317 頁。

〔註73〕姜義華：《章炳麟評傳》，南京：南京大學出版社，2002 年，第 323 頁。

〔註74〕章太炎《俱分進化論》說：「近世言進化論者，蓋昉於海格爾氏（黑格爾，筆者注）。雖無進化之明文，而所謂世界之發展即理性之發展者，進化之說，已蘊芽其間矣。達爾文、斯賓塞爾革應用其說，一舉生物現象爲證，一舉社會現象爲證。如彼所執，終局目的，必達於盡美醇善之區，而進化論始成。」

域。於是刪除《訄書》中的某些觀點〔註75〕，作《俱分進化論》以正之。強調人類社會另有不同於自然進化的社會意識和人道規則〔註76〕。所以，於其進化史觀下的說事論人不可籠統而論，情況十分複雜。

章太炎一生轉移多師，學識淵博，無論學術宗尚還是政治思想，總是處於不居之變易中。而其所不變者「講道德、重歷史，始終貫穿章整個思想之中。用所謂道德來衡量品評一切，是章非常突出的思想特徵。」〔註77〕這種特徵也體現在對章學誠學術思想的評價上。就純粹的學術而言，「章太炎關於中國古老文化學術的許多見解，則是繼章學誠『六經皆史』著名學說後的最有成就者。」「章對章學誠的評價之高，史所罕見。」〔註78〕

其論及本家前輩，稱其為「麟家實齋」。獨誦此語，其味良多，還原語境，也並非某種單一情感的表達。是攀是棄、是彈是贊；是肯定是不屑、是自豪是揶揄；是欲說還休是一言難盡。難得講，不好說。章太炎對章學誠學術的論闡贊彈，無不受其主客觀因素和學術環境的影響。治學的外在環境有政治風潮及價值取向方面的，有學術思潮方面的；主觀因素表現為其「依自不依他」的強烈個性和特立獨行；還有其獨特的政、學互攻、輔承互濟的治學方式。1936 年，章太炎逝世，其弟子魯迅在《關於章太炎先生二三事》一文中，以「革命與學術一身二任」總其一生。章氏遂以「有學問的革命家」和「有思想的學問家」〔註79〕享崇身後。深味此評，既有其政治價值選擇受學問之影響、受理性支配之論贊，也不乏不無理想和書生之氣的評彈。它既意味著選擇的時候「依自不依他」，不跟風、不盲從的不簡單，也意味著其以學問的方式來看待或處理政治問題，太自我、太自以為是的太簡單。章太炎在其實際的政治活動中，有的時候將複雜的問題簡單化，有的時候又將簡單的問題複雜化，所以，給人的印象常常是攪局。而「有思想的學問家」，自然不是書呆子一個，學問與思想互為輔承。思想為學術制導，學術又為思想提

〔註75〕比如《訄書》中《喻移靡》中「浸久而浸文明，則亦不得不浸久而浸侈靡……然則天下無所謂侈靡也，適其時之所尚而無匱其地力人力之所生則趨已」等等悉數刪除。

〔註76〕李澤厚：《中國近代思想史論》，北京：人民出版社，1979 年，第 404 頁。

〔註77〕李澤厚：《中國近代思想史論》，北京：人民出版社，1979 年，第 404 頁。

〔註78〕李澤厚：《中國近代思想史論》，北京：人民出版社，1979 年，第 387、392 頁。

〔註79〕魯迅：《關於章太炎先生二三事》，見《魯迅全集》第 6 卷，北京：人民文學出版社，1981 年，第 545、546 頁。

供支持，或影響思想的向度；學問越深厚，思想越深邃；思想越深邃，學問越精微。這是常理。章太炎死後，國民政府擬行國葬，棺蓋「純正先賢」揚譽其「純正」，大眾傳媒以「失修的尊神」惜其「失修」。在此特殊語境下，魯迅說「先生的業績，留在革命史上的，實在比在學術史上還要大。」目的是要強調社會不應忘記其革命的業績和精神。筆者以為，他是馬克斯・韋伯在「以學術為業」演講中闡述的學問家，卻不是馬氏在「以政治為業」演講中論述的政治家。終其一生他沒有放棄學術，政治也從沒走出他的學術視線。正因為如此，章太炎政治道路的選擇和學術價值的取向，都較一般單純的政治家或單純的學問家來得複雜。政治與學術、學術與思想之間互為輔承，相互影響，使得他無論是對同時代的人事之依違、迎拒，還是對既往學問家和思想家的臧否，都表現得相當複雜。對章學誠的評價也是如此。

　　他對章學誠的評價涉時跨度長、頻次高，卻沒有一篇專門的文章。評論的語境特別複雜，所以，考察章學誠對章太炎的影響，或者說章太炎對章學誠的接受，如果依憑一時一事一語而作結論，都難免顧此失彼，現襟肘之失。總體上把握實屬必須。本文考察兩章之間在學術上的關係〔註 80〕，力圖基於具體語境，不遺細節；著眼於總體，略貌取神。總而言之，章太炎對章學誠學術思想的接受以服務於其政治價值闡述和學術價值評價為目的，他批評章學誠「官師合一」的正統史觀是為了張顯自己的民族主義歷史觀；闡揚章學誠之「六經皆史」論以批判康有為借今文經學以資政、批評胡適之「六經皆史料」論；譏評《文史通義》不宜為童子書是為了批評國學派不懂學術之漸，寓貶於褒；誤解章學誠的方志理論和實踐，擬纂《中國通史目錄》之中西蕪雜表現其史學現代性轉換的艱難。為闡述、閱讀方便計，以下謹以時序為順，在適宜的語境下以「前章」代章學誠，以「後章」代章太炎。

〔註 80〕章學誠對章太炎的影響，已有多位學者直接或間接論述過，可參見島田虔次：《六經皆史說》，見《日本學者研究中國史論著選譯》，北京：中華書局，1987年；李澤厚：《章太炎剖析》，見《中國近代思想史論》，北京：人民出版社，1979年；王汎森：見《章太炎的思想（1868～1919）及其對儒學傳統的衝擊》第六章、第三節，臺北：臺北時報文化出版事業有限公司，1985年；汪榮祖：《章實齋六經皆史說再議》，見《史學九章》第五章，北京：三聯書店，2006年；陳鵬鳴《試論章學誠對近代學者的影響》，見《章學誠國際學術研討會論文集》，北京：北京圖書館出版社，2004年；張榮華：《章太炎與章學誠》，《復旦學報（社會科學版）》，2005年第3期；劉巍：《經典的沒落與章學誠「六經皆史」說的提升》，《近代史研究》，2008年第2期；劉海靜：《二章之間——章太炎的章學誠論評析》，《湖南科技學院學報》，2013年第34卷第10期。

一、辨「官師合一」，張顯民族主義史觀

章學誠在《文史通義》中所述之「官師合一」說，本來是一個純粹的學術史問題。其論乃關乎學術公、私分途，政、學相揖之發生因由、漸變形態的學術史考察。他說：

> 道不離器，猶影不離形。〔註81〕

> 古者道寓於器，官師合一，學士所肄，非國家之典章，即有司之故事。〔註82〕

> 聖人即身示法，因事立教，而未嘗敷政出治之外，別有所謂教法。……其所習者修齊治平之道，而所師者守官典法之人。治教無二，官師合一。……蓋官師治教合，而天下聰明範於一，故即器存道，而人心無越思。〔註83〕

比較兩章之於三代之官師治教合一的歷史形態的考論，其實並無干格。章太炎在其《諸子考略》中也有綿密的考訓。所不同者前者從校讎的路徑考辨，後者從訓詁的路徑溯源，但仔細比較兩者在這一問題上的內在學理邏輯，則如出一轍，可謂殊途而歸。章太炎認為：

> 古之學者，多出王官。世卿用事之時，百姓當家，則是務農商畜牧，無所謂學問也。其欲學者，謂為其宦寺也；所謂御者，謂為其僕御也。故事師者，以灑掃進退為職，而後車從者，才比於執鞭拊馬之徒。

> 觀春秋時，世卿皆稱夫子。……孔子為魯大夫，故其徒尊曰夫子。……《說文》云：「仕，學也。」仕何以得訓為學？所謂宦於大夫，故其徒尊曰夫子爾。是故非仕無學，非學無仕，二者是一，而非二也。〔註84〕

此證章學誠所辨之三代官師合一併無虛言：「古來學問都在官，民間除了六藝，就沒有別的學問。」〔註85〕雖然如此，但後章於前章之「官師合一」之說猶有批判，何哉？兩者雖然都是學以經世的熱心人，然而用之所異大

〔註81〕章學誠：《原道中》，《章學誠遺書》，北京：文物出版社，1985 年，第 11 頁。
〔註82〕章學誠：《原道中》，《章學誠遺書》，北京：文物出版社，1985 年，第 11 頁。
〔註83〕章學誠：《原道中》，《章學誠遺書》，北京：文物出版社，1985 年，第 11 頁。
〔註84〕章太炎：《諸子學略說》，桂林：廣西師範大學出版社，2010 年，第 217 頁。
〔註85〕章太炎：《諸子學略說》，桂林：廣西師範大學出版社，2010 年，第 235 頁。

矣。前章由古之「官師合一」，而申「古人之言所以爲公也，未嘗矜於文辭而私據爲己有也。志期於道，言以明志，文以足言。」〔註86〕這正是官師、治學合一之果，「官有政，賤者必不敢強幹之」，「師有教，不肖者輒敢紛紛以自命。」〔註87〕「治教既分，至於官師之分，處士橫議，諸子紛紛著書立說」〔註88〕。政教分途、治學兩歧，最終必致君權與教權、道統與學統兩分。並且認爲三代之衰即緣於此。所以，要維繫一統，維護正統，則當守官師治學合一之道，「同文爲治」方得實現之可能。這在客觀上自然與清廷不謀而合，爲朝廷的文治之功提供了理論上的支持。而這正是作爲民族主義者的章太炎所極力反對的，並且由這一學術問題延伸至對於清廷的政治態度問題，這就不只是文化上的保守了，而且有政治上的反動與衛道之嫌。

　　章學誠「官師合一」說之衛道與否，主觀上有爲還是客觀上有濟是另一個問題。誠如普列漢諾夫所說的那樣，每個時代都有自己中心的一環，都有這種爲時代所規定的特色所在。現代民族國家形成和崛起在世界範圍內由西而東，這獨具特色的一環，在世界範圍內也許體現爲十八、十九世紀之交的德國古典哲學，和十九世紀俄羅斯革命民主主義的理論和文學批評。在十九世紀末、二十世紀的中國，則是文化問題與社會政治問題的激烈論戰和實踐。一切學術思想的演變都是圍繞著這個中心環節而展開的。章太炎對章學誠「官師合一」思想的闡釋，臧否抑揚也是在這樣大的政治背景和學術思潮下進行的。

　　民族意識在近現代中國較西方整體上略有不同，由於前近代中國專制王朝的中央政府是由人口上處於少數的滿族人爲主體而建立的。雖然經過276年的滿漢融合，但作爲人口占絕大多數，文化上占主導地位的漢民族族群，始終有一個民族問題。這樣一個民族問題在整個中國社會遭遇西方文化的衝擊，重新被煽誘起來的時候，使得清廷和漢族知識分子都面臨雙重的民族問題。在清廷是不得不改變其根深蒂固的防漢心理，並在制度上作起用漢族臣民來應對西方人對其構成的威脅。於是有一大批手握重權的漢臣和伺機而起的漢族知識分子在政治、軍事、外交等各個重要領域的崛起。而在漢族知識分子內，情形就複

〔註86〕章學誠：《言公上》，《章學誠遺書》，北京：文物出版社，1985年，第29頁。
〔註87〕章學誠：《經解中》，《章學誠遺書》，北京：文物出版社，1985年，第9頁。
〔註88〕章學誠：《經解中》，《章學誠遺書》，北京：文物出版社，1985年，第9頁。

雜的得多。體制內知識分子和體制外知識分子開始並無不同，大家都希望通過朝廷改良政治來共同應對這場危機。並且認識到這場危機並非只是滿清政府的危機，而是整個中華民族和中華文化的危機，所以視這場危機爲「三千年未有之變局」，因而，一切社會、政治和學術活動都是圍繞著保種保教的生死存亡之戰，太多的學術思想的闡釋都是圍繞著這一切來進行的。

兩章除了在學術視域有共同的交集而外，還有共同生活在清人統治下的處境。然而，雖然同是生活在清人統治之下，但是後章所生活的時代，是一個文化理想超越政治威權的時代，與前章所處之時代，眞可謂換了人間。這是由於前章生活在清代中葉乾嘉年間，章太炎政治和學術生涯的活躍時期屬於清季民初。面對清人的統治，兩章在政治態度上的選擇，在某種意義上完全是時代因素決定的，與個人的政治人格與學術操守有關係，然而關聯卻不大。作爲民族主義者的章太炎較同時代其他知識分子更爲激進，二百多年前清人入主中原的歷史，由於外來的勢力屢屢侵凌，而清政府當局屢戰屢敗這一特殊的歷史境遇，民族關係在章太炎這一代人成爲了雙重的民族問題。西方列強的凌華、政府的腐敗使他們反對清人的統治表現得尤爲激越。他甚至因崇慕明季清初顧炎武之義節文章，即更名太炎。他景仰那些抗清反清的士人，而對士人中但凡有以學問以資清廷者不以爲然，自在情理之中。他一方面以實際的行動投入反清的鬥爭中，另一方面又通過學術的方式批判那些有助清人渡過內政外交困境的任何學術活動和學理認知。這種情形在康、梁「百日維新」運動失敗之後，表現得最爲突出和堅決。而這一政治態度和學術取向，使得他在學術活動和著述中，但凡有涉及章學誠的時候，也不免抱持了一種難以平和的心態和理性的態度，總是借題發揮。

而章學誠處清人文治武功鼎盛時代，夷夏之變的意識在漢族知識分子心中雖然未曾泯滅，清人也無時無處不在自惕。然而，清人入主中原，軍事上陳利兵而誰何，政治上建章立制，文化上反客爲主，一個強大的帝國統御中華各族已然成爲一個現實是所有漢族知識分子都不得不面對的一個新局。章學誠因爲晚生百餘年，自然不存在迎拒問題，也沒有節與不節，仁與不仁的問題。其論「官師合一」，不過理述三代政、學，官、師合一之事實，絕非主觀上爲朝廷張目。至於客觀上是否起到衛道的作用，清廷主導的大規模文化工程，修三禮館、編修《古今圖書集成》、舉全國之力編修《四庫全書》，也確

有官師合一之趣。然而，連最有可能參與的四庫編修〔註89〕，章學誠也沒沾邊。所以，章太炎據此指陳其本家前輩，於情於理當然說不過去，其絕決的不寬容姿態與其說是對一位前輩的苛刻，不如說是「醉翁之意不在酒」，藉以張顯自己反清的意識，煽誘學者的民族情緒，高揚知識分子的士節而已。

　　然而，士節之變於漸。誠如劉師培所論：「士節之盛衰，學風之進退」誠為實事求是。清儒的劃分應該是頗為複雜的甄別工作，清替明亡，對於漢族士人而言，國破山河在。如何對待明遺民於清人是一個問題，生在普天之下莫非王臣，率土之濱莫非王土的清王朝，作為前朝士人要做哪一姓之民，在形勢與情感上無不面臨普遍的糾結。遺人如何自處與處群，對於士人自身而言，也是一個問題。按照他們所受的教育，哪怕是王朝興替發生在漢民族本族之內，尚有全節成仁的節烈之訓。至少是不做貳臣，不仕貳君，何況還是一個異族。然而，在普遍的糾結之下，同是清儒因時、因人、因才性、因地域、因群屬、因名望殊異，歸清之境、之意、之態、之式當屬別同。這種不同從其學術取向和行學方式上也頗能見出分別。劉氏論及有清一代學術變遷，曰：「學同旨異」，具體而微，則：

　　　　創始之人學以為己，而繼起之士學以殉人。當明清之交，顧、黃、王、顏，各抱治平之略，修身踐行，詞無迂遠，民生利病，了若指掌，求道德之統紀，識治亂之條貫，雖各尊所聞，要皆有以自植。唐甄、胡承諾、陳瑚、陸世儀輩，亦能求民以言，明得失之迹，哀刑政之苛，雖行事鮮所表見，然身沒而言猶立。若王源、魏禧、劉獻廷，術流雜霸，觀其披圖讀史，杯酒論兵，繫情民物，窮老而志不衰，有足多者。時講學之儒有沈昀、應謙、張履祥、抗節不渝，事違塵枉。孫奇逢、傅山以俠入儒，恥為口屈，苦身厲行，頑廉懦立。李、呂留良亦恥事二姓，然濡染聲氣之習未能潔清，蓋已蹈明季之風矣。〔註90〕

　　總體上看，清儒之學與明儒之學相較，前者以保身，後者以應事。學之

〔註89〕章學誠師朱筠（字竹君，1729～1781）於乾隆三十七年（1772），上表陳奏《購訪遺書及校刻〈永樂大典〉意見摺》，三十八年（1773），清廷成立《永樂大典》輯遺處，派軍機大臣為總裁官，與本朝方竤之《圖書集成》互為校核，總匯其籍，名《四庫全書》。胡適以為朱筠奏摺係章學誠主意，其說頗奇，並無證據。

〔註90〕劉師培：《清儒得失論》，北京：中國人民大學出版社，2004年，第260頁。

用來保身，其因由有三：第一，「士之樸者惟知誦習帖括，以期弋獲」；第二，「才智之士，憚於文網」；第三，「廉恥道喪，清議蕩然，流俗沈昏」，士「以爵位之尊卑判己身之榮辱」。由是，則「儒之名目賤，而所治學亦異。」〔註91〕清儒治學之異，大概異在不求致用，致用則為清人服務，求是則達到反思傳統之皓的，滿足立身而應世變，曲折士節與清廷有限合作。一石三鳥。

士節之變，因時漸，亦因清人懷柔與鎮剿並行兼施。清人入主中原要想建立「子孫帝王萬世之業」，沒有漢族士人的參與、體認和共建，幾乎是不可能的事。於是，在推翻明廷之後，實行了一系列的措施爭取漢族士大夫，期使成為其統治基礎。第一，明詔禮延有影響的士大夫，暗助不仕清廷者安生全節。顧炎武、黃宗羲之倫即是；第二，恢復科舉取士，以制度的延續保證士人傳統地位與出路。「康熙之初，□□慮反側之未安，乃廣開制科以收眾譽。應其選者，大抵涉獵。」「晚節不保」之「應其選者」，或「涉獵史書博而不精，諳於詞章尤工小品」。「乾隆初年，士應制科之選，兼精記誦，所學尤卑」；第三，修三禮館，建章復制，建塑正統；第四，開啟浩大的文化典籍整理工程，一來以漢文化繼承者自居，二來延攬全國有學之士；第五，厚織文網與寬縱逆士恩威並重，鎮撫兼施。在這一系列的剿撫之策下，漢族士人與清人經歷了從異己到同列的轉變。清人亦經歷從異族到漢文化代表之正統的蛻變，兩者的博弈實現了由拒斥到融通，清廷所倡與士人之學也實現了召喚與應答的局面。由此，則不要說章學誠之「官師合一」論沒有多少政治上的反動，就連康有為、梁啟超的政治和學術活動自然也不存在節與仁的問題，只存在路向選擇。這自然是一個前提，所以，章太炎與康、梁的互動，政學交織，形成了政治上的同情者和學術上的敵論者這樣一個關係格局。而章太炎順勢闡揚章學誠之「六經皆史」說，也都是有所指而發聲，亦非褒與貶可一言以蔽。

二、論「六經皆史」，議清季民初政、學之弊

章太炎闡揚章學誠的「六經皆史」論，時間分別在晚清與民初，所謂闡揚也仍然沒有專文專章來集中論述，都是針對學術上的論敵而來。清季所針乃康、梁，民初所對是胡適。前者宗今文經學，作《新學偽經考》《孔子改制

〔註91〕劉師培：《清儒得失論》，北京：中國人民大學出版社，2004年，第260頁。

考》以資政維新，後者借「六經皆史」釋「六經皆史料」以播歷史科學主義。前後分屬兩代不同的學人，學術宗尚亦不相同，然前後共時，且面對共同之時局。在處理相與同時之學人關係問題上，章太炎的原則，概而括之，學術如冰炭，政治不含糊，一碼歸一碼。學術宗尚不同，但以學術辯論的方式解決，而面對國家的危難，共同的政治敵人則必須申以奧援，其言其行，可能有偏頗，但甚爲磊落，且援朱熹與葉適爲範〔註92〕。

　　康有爲爲推動維新變法，以學術的方式作理論上的鼓吹，著《新學僞經考》《孔子改制考》。其《新學僞經考》認爲：「始作僞、亂聖製者，自劉歆」〔註93〕。章太炎政治上同情康、梁，但學術上宗尚古文今學，奉西漢劉歆爲宗，自稱爲「劉子駿（劉歆）私淑弟子」、「劉子駿之紹述者」，對「專以劉氏爲敵」的《新學僞經考》曾串聯孫詒讓等反擊，亦「曾擬有駁議數十事」〔註94〕，後因孫詒讓勸言「是當譁世三數年，荀卿有言，狂生者不胥時而落，安用辯難？其以自薰勞也」，加之《馬關條約》簽訂、康、梁「公車上書」等國事而輟。然而章太炎並未忘記這筆舊帳，即使在戊戌政變以後，章氏同情維新志士遭遇，也還專門著述《今古文辨義》。雖說「辨義」，文章隻字未提康、梁，但採釜底抽薪之策，只是與廖平爲難〔註95〕。而對康氏之《孔子改制考》，則以闡揚章學誠之「六經皆史」說而指陳之「無稽」，以爲「言六經皆史者，賢於春秋作制作之論」〔註96〕。章學誠論「六經皆史」，依史而說

〔註92〕　章太炎：《康氏覆書》：「或曰：子與工部學問途徑既有不同，往者平議經術，不異升、元，今何相昵之深也。余曰：子不見夫水心、晦庵之事乎？彼其陳說經義，判若冰炭，乃人以僞學朋黨攻晦庵。時水心在朝，乃痛言小人詆誣，以斥其謬。何者？論學雖殊，而行誼政術自合也。余於工部，亦若是已矣。」1899 年 1 月 13 日《臺灣日日新報》，轉引湯志鈞：《清代經學分派和章梁交誼》，《中華文史論叢》，2010.1.總第九十七期。

〔註93〕　康有爲：《〈新學僞經考〉序言》，北京：中華書局，1956 年，第 2 頁。

〔註94〕　章太炎：《瑞安孫先生傷辭》，《太炎文錄初編・文錄》卷二，《章太炎全集》（4），上海人民出版社，1985 年，第 224 頁。

〔註95〕　廖平（1852～1932），旭陔，四川井研人。光緒五年（1879），師從王闓運治今文經學，注《穀梁春秋》，著《何氏公羊春秋續十論》《何氏公羊春秋再續十論》，印《古學考》。康有爲《新學僞經考》《孔子改制考》皆受其影響。梁啓超承認其師受廖平影響「不可誣」；皮錫瑞説「康學出廖」；張之洞認爲康爲廖之「嫡傳弟子」；錢穆認爲「蓋長素《僞經考》一書，非自創，而特剽竊之於川人廖平。」

〔註96〕　章太炎：《原經》，傅傑編校《章太炎學術史論集》，昆明：雲南人民出版社，2008 年，第 42 頁。

經，目的在於通過恢復「經」的本質面貌來強調無論為政還是為學之人，都要重視「時會」這個最重要的因素。經的精神就是依時因勢，順天而法時，依人而理政。所以，他反對孔子創制六經說，認為「孔子有德無位，即無從得制作之權，不得列於一成，安有大成可集乎？非孔子之聖遜於周公也，時會使然也。」〔註 97〕周公是聖人，而孔子是歷史學家，是學者。孔子對待文化遺產的態度成為後世的楷模，是先師。章太炎反對宗教家們「以理外之言相應」而主「以理內之方相稽」，他的「特異」之處是「他以史學與邏輯說經典」，所以，他反對「康有為尊孔子為宗教主」，而「尊孔子為良史或歷史學家」，「康氏崇孔子為素王，他則尊孔子為學者。」〔註 98〕他說：「仲尼聞望之隆，則在六籍。六籍者道墨所周聞」，「而布彰六籍，令人人知前世廢興，中夏所以創業垂統者，孔氏也」。「古者世祿，子就父學，為疇官……以詒孔氏，然後竹帛下庶人，六籍既定，諸書復稍出金匱石室間，民以昭蘇，不為徒設，九流自此作，世卿自此墮，朝命不擅威於肉食，國史不聚殲於故府，故直諸覆亡，雖無與立，而必有與斃也不例外。……五帝不同禮，三王不沿樂，布六籍者，要以識前事，非謂舊章可永循」，「舊章誠不可與永守，政不驟革，斟酌驫今，未有不借資於史。」〔註 99〕

章太炎認為「孔氏之教，本以歷史為宗，宗孔氏者，當沙汰其干祿致用之術，憔取前王成迹可以感懷者流連弗替。《春秋》而上，則有六經，固孔氏歷史之學也；《春秋》而下，則有《史記》《漢書》，以至歷代書志紀傳，亦孔氏歷史之學也。若局於公羊取義之說，徒以三世三統大言相扇，而視一切歷史為芻狗，則違於孔氏遠矣！」〔註 100〕康有為認為：孔子改制，是第一作偽者，劉歆是第二個作偽者。章太炎認為，孔子是第一個歷史學家，劉歆是繼孔子之後的第二位良史。他說：

> 仲尼，良史也。輔以丘明，而次作《春秋》，料比百家若旋機玉斗矣，談遷嗣後，後有《七略》，孔子歿，名實足以抗者，漢之劉歆。
> （書佈天下，功由仲尼，其後獨有劉歆而已。微孔子則學皆在官，

〔註 97〕章學誠：《原道上》，《章學誠遺書》，北京：文物出版社，1985 年，第 10 頁。

〔註 98〕侯外廬：《章太炎基於「分析名相」的經史一元論》，《侯外廬史學論文選集》（下），人民出版社，1988 年，第 391 頁。

〔註 99〕章太炎：《訂孔》，《中國現代學術經典・章太炎卷》進，石家莊：河北教育出版社，1996 年，第 193～198 頁。

〔註 100〕章太炎：《答鐵錚》，見傅傑編校《章太炎學術史論集》，昆明：雲南人民出版社，2008 年，第 113～114 頁。

民不知古，乃無定桌，然自秦皇以後，書不復布，漢興，雖除挾書之禁，建之以還，百家盡黜，民間惟有《五經》《論語》，猶非師授不能得，自餘竟無傳者。……向歆理校讎之事，書既殺青，復可迻寫，而書賈亦貸鬻焉。故後漢之初，王充遊洛陽書肆，已見有賣書者……〔註101〕

在孔子的文化身份、歷史功績、歷史價值方面兩章表現爲高度的一致性，他們認爲孔子是歷史學家，是第一良史，而非所謂改制的「素王」。

章太炎另一次稱頌章學誠「六經皆史」說，當爲袁世凱高倡「尊孔讀經」，「定孔教爲國教」。以國家名義倡導尊孔、讀經以修身，章氏「論讀經有利而無弊」，但讀經不是用來修身而是用來明史的時候，考辨經史還不忘順手一擊：「漢朝人是今文派多，不曉得六經是什麼書，以爲孔子預先定了，替漢朝制定了法度，就有幾個古文派的話，還不敢透露的駁他。宋朝人又看經典作修身的書。直到近來，百年前有個章學誠，說『六經皆史』意見就說六經都是歷史。這句話，眞是拔雲霧見青天！尙書、春秋固然是史，詩經也記王朝列國的政捐，禮、樂都是周朝的法制。這不是史，又是什麼東西？……但可笑現在一班講今文學的，把經典看成奇怪的書，把孔子看成耶穌、摩罕默德，眞是喪心病狂！」〔註102〕

當然，章太炎對章學誠之「六經皆史」說也不是完全贊同而沒有異議。特別是對其經不可私議、史不可私作。而「至於他書，其類例悉準是，外有經方、相人、形法之屬，至於釋道、其題號曰經」，而「學誠不譏」且「一日欲修方志以接衣食，則是言家傳可作」等自相矛盾的闡述很不以爲然，認爲「學誠以爲六經皆史，史不可私作」，若「必以公私相格，是九流悉當燔燒，何獨太玄也！」他援「陳壽、習鑿齒、范曄諸家，名不在史官，或已去職，皆爲前修作歷年紀傳」之例，敘「太史公雖廢爲埽除隸，史記未就，不以去官輟其述。班固初草創漢書，未爲蘭臺令史也，人告固私改作國史，有詔收回，弟超馳詣闕上書，乃如詣校書部，終成前所著書」〔註103〕等眾多史例深析淺議。

〔註101〕章太炎：《諸子學說略・附訂孔》，桂林：廣西師範大學出版社，2010年，第133頁。
〔註102〕章太炎：《經的大意》，傅傑編校《章太炎學術史論集》，昆明：雲南人民出版，2008年，第46～47頁。
〔註103〕章太炎：《原經》，傅傑編校《章太炎學術史論集》，昆明：雲南人民出版上，2008年，第32～35頁。

兩章在諸子源流上的觀點是一致的，都認同班固所謂「諸子出於王官」論。所不同者，章學誠認為官師合一息，諸子九家興，官學失，私學替是歷史的一種倒退，而章太炎認為這正是歷史的一種進步。這涉及到政治與學術的關係問題，而不是學術上具體知識的細節問題。所以，章太炎對章學誠這部分的論述基本上逐一進行辯證。

三、數《通義》之錯，諷「國粹派」不諳國學

清季民初，隨著維新運動的失敗，思想界、學術界、教育界開始反思西學思潮，既而回望本國歷史傳統。重新判斷東西新舊各種學術的價值。眾論紛紜，莫衷一是。所謂「晚近以來風尚頓異，浮雲聚漚，千變百態，不可空摶，後生學子屏遣先哲，不獨前儒學說湮沒不彰，即近儒之書亦顯伏不見」。〔註104〕在這種世情學風下，具有鮮明民族主義特徵的「國粹派」也十分活躍。章太炎本來也屬此派中之中堅人物。但對於本派系中不同小團體的不智之舉和社會上的盲目附會，不以為然。於是通過與友人書信、發表文章和演講的方式，闡述自己對發揚「國粹」的意見。在這些文章多有借評論古人學術思想批評時學時人的指桑之意。借今文經學以資政改的康、梁維新運動雖然失敗，但熱衷於今文經學者並無稍減，而主張學術經世、史學經世的《文史通義》也很受追捧。這自然引發了章太炎的一系列的批判。這種批判總是給人言在此而意在彼之感，耐人尋味。

在《與人論國學書》中，他引皇甫持正之說批評倡言「國粹」者「書字未識偏旁，高談稷、契；讀書未知句讀，下視服、鄭」，認為在學術基礎薄弱又急功近利的學風下，「學人苟簡，專務竊剽」，「喜鄭、章二家言，至杜佑、劉知幾則鮮留意」，「漁仲通志、實齋通義，其誤學者不少」。針對時學之風有感而發，採取的是君之所好，吾示其瑕，潑水降溫，以期回歸「質樸」的鎮靜之舉。所以，對章學誠《文史通義》中重要篇章從居心立意、治學偏失到文史錯謬一一指過。從整體文章立意來觀，非言章氏之書一無可觀，意在提醒讀書當審，務明得失，而不可盲目趨從。指過在「實齋雖少謬語，然其用只在方志，內篇易教以佛書本於義、文，誕妄實甚」的啓語下，一一細數。他評說道：

> 至謂象通六藝，取證尤膚，無異於決科之策，且於文人作傳，

則斥辨職之言（傳記篇）。準是爲例，范曄作《後漢書》、習鑿齒作《漢晉春秋》，亦非身居左史、奉敕編定也。史可私作，不嫌僭越王章，上擬麟筆，獨於太玄、潛虛，謂其非分，適自相攻伐矣。《史德》一篇謂子長非作謗書，將以究天人之際，通古今之變，語亦諦審。至謂微文譏謗，爲賊亂之居心，寧知史本天職，君過則書，不爲訕上！又述朱元晦語，以爲《離騷》不甚怨君，是則屈平哀歌，徒自悲身世，逐臣失職，類能爲之，何當與日月爭光，古今人表列於仁人孟、荀之伍哉？劉子玄云：「懷、襄不道，其惡存於楚賦。」斯當爲至言。實齋之論，徒教人以諂耳。其餘鄙者，自撰《文德》，以爲新奇，不悟《論衡》已有斯語。……文氣出於魏文《典論》，而徒推本韓、蘇，何其厚弇古人也！至於莊子爲子夏門人（《經解上》），蓋唐人率爾之辭，未嘗訂實。以莊生稱田子方，遂謂子方是莊子師，斯則讓王亦舉曾原，而則陽、無鬼、庚桑諸子，名在篇目，將一一皆是莊師矣。以《藝文志》「平原君七篇」，謂是著書之人自託儒家，而述諸侯公子請益質疑，因以名篇居首。不曉平原固非趙勝，藝文本注，謂是朱建。建與酈生、陸賈、婁敬、叔孫通同傳。陸、婁之書亦在儒家，《漢書》明白，猶作狐疑，以此匡謬云爾〔註105〕。

　　本義在在批評「今之言國粹者」「書字未識偏旁，高談稷、契；讀書未知句度，下視服、鄭」淺陋，而板子卻打在了章學誠的屁股上，以爲造成這種局面的原因之一，「竊謂漁仲《通志》、實齋《通義》，其誤學者不少。昔嘗勸人瀏覽，惟明眞偽、識條理者可爾。若讀書博雜，素無統紀，則二書適爲增病之階。」理由是「學者喜鄭、章二家言，至杜佑、劉知幾則鮮留意。」至於學者棄杜、劉而趨鄭、章者，蓋因「杜固括囊大典，樸實無華，劉亦精審，不作狂語」，不如「鄭、章之恢宏」，「故棄錄如此。」並且一一指陳實齋之誤。錯誤之多，凡六：一是曲言爲鄭漁仲護短；二是「其用只在方志」，顯得很局限；三是「誕妄實甚」；四是前後矛盾，「自相攻伐」；五是「自撰《文德》，以爲新奇，不悟《論衡》已有斯語」；六是「厚古薄近」。這些毛病，悉爲今之學者蹈襲。諷刺「言國粹者」「鈔集雜書，采輯異論，虛實諦妄」，認爲這樣「雖博若淵溟，亦奚以爲？」此外，在《徵信論上》中他還批評「章

〔註105〕章太炎：《與人論國學書》，傅傑編校《章太炎學術史論集》，昆明：雲南人民出版社，2008年，第91～92頁。

學誠以李陵《答蘇武書》世疑其僞作，非也；必江左之士，降北失職，憂憤而爲之。自謂其說，度越於守文者，而任大椿亦稱其善。此即與桓、劉之事無異。」〔註106〕

分析上述批評，其中具體文史失實指證無可非議，而關於史觀、史德、文德、文氣之議，實屬辯議之題，仁智之見未可勉強。但從總體上看章太炎對自己這位本家前輩的著述並未持否定態度，反而是肯定的。其批評針對主要是時學世風，所以引「昔人云『玉卮無當，雖寶非用』」作結。

這一點從他在同一封書信中借批評章學誠而順手攻詰己師譚獻所使用的是同一手法。他在批評今之倡言國粹者，其實不懂國粹時說：「今者鈔集雜書，采輯異論，虛實諦妄，一切無辨章者，此雖博若淵溟，亦奚以爲？往見鄉先生譚仲修，有子已冠，未通文義，遽以文史、校讎二種教之，其後抵掌說莊子天下篇，劉歆諸子略，然不知其義云何。」〔註107〕考諸章太炎立論前後，則其本家前輩文史、校讎並非不可讀，但並所有人，全時段之讀書對象。最不應該的是將其作爲小孩子的讀物，實齋之學非徒字表之意，氣勢恢弘而又不乏奧義，小孩子家如何理解得了。總之，其書雖有暇疵，但亦不失好書，但沒有學術基礎的人超前閱讀或不當閱讀，只能徒受其害。邯鄲學步錯不在邯鄲之人，實學者之錯也。至於章太炎與譚獻師生之間的恩怨，以及此間關涉對章學誠「六經皆史」論和「官師合一」說之牽連，已有學者作專門論述〔註108〕，可作參考。茲不贅述。

四、承襲實齋「史義」說，誤判其方志編纂價值

汪榮祖說「章太炎史學思想與現代史學」存在「歷史發展觀」、「現代信史觀點」和「民族主義史學觀點」三個「連接點」〔註109〕這是章太炎在擬撰《中國通史》之前的「意在筆先」，以章學誠之語而言之，即「史義」。章太炎不僅認同章學誠通史之撰，必須「別識獨裁」，具有鮮明的「史義」這一見解，而且對於既往中國通史之著評介，也有共識。他們都認爲唐以後的史著沒有寫出史事發展的原委與經絡。鮮明而科學的「史義」，是撰著一部有份量

〔註106〕章太炎：《章太炎全集》四，上海：上海人民出版社，1985年，第55、56頁。
〔註107〕章太炎：《與人論國學書》，傅傑編校《章太炎學術史論集》，昆明：雲南人民出版社，2008年，第91頁。
〔註108〕張榮華：《章太炎與章學誠》，《復旦大學學報》，2005年第3期。
〔註109〕汪榮祖：《史學九章》，北京：三聯書店，2006年，第124～131頁。

的通史的前提。1900～1904 年，章太炎手校《訄書》，增加了《尊史》《徵七略》《焚書》《哀清史》等一系列史論。在流亡日本期間，其所接觸西方思想和與梁啟超的碰撞，其內容較之初刻本發生了很大的變化。其《哀清史》所附《中國通史略例》〔註110〕，是在新的歷史思想支配下擬纂的一部「中國通史」義例，目的在於使「支那文明進化之迹藉以發現」。1910 年，他關於歷史研究的見解，實際上是闡述擬寫中之通史編寫如何落實的設想，那就是要注意六個方面的變遷。即「一是制度的變遷，二是形勢的變遷，三是生計的變遷，四是禮俗的變遷，五是學術的變遷，六是文辭的變遷」〔註111〕這當然可視為史觀決定之後的內容考量與義例之思。如何編修這樣一部通史呢？對於懷胸濟世，放不下革命大業的章太炎，要完成史修之鴻篇巨製，難在專著之志。所以，首要者當做情緒上的調理，復歸沉潛之意；其次要對前人的修史業績有一番檢討，對諸多史家的修史活動、個人修養與史修業績之關係，對後來的影響作一通批評。批評的目不只是為了批評前人，而是借前賢往事來明確自己該如何行止。所以，他在向友人報告自己返鄉行止的書信中坦言雖「無候門之稚子，而忻樂自若」。將此次回鄉附比陶淵明之「歸去來兮」。且借莊子「不刻意而高，無江海而閒，不道引而壽」來聲明自己的態度。這與其說是對外的聲明，無寧說是一種自醒和自勵。不只是身遠喧囂，心也要沉潛學術，要以「和、漢文籍」為「吾儕之江海也」。並且還申述了一番理由。披文入理，不難發現也是一番自我說服。所謂「人不學道，不能無所繫著」，「不能去江海以求樂，則去純素同帝王之道遠矣。嗚呼！不習止觀，終為形役，將欲絕累去悲，寧可得耶？」這些都是「史事將舉」之前的情緒調理，接著就進入了「尋理舊籍」的實際工作，「仰梁以思，所得漸多」，前賢往事，紛至沓來，賢與不肖，盡在胸中。「太史知社會文明，而於廟堂則疏；孟堅、沖遠知廟堂之制度，而於社會則隔；全不具者為承祚，徒知記事；悉具者為漁仲，又多武斷。此五家者，史之弁冕，猶有此失。吾儕高掌遠蹠，寧知無所隕越，然意所儲積，則自以為高遠過五家矣。」〔註112〕章太炎檢討司馬、

〔註110〕關於此一文獻有多種說法，現行史學論著論文多將該文斷於 1903、1904 年，皆因《訄書》版本不同而，白壽彝《中國通史》第一卷說 1900 年，見上海人民出版社 1989 年，第 308 頁，本文採前說。

〔註111〕章太炎：《教育今語》，重慶版，1941 年，第 51 頁。

〔註112〕章太炎：《與吳君遂論修史書》，傅傑編校《章太炎學術史論集》，昆明：雲南人民出版社，2008 年，第 89 頁。

班、陳、鄭諸位前賢史修之業各有彼此。他認爲自己要做此事，在識見（「高掌遠蹠」）方面是高於古人的，在「儲積」方面也「高遠五家」。實則是在通過以己度人，構思即將展開的通史工程，以何種體例方能不蹈前賢之失，而又能達成自己的目的。正是在這樣的學術心理背景下，他說：「修通史者，漁仲以前，梁有吳均，觀其誣造西京雜記，則通史之蕪穢可知也。言古史者，近有馬驌，其考證不及乾嘉諸公，而識斷亦儉陋，惟愈於蘇轍耳。前史既難當意，讀劉子駿語，乃知今世求史，固當於道家求之。管、莊、韓三子，皆深識進化之理，是乃所謂良史者也。因是求之，則達於廓氏、斯氏、葛氏之說，庶幾不遠矣。」如果說前面一段的學術之辨在於體例之思，那麼這一段的反省，則在義理、考據與辭章兼具之慮。他以爲管、莊、韓三子的成功是因爲「深識進化之理。」而自己的通史之修，「其用在抽象而不在具體」。具體而言，即在求「支那文明進化之迹」〔註113〕，即重在「史義」。這一借助西方學術思想，利用本土史學資源構建的通史框架本來是可以從章學誠通史修纂理論中獲得更多理論支持和技術支持的，但由於章太炎對於章學誠史學理論認識的不足，以致失之交臂。他在與朋友的書信中說：

> 史事前已略陳，近方草創學術志，覺定宇、東原眞我師表，彼所得亦不出天然材料，而支那文明進化之迹，藉此發現。赤帝師螾，猶無所吝，況二儒之彰彰者乎？斯論一出，半開黨必謂我迂，亦不避也。麟家實齋，與東原最相惡，然實齋實未作史，徒爲郡邑志乘，固無待高引古義。試作通史，然後知戴氏之學彌侖萬有，即小學一端，其用亦專在六書七音。頃斯賓薩爲社會學，往往探考異言，尋其語根，造端至小，而所證明者至大。何者？上世草昧，中古帝王之行事，存於傳記者已寡，惟文字語言間留其痕迹，此與地中僵石爲無形之二種大史。中國尋審語根，誠不能繁博如歐洲，然即以禹域一隅言，所得固已多矣。〔註114〕

章太炎推崇戴震小學業績於史考的作用，可以理解爲一是章氏以小學名世，頗能相知，以引爲同道；而西方社會學、人類學從語言入手而重修歷史

〔註113〕章太炎：《與吳君遂論修史書》，傅傑編校《章太炎學術史論集》，昆明：雲南人民出版社，2008年，第90頁。

〔註114〕章太炎：《與吳君遂論修史書》，傅傑編校《章太炎學術史論集》，昆明：雲南人民出版社，2008年，第90頁。

的新方法，也使其倍感興奮，原來小學不僅是發掘微言大義以求道的不二法門，而且於史修史撰亦有奇功。而章太炎對章學誠史學理論、通史修撰理論、方志理論和實踐與通史修爲之間的關係等諸多貢獻缺乏足夠深入的理解，同時，也反映了他關於「史」之認識的局限。這從他多次對清代學術及史學發展的闡論可以獲證。在《清代學術之系統》中他說：「清代史學極盛，著述亦極多。史學可別爲二：一爲作史，一爲考史」〔註115〕；在《與支偉成論清代學術書》在論及清代史學發展的情況時說：「史學分『浙派』『別派』，尚非允惬」，「今宜將『作史』『考史』分列，不必以『浙派』『別派』分例」。在同一書信的問答錄中，在回答「至若補表補志諸家，究應屬『作史』『考史』」的問題時，答曰：「所補者長，則入『作史』列；所考者長，則入『考史』列。」〔註116〕在這樣的史學統系中章學誠或缺，那麼在章太炎的清學譜系中章學誠究竟位屬何列呢？章太炎在《清儒》中說：「會稽章學誠爲文史、校讎諸義，以復歆、固之學，其卓越近《史通》」〔註117〕，在《說林》中道：「史家若章、邵二公，記事甚善，其持論亦在《文心》《史通》間。」〔註118〕又說：「若欲窮治史法，旁及九流，因以抗心皇古，則遷、固二家之書當與六藝並立。唐劉知幾之史通、近代章學誠之文史通義亦並可泛覽者也。」〔註119〕

　　較之前兩文「論清代學術書」、「清代學術之系統」，「清儒」和「說林」只是一種雜說，與今之學術隨筆類。由此可見，章太炎雖然認爲章學誠的「諸通義」「卓越」，然而其學乃「歆、固」之學，即校讎、藝文志學（學術史），不屬於有重大貢獻的史家。雖然他也認爲《文史通義》可與《史通》並列，而章學誠之通史編纂理論對通史編纂的意義也不爲章太炎所認識，其所擬著之《中國通史》在義例上所遭遇的諸多困惑，百多年前的章學誠已同樣遭受，且已通過執著的學術探索和一系列方志編纂實踐成功化解。章學誠在通史編纂理論方面的貢獻，在上個世紀20年代初何炳松有系統的發掘，他對章學誠

〔註115〕章太炎：《清代學術之系統》，傳傑編校《章太炎學術史論集》，昆明：雲南人民出版社，2008年，第398頁。

〔註116〕章太炎：《與支偉成論清代學術書》，傳傑編校《章太炎學術史論集》，昆明：雲南人民出版社，2008年，第398頁。

〔註117〕章太炎：《清儒》，傳傑編校《章太炎學術史論集》，昆明：雲南人民出版社，2008年，第390頁。

〔註118〕章太炎：《說林》，傳傑編校《章太炎學術史論集》，昆明：雲南人民出版社，2008年，第386頁。

〔註119〕章太炎：《與鍾正楙論學書》，《章太炎全集》四，上海：上海人民出版社，1985年，第94頁。

在「什麼是史」、「如何治史」和「通史觀念」等方面作了系統闡述。他說：「章氏對於史學上第二大貢獻，我以爲就是他對通史一類著作的觀念表示的非常切實、非常正確。他在《文史通義》裏面所發表的通史觀念，眞可以說是詳盡無遺首尾完具。通史的意義怎樣？通史的利弊怎樣？通史編纂的沿革怎樣？章氏對這三個問題都有極深刻的瞭解。」〔註120〕章太炎對章學誠在方志編著方面的作爲雖有肯定，但以爲不及戴震所爲。這反映了章太炎對方志的偏見，也缺少對章氏方志學理論和實踐的深入瞭解。而蔡元培在光緒十六年（1890）《重修上虞縣志例言》即以發明：（章氏之方志）「推排群言，創定例目，胎義於《周官》，脈法於《春秋》，象形於太史，三條九貫，載之《通義》。言之重，詞之復，其中必美意焉。」〔註121〕受蔡氏發現啓示，何曉濤在《〈周官〉與章學誠方志編纂思想發展》有深入發掘〔註122〕章學誠認爲方志乃古國史，其方志編纂實踐對其探索理想中的「通史」編纂義例存在密切之輔承關係。章學誠之「方志乃一方全史」的理論和實踐所具有的區域社會史或區域社會文化史的意義，也爲章太炎所忽視。

這項工作的展開，是從學術志的修纂開始的，其間體例建構也並不是沒有躊躇。他在給友人的書信中說：「近方草創學術志，覺定宇、東原、眞我師表，彼所得亦不出天然材料，而支那文明進化之迹藉以發現」，而「鄰家實齋，與東原最相惡，然實齋未作史，徒爲郡邑志乘，固無待高引古義。試作通史，然後知戴氏之學，彌倫萬有，即小學一端，其用亦不在六書七音。」章太炎的《中國通史》終因種種原因而成了他個人學術史上的未竟之業。他設想的《中國通史》卷帙浩繁，計由 5 表、12 典、10 記、9 考記、25 別錄，凡 100 卷。而從他兩次修改的《中國通史目錄》來看，他能注意到社會、民族、宗教、政制、語言、心理、財政、地理等等反映了他雖然主張「依自不依他」，但又絕不排拒西方新思想的開放胸懷。而從已成之部分來觀，很難說實現了其「所謂史學進化者，非謂其廓清塵翳而已，已既能破，亦能立」，「必以古經說爲客體，新思想爲主觀」〔註123〕的設想。

〔註120〕何炳松：《增補章實齋年譜序》，見胡適著、姚名達補證《章實齋年譜》。

〔註121〕蔡元培：《重修上虞縣志例言》，《蔡元培全集》第一卷，北京：中華書局，1984年，第 26 頁。

〔註122〕何曉濤：《〈周官〉與章學誠方志編纂思想發展》，見《章學誠國際學術研討會論文集》，北京：北京圖書館出版社，2004 年。

〔註123〕章太炎：《中國通史略例》，《章太炎全集》（三），上海：上海人民出版社，1983年，第 330 頁。

對於章太炎在中國史學上之地位，歷來存兩可之分，最有代表性的當周予同和朱希祖的評價。前者於 1941 年發表之《五十年來中國之新史學》將之劃歸與黃宗羲、錢大昕同列之舊史家的行列；後者在 1945 年發表之《章太炎先生之史學》將之歸入新史的營壘；而最近之陳平原《中國現代學術的建立——以章太炎、胡適爲中心》雖然不限於史學，章太炎與胡適並開列極具新舊聯繫，但章太炎作爲傳統學術向現代學術艱難轉型的代表，其集傳統性、現代性、邊緣性和先鋒性於一體的複合特性，卻絕不是一個簡單的新與舊可以一言以蔽的。就史學、中國史學和中國通史的編撰而言，在某種意義上說，章學誠的史學理論建構，較之更清晰而具有更大的開放性。雖然前者早在其百餘年前就已發生。章太炎這個上個世紀初年最早「主造新史者」〔註 124〕錯失章學誠相關思想眞是一種遺憾。

五、政治、文化和學術各取所需的闡釋

　　一般談論影響常常以正面的接受而論，其實，這只是影響的一個方面，或說一種方式，有的時候建立在批判基礎上的影響更爲深切、深刻。這與接受者的學術方式、學術風格有很大關係。章學誠學術思想的發生、發展基本上是建立在批判的基礎上的，他批判時人「補苴」，批判宿儒「阿聖」，所以僅就其史學家的形象及學術特徵而論，可以說章學誠之史學思想就是以史學的批判與批判的史學形態面世的。而章太炎這位有著「有學問的革命家」與「有思想的學問家」美譽的學者，其政治思想和部分的學術思想也是建立在批判的基礎上的。而且是以我爲主，以學爲衡的有贊有彈，臧否分明的。有的時候對於同一種學術思想還會隨時變化，既表現出鮮明的學術立場，也不乏同情之理解；有的時候又表現爲針對具體人事和特定情境下因人而異和與事俱進的學術選擇。章太炎對於章學誠學術思想的接受在這一方面表現的十分明顯。總體上而言，後章對前章這位本家之學術及思想持政治思想上的不以爲然，文化思想上引以爲同調，具體學問上的辨議。以爲正確者不乏點贊且引以爲奧援，認爲錯謬者也不惜拍磚任氣逞才而快。十足的書生意氣，百分之百的學人本性。

〔註 124〕金毓黻：「近人主造新史者，莫先於章太炎先生，曾於所著《訄書》中，撰《中國通史略例》。」見《最近史學之趨勢》《中國史學史附錄》，石家莊：河北人民出版社，2003 年，第 327 頁。

　　所以，章太炎對章學誠學術思想的接受不是一成不變，這種變動不居一因時間的因素，章氏晚年回顧一生治學說：「余幼專治《左氏春秋》，謂章實齋六經皆史之語為有見。」〔註125〕早年屬於學術體認吸納的階段，對章學誠自然肯定的多；中年正值中國社會劇烈動盪時期，歷經維新運動、自立軍起義、義和團事迹、辛亥革命、袁世凱稱帝、五四運動，入沒於學、政兩界，革命加學術，一直處於時代的風口浪尖，其堅定的民族主義思想，始終貫穿浸漬其學術精神，這些都使得其在接受章學誠學術中不可能是單純的學術評價；不同時期學養的積蓄也是影響學術判斷不可或缺的因素；其致用與求真兼具的學術個性，也使得他往往將學術作為達成其社會改造的手段，這也不能影響其學術思想的接受和批判取向。這些都決定了他對章學誠學術思想取接受與利用的特點。章太炎自我評價一生學術路徑：「始則轉俗成真，終乃回真向俗。」〔註126〕晚年當他息政歸學的時候也是他對章學誠評價最好的時候。

　　近世學人評價晚清至現代前輩常常對於他們在政治選擇、學術歸途方面前後「矛盾」的現象多持批評態度。稟持批評態度者往往抽失了這段歷史時期是中國社會由超穩定的歷史時期向急劇變化的近現代社會轉折時期。一切自覺的知識分子，努力探尋，上下求索，偉大的歷史人物既引領時代思潮，又難免為時代思潮裏挾。他們常常既是某一思潮星火的煽動者，又是某一運動的領導者或參與者。常常兼思想家、革命家和學問家於一身。有些問題想來即做，有些問題在做中學、行中思。學術既是他們安身立命的根本，也是他能產生影響力的重要原因，同時，現實的情形又成為他們學術選擇與轉身的重要因素。章太炎在這一方面表現得同樣鮮明。一般批評者常常只看到了他變的表象，而難以發現在常變不居之下的不變。對於真理永不停滯的追求，對於中國社會問題求解的急切之情，對於中國文化承襲光大的使命感等。這是一般仁人志士在變與不變方面表現出來的共同特點。而章太炎在變動不居表象下其實存在永遠不變的內在統一性，那就是「依自不依他」。

〔註125〕諸祖耿：《記先師章公自述治學之工夫及志向》，見姚奠中：《章太炎學術年譜》，太原：山西古籍出版社，1996年，第443頁。

〔註126〕章太炎：《菿漢微言》，虞雲國標點整理《菿漢三言》，遼寧教育出版社，2000年版，第61頁。

第三章 科學史學視界下的章學誠學術思想推闡

第一節 胡適：實用主義闡釋範例

胡適（字適之，1891～1962）對章氏學術思想的接受，主要表現爲充分利用章氏學術思想的進化價值和表述理解可能性空間廣泛的特徵，進行符合自己學術思想需要的闡述。在國際漢學中心非本土化的焦慮下，他做《章實齋先生年譜》且自伐其功，是一種「知恥而後勇」追趕心態下的「狂言」；在強調史料對於史學科學性極端重要的學術意識下，將章氏「六經皆史」論闡釋爲「六經皆史料」；擷章氏少量詩論而推斷章氏若晚生 200 年，一定會推崇白話詩。這些闡釋嚴格意義上都是其利用傳統學術思想資源爲新的學術思想張目的實用主義策略。

一、《章實齋先生年譜》的撰述及影響

胡適做過《章實齋先生年譜》，並自伐其功，認爲這位清代的學術思想家在被淹沒百多年之後，得以重新被發現，獲得新的學術闡述機緣，全賴其《章實齋年譜》的墾拓之功。這一自我點贊，不斷遭到質疑，吳天任批評胡氏著《章實齋先生年譜》補訂者姚名達稱，胡適《章實齋先生年譜》出，「國人始知章先生」「未免大言不慚」〔註 1〕；余英時指出：「章學誠生前雖然聲名不

〔註 1〕 吳天任：《胡著姚訂章實齋年譜商榷》，《章實齋的史學》，臺北：商務印書館，1979 年，第 293 頁。

彰，但《文史通義》中某些重要觀念在他死後不久便已暗中在學術界流傳」，「到《國粹學報》時期（1905～1911），《文史通義》與《校讎通義》兩書早已膾炙人口」〔註2〕；張京華更是通過系統羅陳，指出章氏歿後關注其人其學有影響的學者亦不下 20 餘眾，諷喻說胡適當年所言「頗有些自我顧影的味道。」〔註3〕

　　如何看待胡適《章實齋先生年譜》的撰著機緣和影響，是一個問題。胡撰章氏年譜直接的誘因，是受到了日本國史家內藤湖南的刺激，而章氏年譜撰著又是受當時中國學術界對於自己國家和民族的研究不如國際漢學界實情的影響，是有責任心和自尊心的學者一種「知恥而勇」的反應。至於胡氏自評此年譜的學術影響頗具開山之功的說法，也應從兩個方面來考量：其一，因其昧於國內學術界對章學誠研究的實情，自旌過頭；其二，客觀上看，胡氏所著年譜引發學術界對章學誠學術思想研究的更多關注，也並非完全言過其實，特別是其有另於傳統年譜修撰方式的章氏年譜，有學術範式轉換的意義自不待言。這與胡氏之前章氏學術思想已有研究，年譜也早有人做過，胡氏並非首發其功並不矛盾。學術著述的影響，一般可以從兩個方面來看：一是學術工作本身對於學術研究的開拓和貢獻，其學術含金量之高、價值之大，將本研究領域的工作提升至新的高度或境界；二是學術工作的含金量和價值並非前述之顯著，然而，由於研究者特定的學術地位或特殊的學術機緣，而使其學術影響獲得了廣泛的社會效應。胡氏的《章實齋先生年譜》當屬後者。其撰著《章實齋先生年譜》確有特別的機緣，且與其學術影響不無關係。

　　胡氏之章氏年譜，可以說是「禮失求諸野」的「發奮之作」。20 世紀前30 年，是中國史學從傳統經史不分，或說文史哲合一學術狀態下，慢慢自立門戶和日益專業化的一個黃金時期。這樣的學術轉變是諸多因素合力混成的結果。「君主制、儒家禮儀、經典教育、科舉制和法律制度」的「崩潰」以及「新知識群體的形成」〔註4〕促成了這一轉變。而在這一轉變沒有實現之

〔註2〕 余英時：「通古今之變，成一家之言——《〈章學誠的生平與思想〉中譯本代序》」，邵東方編：《史學研究經驗談》，上海：上海文藝出版社，2010 年，第191～192 頁。

〔註3〕 張京華：《整理弁言》，見葉長青撰《文史通義注》，上海：華東師範大學出版社，2012 年，第24～34 頁。

〔註4〕 王汎森著、王曉冰譯：《傅斯年：中國近代歷史與政治中的個體生命》，北京：生活讀書新知三聯書店，2012 年，第2～3 頁。

前，在現代學術機制和規範要求下的中國研究（彼時稱爲「東方學」），其學術中心並不在中國本土，而是在歐洲〔註5〕。日本學術界現代意義上的漢學研究後來居上，亦較中國強。「禮失而求諸野」，傳統的精神在新的歷史境遇下重生。1922 年，胡適對來訪的日本學者說：「日本史學的成績最佳。從前中國學生到日本去拿文憑，將來定有中國學生到日本去求學問。」〔註6〕1923 年北京大學國學門創刊《國學季刊》，胡適在《發刊詞》中同樣闡發西洋對東洋學術的影響，而日本的學術研究可以作爲中國學術界的榜樣，已經是與西洋並駕而齊驅〔註7〕。10 年之後的 1931 年，胡適仍陷於中國學術獨立難支、「中國學……我們此時還落人後」〔註8〕的感傷。這對中國學者而言無論如何不能不說是一屈辱。而洗刷這屈辱的方式只能是自己奮起直追，發奮去做。這也是他自己做《章實齋先生年譜》的由來。他說：

> 我做《章實齋年譜》的動機，起於民國九年冬天讀日本內藤虎
> 次郎編的《章實齋先生年譜》（《支那學》卷一，第三至第四號）。」

又說：

> 最可使我們慚愧的，是第一次作《章實齋年譜》的乃是一位外
> 國的學者。

這些判斷雖不符實情，但這部年譜基本上是在「技不如人」「知恥而後勇」心態下的發奮之作則是實情。其有自矜的自評和期待也就不難理解。加之胡適舊學的不足是一個不爭的事實〔註9〕，舊學不如其北大弟子中像傅斯年、顧

〔註 5〕　李思純：《與友人論新詩》説：「西人之治中國學者，英美不如德，德不如法。」見《學衡》第 19 期，1923 年 7 月。陸侃如《歐洲支那學家》道：「如果論研究『漢學』，當以法國爲中心，不但歐洲人，日本人都到法國去研究。就是中國人也到法國研究去。因爲一則可以得到比較豐富的材料，二則可以得到更科學的方法。」見《河北省立女師學院週刊》第 244 期，1937 年 5 月 10 日。

〔註 6〕　《胡適日記全編》（3），合肥：安徽教育出版社，2001 年，第 772 頁。

〔註 7〕　胡適説：「我們現在治國學，必須要打破閉關孤立的態度，要存比較研究的虛心。第一，方法上，西洋學者研究古學的方法早已影響日本的學術界了，而我們還在冥行索途的時期。我們此時正應虛心採用他們的科學方法，補救我們沒有條理系統的習慣；第二，材料上歐美、日本學術界有無數的成績可以供我們的參考。比較可以給我們開無數新法門，可以給我們添無數借鑒的鏡子。學術的大仇敵是孤陋寡聞，孤陋寡聞的唯一良藥是博採參考比較的材料。」《國學季刊・發刊詞》第 1 卷第 1 號，1923 年 1 月。

〔註 8〕　《胡適日記全編》（3），合肥：安徽教育出版社，2001 年，第 152 頁。

〔註 9〕　傅樂成：《傅孟眞先生年譜》，《傅斯年全集》第 11 卷，第 2607 頁。

頡剛等一撥學生，長期的域外求學生活使其疏於對國內章學誠研究情況的瞭解，有一種盲目自高的態度，實屬必然。其對自著的《章實齋先生年譜》於章氏學術思想研究影響上的問題說了過頭的話。胡著章氏年譜刊出後，受到學界的各種關注，卻是不爭的事實。舊史家們既有對其年譜體例之驢馬皆非的指責，也有對其中有些基本事實考證不嚴的指過。而新史家們則對胡氏之譜普遍持肯定的態度。最主要的支持者當屬姚名達和何炳松。

雖然存仁智之見，但是胡氏的這部年譜，確有其特別之處。他自評其有三個方面的貢獻：第一，是摘錄能表示譜主「思想主張變遷沿革」的關鍵敘要；第二，是摘錄譜主批評同時的幾個大師，如戴震、汪中、袁枚等的言論，無論公平與否，一併錄入，且記在這幾個人的卒年上，以並對照，作為思想史的材料；第三，是批評的方法是前所未有的一個創例：既說譜主的好話，也批評譜主的不當之處〔註10〕。這與傳統年譜綱目式、編年式的形式，以及為譜主隱的做法都不太一樣。所以，這些自評自然並無不甚允當之處。為胡氏之《章實齋先生年譜》作序的姚名達將胡譜體例方面的創新概括為：「打破了前人單記行事的體裁；摘錄了譜主最重要的文章；注意譜主與同時人的關係；注明白史料的出處；有批評；有考證；譜主著述年月大概都有了。」〔註11〕這種概括和旌表，基本上是順著胡氏的自我評價所做的進一步昇華，並無新見，且有諛嫌。

姚氏本梁任公先生在清華國學院的弟子，其研究史學和章學誠的興趣亦由渠師導引。他「1925年9月28日走進清華園」，是3個「留校研究時間最長（3年）」的學生之一，「在清華園的第一學年」「勤讀《章氏遺書》」，「撰成《章實齋之史學》一書」，第二學年，「姚名達的主要工作是整理《章實齋遺書》，另寫一部新的《章實齋年譜》」〔註12〕。據刊登在1927年12月31日出版的《國學月報》出版預告，在有關姚名達的十數種著述的廣告中，關於章學誠的就有四種。可以說，比較姚名達與胡適的章學誠研究，前者遠在後者之上。即以同為章實齋年譜而論，「與內藤湖南、胡適所著……相比」，「姚名

〔註10〕 姚名達：《〈章實齋先生年譜〉姚序》，羅豔春、姚果源選編《姚名達文存》，南京：江蘇人民出版社，2012年，第162頁。

〔註11〕 姚名達：《〈章實齋先生年譜〉序》：羅春豔、姚果源選編《姚名達文存》，南京：江蘇人民出版社，2012年，第162頁。

〔註12〕 羅豔春：《姚名達文存·導論》，見羅豔春、姚果源選編《姚名達文存》，南京：江蘇人民出版社，2012年，第1、11頁。

達 1927 年發表的章實齋年譜，堅持力求簡潔，客觀記述，使得姚譜以只相當於胡譜 3/4 的篇幅，在記述事實方面卻比胡譜增加了差不多一倍的內容。」〔註13〕至於其受胡氏之託，所訂胡譜受到學界的批評，胡氏一併將錯誤嫌疑轉諸姚氏，也未見姚氏有任何委屈申明。按照姚氏對章學誠著述的稽考和學術思想的研究，宜當較胡適有更多的發言權。姚氏在此事上的謙恭，既有性格上的原因，更有學術和事業陷於困窘，有求於人的不得已。下面的事實並非表明與此事有直接的關聯，但至少可以作為一則背景的材料，幫助理解姚氏在這樁學術公案所持的態度。

　　1927 年，姚名達之妻黃心勉在《清華學校研究院同學錄》介紹其夫說：其「為學待人，無或不誠。然有時乃受誠之累。誠於為學，學豈必有所成？成豈必有所用？且吾夫拙於才辨，余甚慮其不足以應變理亂。抑天下事業，孰非仁人君子心力之所為。」〔註14〕1929 年，姚師梁任公離世，他在學術上更無依傍，通過替胡適增補《章實齋先生年譜》而與胡氏建立起來的交往，成為他謀求新的學術發展機遇的一線希望。據學者整理的《胡適遺稿及秘藏書信》第 31 冊，姚氏寫給胡氏的信函，非談論章氏年譜問題、表達自己的學術理想，即探詢去國深造的機會。關於這些書信內容，羅豔春在其所選編之《姚名達文存‧導論》中有較詳細的分析。其信也一併收錄其中，可以對照參比。

　　而將章學誠學術思想置諸中西史學比較視閫下研究，且已將章氏學術思想作專門課程在北大講授的何炳松，不僅對胡氏所作年譜在研究視角和境界開拓方面的貢獻作了說明，而且明確指出胡譜中諸多對章氏觀點發明欠周延之處。何氏所作所為，表明新史家群體作為現代知識分子既講朋友交誼，亦唯真理是從的科學態度。何炳松為胡適《章實齋先生年譜》所作之序，從某種意義上劃分了新舊史家關於章氏學術思想研究的界線。不僅如此，他還將舊史家中欣賞《文史通義》的學者作了兩類劃分。他說：

　　　　從前賞識《文史通義》的學者差不多可以分做兩類：見識較高
　　一點的，用經今古文的眼光來觀察章實齋，硬要把他拖到「門戶」
　　裏面去，把「六經皆史」這句話看做章氏一生學問的唯一貢獻。

　　　　另外還有一班學者很賞識《文史通義》中的文章，他們對於章

〔註13〕 羅豔春：《姚名達文存‧導論》，見羅豔春、姚果源選編《姚名達文存》，南京：
　　　　江蘇人民出版社，2012 年，第 11 頁。

〔註14〕 轉引羅豔春《姚名達文存‧導論》，見羅豔春、姚果源選編《姚名達文存》，
　　　　杭州：江蘇人民出版社，2012 年，第 56 頁。

氏討論課蒙作文等方法的，尤其傾倒到萬分。

而在「細細把適之、達人兩位先生的著作讀了一遍之後」，「我以為章氏的貢獻，並不在事，更不在文，實在在義。」何炳松的《文史通義》之「義」論，概而言之有三：第一，是「記注和撰述的分家」；第二，「是他對於通史這一類著作的觀念表示得非常切實、非常正確」；第三，「就是他所說的『天人之際』，完全就是我們現在所說的歷史上的客觀主義和主觀主義。」〔註15〕這可以視為何炳松借為胡氏著、姚氏補訂之章氏年譜作序所闡述的章學誠學術思想研究成果〔註16〕。

對於胡氏最得意自己年譜體例創新的方面，筆者以為，一般的年譜只對譜主生平、行事、交往、著述事實作歷時性陳列，不對譜主行事、行文作價值的評判。而胡著最大的特點，不僅是要摘錄他認為重要的觀點，而且還有自己的評論。這樣一來，一個學術基礎性的考證考訂工作，就帶有人物評傳或生平思想評傳的性質。年譜能不能像胡適這樣做成帶有學術評傳性質的樣式，相信至今也是一個仁智之見的問題。但有一點可以說明的是，即使對胡氏年譜的體例持贊同態度的學者，自作年譜時也並不採效。最典型的莫如姚名達。這位其時被稱為年譜專家的史學工作者，對時人所賜非以為榮，反以為羞，並且發誓要以史著的其他著作來改變時人對自己年「譜專家」的看法。可見，撰寫年譜只能算作是學術的準備工作。如果按章學誠的說法，即只能算作做學問的「工夫」，而算不得真正的「學問」。

說到學者之「學問」與「功力」的見解，胡適可謂直承了章氏的思想。他在評價明末至民初的學術思潮時有一個基本的觀點，即彼時學者「太注重功力而忽視了理解」。他說：

> 這三百年之中，幾乎只有經師，而無思想家；只有校史者，而無史家；只有校注，而無著述。這三句話雖然很重，但我們試除去戴震、章學誠、崔述幾個人，就不能不承認這三句話的真實了。〔註17〕

〔註15〕何炳松：《章實齋先生年譜·何序》。見《胡適文存》7，北京：北京大學出版社，1998年，第6頁。

〔註16〕何氏代表了觀念轉變和方法轉變之後的新史家研究章氏學術思想的一個很好的案例，的確跳出了舊史家就事論事，依文說文的窠臼。章氏史學思想已經進入現代史學闡述的話語空間。

〔註17〕胡適：《國學季刊》發刊詞宣言。見《胡適文存》2，北京：北京大學出版社，1998年，第8頁。1923年第一卷第1號。又載1923年3月12日至於4日《北京大學日刊》。

在此番評價之後，他徵錄章氏《博約篇》辨析「功力」與「學問」的論述，引章學誠《與汪輝祖》對彼時學者「徵實太多，發揮太少，有如蠶食葉而不能抽絲」的「風氣」的批評，甚爲贊同。他說：「章學誠生當乾隆盛時，大聲疾呼的警告當日的學術界」〔註18〕云云。在同一篇《宣言》中，待論及「學問的進步不單靠積聚材料，還須有系統的整理」時，又長篇大段引用章學誠《校讎通義》關於校讎之法的論述〔註19〕。

由此看來，胡氏對章實齋是推崇備至的。他的引章氏論學以批評三百年來中國學者的學術取向無不正確，而在「六經皆史」的闡釋上卻做出偏狹的理解，不能不說是爲了宣傳科學之史學即是史料學的主張而讓章實齋替其背書了。從上所述，也可從中發現推崇新考據的胡適，其實也是主張「文史通義」的，其執著地強調史料於史學之重要，不過藉此強調科學重事實的精神，矯枉而過正罷了。

二、「六經皆史」闡釋的實用主義範例

章氏「六經皆史」論，隨著對其研究的廣泛而深入，不是越爭鳴越分明了，而是越爭論越紛紜了。這很正常，因爲不同的學術鏡像，一定產生不同的學術圖影。有從現象學視閾下的經史同源同體異質論；有解構學視界下的經學衰沒論；有社會學視野中的經世致用論；有史料學視域裏的六經皆史料論。胡適正是持論後者的始作俑者。他說：

先生作《文史通義》第一篇——《易教》——之第一句即云：「六經皆史也。」此語百餘年來，雖偶有人崇奉，而實無人深懂其所涵之意義。我們必須先懂得「盈天地間，一切著作，皆史也」這一句總綱，然後可以懂得「六經皆史也」這一條子目。「六經皆史也」一句孤立的話，很不容易懂得；而《周易》一書更不容易看作「史」，故先生的《易教》篇很露出勉強拉攏的痕跡。其實先生的本意只是說「一切著作，都是史料」。如此說法，便不難懂得了。

〔註18〕　胡適：《國學季刊》發刊詞宣言。見《胡適文存》二集，北京：北京大學出版社，1998年，第8頁。1923年第一卷第1號。又載1923年3月12日至於4日《北京大學日刊》。

〔註19〕　胡適：《國學季刊》發刊詞宣言。見《胡適文存》二集，北京：北京大學出版社，1998年，第12頁。1923年第一卷第1號。又載1923年3月12日至於4日《北京大學日刊》。

這是胡著《章實齋先生年譜》中對「六經皆史也」一論的發明。為了說明此即章氏本意，而非自己強加，胡氏還對章氏著述中相關篇章進行了相互發明。他說：

> 先生的主張以為六經皆先王政典；因為是政典，故皆有史料的價值。故他《報孫淵如書》說「六經特聖人取此六種之史以垂訓者耳」。《史考釋例》論六經的流別皆為史部所不得不收；其論《易》，只說「蓋史有律憲志，而卦氣通於律憲，則《易》之支流通於史矣」。次論子部通於史者什有八九；又次論集部諸書與史家互相出入。說「什有八九」，說「互相出入」，都可見先生並不真說「一切子集皆史也」，只是要說子部集部都有許多史料。以子集兩部推之，則先生所說「六經皆史也」，其實經部中有許多史料。此種區別似甚微細，而實甚重要，故我不得不為辨正。

無論胡適引章氏著述多少文本相互發明，上述闡述文本都難紓「盈天地間一切著述」、「什有八九」及「一切子集」、「許多史料」這種全稱與特稱上的矛盾。1921 年，胡適為東南大學師生所做題為「研究國故的方法」的演講，為其章氏「六經皆史也」論解，又一次做發明。他說：

> 現在一般青年，對於國故，沒有研究興趣的緣故，就是沒有歷史的觀念。我們看舊書可當做歷史看。清乾隆時，有個叫章學誠的，著了一本《文史通義》，上邊說，「六經皆史也」。我現在進一步言之，「一切舊書——古書——都是史也」。本了歷史的觀念，就不由然而然的生出興趣了。〔註20〕

在這段演講錄中，有兩個關鍵詞饒有興趣：一個是「歷史的觀念」；一個是「進一步說」。「歷史的觀念」即歷史視閾。中國傳統史學只有「史」的概念，沒有「歷史」的概念，中國學術界之有「歷史」的觀念，恰恰是西方史學思想和觀念東漸的結果。「進一步說」是一種預設話語的表達方式。言下之義，被用來說事的章學誠之「六經皆史」的意義和此時此刻演講者所理解的「六經皆史」的內蘊並無原則的分歧，此時的闡述基本上是作同向的闡發。一下子在似有若無間就把東西方不同思維和概念框架下的不同思想搏練在一起了。實現這種對接，胡適也並未多少概念的轉換和邏輯推理，不過運用詞

〔註20〕 胡適：《研究國故的方法》，見蔣大椿主編《史掌探淵——中國近代史遍理論文編》，長春：吉林教育出版社，1991 年，第 683 頁。

素擴充的方式將「六經皆史」而擴充爲「六經皆史料」。針對胡適的這一實用主義的移花接木，偷換概念的附會，就連新文化陣營的同仁也不以爲然。錢玄同評論道：

> 適之據章氏《報孫淵如書》中「愚之所見，以爲天地間，凡涉著作之林，皆是史學，六經特聖人取此六種之史以垂訓者耳。」數語，謂「六經皆史」是說「六經皆史料」。此說我不以爲然，不但有增字解釋之失，實在和《文史通義》全書都不相合。今天我想研究之後來做一篇《述章實齋的六經皆史說並且評判它的得失》。〔註21〕

錢玄同既不同意胡適關於章氏「六經皆史」論即「六經皆史料」的曲解，他「想研究之後來做」的那篇正解的文章也於史無存，但他關於章氏之論的「正解」，在此8年後的1930年的一則日記倒是有精粹的反映。他說：

> 章實齋決非「六經皆史料」，但他也是託古改制，因爲他要「方志立三書」，因託「志」於《尚書》《春秋》（合二經爲一），託「掌故」於《禮》，託「文徵」於《詩》耳。而《易》無用，故曰：「上古治詳天道……」也。〔註22〕

錢玄同認爲章學誠「六經皆史」論，既非尊史抑經，亦非「史料」之說。相反，他是尊經重史，既認識到「經」是特定歷史條件下特殊的歷史產物，又由於其思想、思想表達方式及涉及主題的永恒性而具有的典範意義和恒久價值。所以，它們方能成爲後世史志之修的標準，和仿傚的對象。

胡適之章氏「六經皆史」論的「六經皆史料」解，是其實用主義哲學在治學問題上的極端表現，對於其所主張的學術自立，學術爲學術而不必爲任何實際的功利所驅使，學術必須與現實關懷分離的主張形成一個莫大的諷喻。有學者指出：「胡適表彰清代漢學，又表彰章學誠，均不免有利用清人暗行西化之嫌。」〔註23〕更有學者以「其人中國人也，其心則皆外國心也」〔註24〕置評，這種酷評過與恰適與否，另當別論，當對於胡適之術，洞若觀火。

〔註21〕北京魯迅博物館編：《錢玄同日記影印本》第5冊（1922.9～1923.12），福州：福建教育出版社，2002年，第2412頁。

〔註22〕北京魯迅博物館編：《錢玄同日記影印本》第7冊（1922.9～1923.12），福州：福建教育出版社，2002年，第3738頁。

〔註23〕張京華：《整理戲言》，見葉長青撰《文史通義注》，上海：華東師範大學出版社，2012年，第24頁。

〔註24〕張爾田：《論僞書示諸生》，《學術世界》，1935年第12期。

與胡適「六經皆史料」郢書燕說相較,其「文學改良八事」與章氏「古文十弊」在內在精神則有更多契合之處。

三、胡適「文學改良」觀與章氏歷史文學觀

胡氏的「文學改良」,在很大意義上是要通過處理傳統中國語文「言」與「文」的關係問題,根本的目的是以此為契,來實現漢語和以漢語為載體的傳統文化的現代性轉換。在某種意義上,是其介入中國社會政治生活的一種安全策略。

「言」與「文」的問題並非傳統中國進入現代社會時突然產生的問題,從漢代以來即進入了不同時期學者的視野。比如,王充的「文字與言同趨」(《論衡‧自紀篇》)、劉知幾的「言必近真」(《史通‧言語》。章學誠「文則言之精也」的論「言」說「文」〔註25〕和後來黃遵憲的「語言與文字合」、章太炎之《論文學》〔註26〕等都是極好的說明。在這些提倡中,章氏之說,顯然只是文言關係的現象描述。但是作為思想家的章學誠,論史非就史而論史、論文非就文而論文,而是站在「道」的高度,談文論史,說文論語而直指文心史意,能見前人之所未見。更重要的是他以「校讎」為徑的學術理路,考鏡文學的源流,為研究文學的發展變化提供了學術史的視角和思路。比如他與桐城派的文理之爭,即將之置於「古文」發展的歷史語境來說是道非。此其所以卓也。他與袁枚的性理之爭,也非單純的文理之爭,而是將之置諸道統中來進行審視,因之顯出其正統與狹隘。而胡適的「文學革命」主張,也是將之置諸文學發展的長時段中進行考察而論述其必要的。

在文學改良方面,胡適雖然沒有申明其《文學改良芻議》中所論「八事」受章氏《古文十弊》等文學思想的影響,但通過比較,我們還是不難發現這兩者之間內在的關係。至少能發現現代新文化運動的「文學革命」這一巨大的歷史事變,它的發生有中國文化發展的內在邏輯,而絕非偶然的政治因素和經濟變動等外在因素單純促成。

要說胡適「文學改良」的「八不主張」與章學誠「古文十弊」之間存

〔註25〕 章學誠:《趙立齋時文題式引言》,《章學誠遺書》,北京:文物出版社,1985年,第321頁。

〔註26〕 姜義華認為:章太炎之《文學總略》《論文學》所論諸義,「和胡適十年後提出的文學改良八要點……相較,可以說,章炳麟為之開了先河。」《章太炎評傳》,南京:南京大學出版社,2002年,第443頁。

在的內在某精神上的聯繫，有必要對章氏的文論思想有一個大致的認識。
章學誠的「古文」論，是其經世致用學術思想的一個重要部分。其文論思
想至少包括如下七個方面：即文史會通〔註27〕、文貴明道〔註28〕、言公致
用〔註29〕、敬恕貴誠〔註30〕、清眞無涉〔註31〕、文虛道實〔註32〕、由委溯

〔註27〕文史會通。章學誠認爲：天下學術皆出於史，作爲學術重要載體的文，同體
見道，並無離分之理。他說：「若夫六經，皆先王得位行道，經緯世宙之迹，
而非於託以空言，故以夫子之聖，猶且述而不作。」（章學誠：《易教上》，《章
學誠遺書》，北京：文物出版社，1985 年，第 1 頁）又說：「六經皆史」、「六
經皆文」、「六經皆器」，文、史皆器，史者道之神，文者道之形，是道一體兩
面的存在形式。有學者說，這是章氏「文史通義」大文史觀的具體表現：「『六
經皆史』是從內容上說的，但從表現形式方面說，則『六經皆文』也。」（張
少康、劉三富：《中國文學理論批評發展史》（下卷），北京：北京大學出版社，
1995 年，第 461 頁）

〔註28〕文貴明道。章學誠認爲「立言與功德相準」（章學誠：《原道下》，《章學誠遺
書》，北京：文物出版社，1985 年，第 12 頁），「文貴明道」，所謂「述事而理
以昭焉，言理而事以範焉」，「因文見道，又復何害？孔孟言道，亦未嘗離於
文也。」（章學誠：《與林秀才》，《章學誠遺書》，北京：文物出版社，1985
年，第 89 頁）是以，「道沿聖以垂文，聖因文而明道。」（周振甫：《文心雕
龍注釋》，北京：人民文學出版社，1981 年，第 頁。《原道》，第 2 頁）但如果
「文章之用」「但溺言辭之末，則害道已。」（章學誠：《原道下》，《章學誠遺
書》，北京：文物出版社，1985 年，第 12 頁）

〔註29〕言公致用。章氏認爲學問和文章皆天下之公器，是以立言爲公，學者著述乃不
得已而爲之事。而「古人之言，所以爲公。……志期於道，言以明志，文以足
言。其道果明於天下，而所志無不申，不必其言之果爲我有也。(《言公上》，
第 29 頁）作文章的人首先要有一種立誠爲公的胸懷，不要「私據爲己有也」，
而要做到這一點，並非易事。雖說「學者莫不有志於不朽……言公於世，則書
有時而亡，其學不至遽絕也……無意於文而文存，有意於文而文亡」(《言公
中》，第 30～31 頁)。然而，「世教之衰也，道不足而爭於文，則言可得而私矣；
實不充而爭於名，則文可得而矜矣……則爭心起而道術裂矣！」(《言公中》，
第 30～31 頁)而「言公」即「志期於道」，「道」在何處？在「當代典章」、「人
倫日用」之中，所以，「君子苟有志於學，則必求當代典章，以切於人倫日用；
必求官司掌……而文非空言。」(《史釋》，第 14 頁)是以，「夫文章之用，內
不本於學問，外不關於世教，已失爲文之質。」(《俗嫌》，第 26 頁)

〔註30〕敬恕貴誠。章氏「文德」論是在其「史德」論基礎上的進一步發揮。在《史
德》篇中說：「史之義出於天，而史之文不能不藉人力以成之」。「天下之至文
也」，「其中有天有人，不可不辨也。」（章學誠《史德》，《章學誠遺書》，北
京：北京文物出版社，1985 年，第 40 頁）而「知臨文之不可無敬恕，則知文
德矣。」（章學誠：《文德》，《章學誠遺書》。北京：北京文物出版社，1985
年，第 17 頁）程千帆先生論說：「所謂文德，則臨文態度之以敬以恕也。而
其要規，則『修辭立其成』一語足以括之。」切中章氏肯綮。章氏說：「凡爲
古文辭，必敬以恕。臨文必敬，非修德之謂也；論古必恕，非寬容之謂也。

源〔註33〕。胡適說：

> 章實齋若晚生兩百年，他一定會贊成白話詩！

胡適發出這樣的感慨，是他在讀了章氏《陳東浦方伯詩序》之後，在他爲章氏所作年譜中特別引出一段章氏的詩評：

> 學誠嘗推劉、班區別五家之義（《漢書・藝文志》序詩賦百六家分五種，亦不明言其所以分五種之故。——章氏注）以校古今詩賦，寥寥鮮有合者。……或反詰如何方合五家之推，則報之曰：古詩去

敬非修德之謂者，氣攝而不縱，縱必不能中節也；恕非寬容之謂者，能爲古人設身而處地也。」（章學誠：《文德》，《章學誠遺書》，北京：文物出版社，1985 年，第 17 頁）敬、恕都不是單純的道德修養問題，而是寫出至文和瞭解古文之大體的前提。「主敬則心平，而氣有所攝，自能變化從容以合度也」，主恕則知「身之所處，固有榮辱顯隱、屈伸憂樂之不齊，而言之有所爲而言者」（章學誠：《文德》，《章學誠遺書》，北京：文物出版社，1985 年，第 17 頁）

〔註31〕 清真無涉。清、真本來是古人對古詩「天然去雕飾」審美追求的贊評。章學誠藉以表達他的文章義理觀。他說：「餘論文之要，必以清真爲主。真則不求文，求於爲文之旨，所謂言之有物，非苟爲文是也。清主於文之氣體，所謂讀《易》、讀《書》如無詩。一例之言，不可有所夾雜是也。」（章學誠：《乙卯劄記》，《章學誠遺書》，北京：文物出版社，1985 年，第 377 頁）又說：「至於古文之要，不外清真。清則氣不雜也，真則理無支也。」（章學誠：《評沈梅村古文》，《章學誠遺書》，北京：文物出版社，1985 年，第 613 頁）

〔註32〕 文虛道實。在文道關係上，章學誠不是重道而輕文的機械決定論者。兩者雖然存在虛實關係，但文也是有獨立生命體的存在。他說：「文，虛器也；道，實指也。」他利用類比方式闡說兩者之間的關係，「文欲其工，猶弓矢欲其良也。弓矢可以禦寇，亦可以爲寇，非關弓矢良與不良也。文可以明道，亦可以叛道，非關文之工與不工也。」（章學誠：《言公》，《章學誠遺書》，北京：文物出版社，1985 年，第 31 頁）雖然如此，但文總是需要道來統帥的。他以一系列連喻的方式來強調道對文的統帥作用。所謂文件辭猶三軍，志識其將帥；言辭猶舟車，志識其乘者；言辭猶物品，志識其工師；文辭猶金石，志識其爐錘；文辭猶財貨，志識其良賈；文辭猶藥毒，志識其醫工（章學誠：《說林》，《章學誠遺書》，北京：文物出版社，1985 年，第 33 頁）。這裡我們不難發現章學誠工具論的文道觀。文之道雖具有能動的反作用，但先後、主次、輕重還是不容顛倒的。

〔註33〕 委溯源流。錢穆說：「實齋之眼光卓越特處」是「站在一個更大的學術立場來講文學」。（見錢穆：《中國史學名著》，北京：生活・讀書・新知三聯書社，2000 年，第 235 頁）更確切地說，是將他堅持的校讎法運用來考察文學，或者說是將文學放在學術史中來考察，以探尋文的發生和發展的規律。關於這一點，本書下篇中《章學誠〈文史通義〉之「文」論辨析》有較爲系統的論述。

其音節鏗鏘，律詩去其聲病對偶，且並去其謀篇用事琢句鍊字一切
工藝之法，而令翻譯者流，但取詩之意義演爲通俗語言，此中果有
卓然其不可及，迥然其不同於人者，斯可以入五家之推矣。苟去數
者，而枵然一無所有，是工藝而非詩也。

　　胡氏用極新潮的語言評價章的這段詩話：「這個標準可謂辣極！只有眞詩
當得起這個試驗。」〔註34〕從章學誠這一文學思想的基礎上來看其「古文十
弊」則其文學主張，自然是十分的切合胡適的上述評價。難怪胡氏引章氏以
爲文學革命的同道。章氏所言「古文十弊」爲：

　　　　一曰「剜肉爲瘡」；二曰「八面求圓」；三曰「削足適履」；四曰
　　「私署頭銜」；五曰「不達時勢」；六曰「同里銘旌」；七曰「畫蛇
　　添足」；八曰「優伶演劇」；九曰「井底天文」；十曰「誤學邯鄲」。
　　〔註35〕

　　此所論「十弊」之「古文」，非遠古三代之古文，而是近世以「擬古文」爲
能事而鑄爲新範之桐城古文。此外論文凡十數通，皆可相互發明。計有《與孫
淵如觀察論學十規》《駁張符驤論文》《評沈梅村古文》《與邵二雲論學》《與胡
雒君論文》《與朱滄湄中臣論學書》《答沈楓墀論學》《與陳鑑亭論學》《與周永
清論文》等，此外，還有《文德》《文理》《質性》《點陋》《俗嫌》《俗忌》諸篇。

　　對照章氏史德論之才、學、識、德四維衡權「古文十弊」，這「十弊」之
生，亦緣於此四維之或缺。「削足適履」、「畫蛇添足」、「誤學邯鄲」是才疏所
致；「優伶演劇」、「井底之蛙」學淺所致；「剜肉爲瘡」、「八面求圓」、「不達
時勢」爲識陋所致；「私署頭銜」、「同里銘旌」乃德寡所致。這表面上皆因作
文者個人的素養問題，而實質上由不同時期社會制度、時學風尚等上下相孚
年久日深相累而成。比如，科舉取士，「第其始也，即文徵學，殆其究也，士
子捨學而襲於文，利祿之途，習而且忘返」〔註36〕，科舉制度以本來以學取

〔註34〕胡適：《章實齋先生年譜》，《胡適文存》7，北京：北京大學出版社，1998年，
　　　　第107頁。
〔註35〕章學誠：《古文十弊》，葉長青撰《文史通義注》，上海：華東師範大學出版社，
　　　　2012年，第552頁。
〔註36〕「文者因學而不得已焉者也。」「古人學徵於文，而後人即文爲學，其意大謬
　　　　也。」又「科舉取士，固欲征人之學，顧學得於心，而無可顯明，乃以有所
　　　　得而不能已於辭説者，咸使可觀於文，於是定爲制度，命爲題目，示之以趨
　　　　向，繩之以法度，而天下於是靡然向風。漢之制策，唐之詩賦，宋、元經解，
　　　　明人制義，皆是選也。第其始也，即文徵學，殆其究也，士子捨學而襲於文，

士，然而實際的結果卻走向了制度設計的反面。所以，問題的解決也就不能頭痛醫頭，腳疼醫腳。章氏的解決辦法，就是回到三代去，來一場文化的復興以解決根本的問題。

首先，「立言之要，在於有物」〔註37〕；其次，斥「三偽」而倡「三德」。章氏所斥「三偽」為「貌似中行，而譏狂、狷。」〔註38〕，其所倡「三德」為：「正直協中，剛柔互劑，以劑其過與不及。」〔註39〕此外，他通過古今對比的方式來論闡撰文的要訣。計有：

（1）「言以達意，不過如斯而已」。

（2）「夫稱先述古，以云明例，非云窮類也，例足明而不已，是將窮其類矣。」「明例則舉一反三，窮類則掛九不免漏一，則是欲益而反見損也。」

（3）「文章經世之業，立言亦期有補於世。」〔註40〕

（4）作文食古而不化，強不知以為知，「直是不通於文理」。〔註41〕

利祿之途，習而忘返，父師之所以教，子弟之所以習，不復求古人之所謂有得而不能已於辭者而兢焉。」章學誠：《文學・敘例》，《章學誠遺書》，北京：文物出版社，1985年，第205頁。

〔註37〕 章學誠：《文理》，《章學誠遺書》，北京：文物出版社，1985年，第17頁。

〔註38〕 《論語・子路》：「子曰：『不得中行而與之，必也狂、狷乎？狂者進取，狷者有所不為也。』」儒家崇尚中庸，認為狂則過，狷則不及，過猶不及，取之中行。

〔註39〕 章學誠：《質性》，《章學誠遺書》，北京：文物出版社，1985年，第24頁。他說：鄉愿者流，貌似中行，而譏狂、狷……孔、孟惡之為德之賊。「貌似中行」即假「中行」，「譏狂、狷」即具有欺騙性，只有像莊周的狂和屈原的狷方是真性情的表露。（章學誠在《質性》篇中說：「莊周、屈原，其著述之狷、狂乎。屈原不能以身之察察，受物之汶汶，不屑不潔之狷也。莊周獨與天地精神相往來，而不傲睨於萬物，進取之狂也。……大約樂至沉酣而惜光景，必轉生悲，而憂患既深，知其無可如何，則反而曠達。屈原憂極，故有輕舉、遠遊、餐霞、飲瀣之賦；莊周樂至，故有後人不見天地之純，古人大體之悲，此亦倚伏之至理也。若夫毗於陰者，妄自期許，感慨橫生，賊夫《騷》者也。毗於陽者，猖狂無主，動稱自然，賊夫莊者也。」《質性》，第25頁）所以，「有牢騷者，有屈、賈之志則可，無屈、賈之志則鄙也。」（《質性》，第24頁）都是矯情假意，無病呻吟。

〔註40〕 章學誠：《與史餘村》，倉修良編注《文史通義新編新注》，杭州：浙江古籍出版社，2005年，第686頁。

〔註41〕 章學誠：《駁張符驤論文》，《章學誠遺書》，北京：文物出版社，1985年，第75頁。

（5）「時文當宗古文」，「古人文」「疏密平奇，互見各出，莫不各有其心」，「非僅以其言語之工，詞采之麗而能致是也。」「第時文之所以為古文，則是俗下選本。」〔註42〕

（6）「文章有關世道，不可不作；文采未極，亦不妨作。」其言「關世道」而非關聖道。〔註43〕

（7）作文標準：「僕持文律，不外『清眞』二字。清則氣不雜也，眞則理無支也。」〔註44〕

（8）「夫文求是而學思其所以然」，「文非學不立，學非文不行，二者相須，若左右手。」〔註45〕

章學誠的這些說文之文，說明文之僵固亦徒非文事，而關制度、學術、文化風尚。所以他要回到三代之文，官師合一，同文為治，使文接政氣、文關世事、文契風俗，切人倫。而不要遠離日常生活。這些思想林林總總地散落在其眾多書信和雜記中，流佈於極小的朋友圈，影響甚為有限。如果將其投射到相應的社會思想背景下，言其孕育了極具震憾力的思想啓蒙亦不為過。胡適《文學改良芻議》的「八不主義」，表面上雖不及陳獨秀《文學革命論》之「三個推翻」、「三個建設」來得猛烈，然而卻更切近舊文學之本質，因為陳氏所述屬定性，屬於價值判斷，而胡氏所論則是事實判斷。他的「八不主義」說：

一不用典；二務去濫調套語；三不講對仗；四不避俗字俗語；五須講究文法；六不作無病呻吟；七不摹仿古人；八須言之有物。〔註46〕

這「八項規定」，這不准，那必須，綿裏藏針，很是有些釜底抽薪的意味。

〔註42〕章學誠：《清章書院留別條例》，倉修良編注《文史通義新編新注》，杭州：浙江古籍出版社，2005年，第618頁。

〔註43〕章學誠：《與邵二雲論學》，《章學誠遺書》，北京：文物出版社，1985年，第81頁。

〔註44〕章學誠：《與邵二雲》，《章學誠遺書》，北京：文物出版社，1985年，第81頁。關於「文律」，章氏再三致焉，除此明確論說外，《信摭》和《乙卯箚記》也有文近義同之說。《信摭》：「論文以清眞為訓。清之為言，不雜也。眞之為言，實有所得而著於言也。清則就文而論；眞則未論文，而先言學問也。」皆強調言之有物。

〔註45〕章學誠：《答沈楓墀論學》，《章學誠遺書》，北京：文物出版社，1985年，第84頁。「著述一途，亦有三者之別：主義理者，著述之立德者也；主考訂者，著述之立功者也；主文辭者，著述之立言者也。」

〔註46〕胡適：《文學改良芻議》，《胡適文存》，北京：北京大學出版社，1998年，原載1917年《新青年》第2卷第5號。

這不過是章實齋之「求大道」、「關風俗」、「切人倫」的換而言之。所不同者，章氏站在「史」的立場上來論文，胡氏站在「文」的立場上來論文。就胡氏而言，這可能只是表象。就像他的「文學革命」主張要用「改良」來緩釋、用「芻議」來表示低調一樣。其以文議文而不旁及其他，也是為了「革命」的軟著陸。因為太強烈的對抗容易陷入多面受敵的困境，甚至要冒更大的風險。這可能並不是一種單純的猜測，而是有前車之鑒或後車之驗的推理。國際著名記者黃遠生（字遠庸，1885～1915）1915 年在寫給章士釗（字行嚴，1881～1973）的信中，關於「文學革命」有一段深刻的表述，他說：

> 愚見以為居今論政，實不知從何處說起，洪範九疇，亦史能明夷待訪……至於根本救濟，遠意當從新文學入手。綜之，當使吾輩思潮如何能與現代思潮查接觸，而促其猛省……須以淺近文藝，普遍四周。史家以文藝復興為中世改革之根本。足以當能語其消息盈虛之理也。〔註47〕

這封信雖非寫給胡適，但胡深以為然，在「20 年代初年，起碼有三次……引用」〔註48〕。仔細比較前述章學誠之「古文十弊」論與胡適之「八項主張」似覺十分瑣細，然而在「文學革命」的視界下，其實「文學」已經淪為了「革命的工具」。作為「工具」當它不再有助於當下的生活，甚至妨礙當下生活的時候，它除了充作史料之外，也就沒有什麼別的價值了，徒具「文字形式」而已。從這個意義上看，章學誠的古文批判與胡適的文學改良，其實真有某種共同的價值意蘊存在其中。只不過章氏沒有冠以「革命」「改良」而已。胡適是這樣說的：

> 一部中國文學史只是一部文字形式（工具）新陳代謝的歷史……文學的生命全靠能用一個時代的活的工具來表現一個時代的情感與理想。工具僵化了，必須另換新的，活的，這就是「文學革命」。
>
> ……
>
> 所以，我們可以說：歷史上的「文學革命」全是文學工具的革命。〔註49〕

這自然是以生活來衡文論學，如果用西方的標準來權衡既往中國之文學

〔註47〕黃遠生：《釋言》，《甲寅》第 1 卷第 30 號，1915 年。

〔註48〕〔美〕周明之著、雷頤譯：《胡適與中國現代知識分子的選擇》，桂林：廣西師範大學出版社，2005 年，第 175 頁。

〔註49〕胡適：《逼上樑山》，《東方雜誌》第 31 卷第 1 號。

的話，那麼更是「方法實在不完備，不夠做我們的模範」，「若從材料一方面來看，中國文學更沒有資格做模範的價值。」〔註 50〕這與章學誠之「三代」「古文」的要求（一個烏托邦的標準，姑且也算是一個乾嘉時代的「西方」標準）來評價今之「擬古文」，其情形還真不能說沒有相似之處。章學誠的「古文十弊」明確針對當時如日中天之「桐城古文」，但章氏認爲它徒具「古文」之形，所以給它一個「擬古文」的名稱，就是「假古文」、「僞古文」，所以要回到三代的眞古文，這不就是有點「文藝復興」的意味嗎？關於章氏之「文」論，本書下篇有《文史通義》之「文」論，此不贅述。

第二節　顧頡剛：三分乾嘉與實齋居一

　　對於 20 世紀中國的歷史學建設而言，顧頡剛的貢獻具有特殊的意義。他所提出的「古史是層累地造成」的重要學說、在古史研究領域所取得的非凡成就，以及將這一學說運用到民俗學研究領域所創建的歷史與民俗互動的「演變法則」，對於中國民俗研究所產生的持久的影響，足令其在中國現代學術思想史上佔有重要的地位。就是這樣一位學問大家和學術思想家，無論他在論及自己學術思想形成，還是檢視晚清學術思想變遷的時候，都不吝贊辭談及了章學誠學術思想的影響。梳理顧氏的章氏影響說，也不失瞭解章氏學術及思想在現代歷史文化語境中如何得到闡釋的一個側面。

一、學術成長中的章氏影響

　　前輩學者和後學者之間的影響表現是多方面的：知識繼承、方法借鑒、思想啓迪和精神氣質上的承襲都可以算作影響。前兩者是顯形的，後兩者是隱形的，看不見、摸不著，但又是確確實實存在的。顧氏之於章氏的接受，可謂既有前述方法的借鑒，也有後述思想和精神氣質方面的陶染。

　　1926 年，時年 33 歲的顧頡剛（字銘堅，1893～1980）在談及自己關於「古史是層累地造成」思想形成機緣的時候，強調「時勢」、「個性」和「境遇」多種因素綜合的作用。他說：

　　　　我的時勢、個性、境遇都可以得到一個結論了。〔註 51〕

─────────────
〔註 50〕胡適：《建設的文學革命論》，《胡適文存》第 1 集第 1 卷，北京：北京大學出版社，1998 年。

〔註 51〕顧頡剛：《古史辨自序》（第一冊），《走在歷史的路上》，北京：中國人民大學出版社，2011 年，第 94 頁。

「時勢」、「個性」和「境遇」這三個因素中，「境遇」是講其當科舉將廢未廢接受舊式蒙學教育和在北大與胡適、傅斯年等師友風誼對學問和思想的影響，談不上與章氏有什麼瓜葛。他之所謂「時勢」和「個性」又怎麼和章學誠學術思想發生或直接或間接關聯呢？

他說「時勢」，是清代學術轉向對他的影響。「（清代）以前必須把學問歸結爲政治的應用，而清代學者則敢於脫離應用的束縛」，這自然指的是「乾嘉考據學」在特殊的歷史文化及政治背景下的學術轉型；而更具思想啓蒙意味的是「以前總好規定崇奉的一尊，而清代學者要回復古代的各種家派，無意中把一尊的束縛也解除了」，這指的就是章學誠的「六經皆史」的學說給學者的啓發。當然，這種啓蒙對於年輕的顧頡剛而言，並不是直接的，而是從康有爲的今文經學派那裡轉道而來。換言之，顧頡剛先是崇奉康有爲的學說，由於研究今文學派學術思想的理路進而發現了其《新學僞經考》《孔子改制考》都是在章氏「六經皆史」思想啓發下的學術翻進。當然，這裡又存在一個悖論，那就是考據學帶來的學術與政治的疏離，對讀書人是一種思想解放，並且促成了傳統知識分子身份由士人向學人的轉變。而受「六經皆史」思想啓蒙，在消除對「經」之定於一尊的神聖之後，所醞釀而成的新的學術思潮居然又是假學術之名而進行的政治變革的思想啓蒙。這是否意味著此一時期，顧氏儘管形成了「古史是層累地造成」的學術思想，但在接受前近代學術思想的時候，本身也深陷於「層累地造成」的學術圍城之中呢？關於這一點，顧氏後來是有明確的認識的，1926 年，當顧氏應約發表《古史辨自序》的時候，自己已經有比較清楚的意識了。他說：

> 我的推翻古史的動機固是受了《孔子改制考》的明白指出上古茫昧無稽的啓發，到這時而更傾心於長素先生的卓識，但我對於今文家的態度總不能佩服。我覺得他們拿辨僞做手段，把改制做目的，是爲了運用政策而非學問。他們的政策是，第一步先推翻了上古，然後第二步說孔子託古作《六經》以改制，更進而爲第三步把自己的改制引援孔子爲先例。因爲他們的目的只在運用政策作自己的方便，所以雖是極鄙陋的讖緯也要假借了做自己的武器而不肯丟去。因爲他們把政策與學問混而爲一，所以在學問上也就肯輕易地屈抑自己的理性於怪妄之說的下面。〔註52〕

〔註52〕 顧頡剛：《古史辨自序》，《走在歷史的路上》，北京：中國人民大學出版社，2011 年，第 52～53 頁。

　　顧氏之所以有這樣清晰的認識，不斷的反思和反覆的陳述，通過反思和陳述來幫助清理混淆的思想，也是一條使思想明晰化的路徑。所以，他除了在《古史辨自序》中交待自己的學術思想形成史之外，在更早的時候（1919年）寫作的《中國近來學術思想界的變遷觀》（以下簡稱《變遷觀》）中就開始作這樣的梳理。

　　兩文都是顧氏自述學術思想形成的問題，但比較起來，《古史辨自序》是顧氏已經在學術界備受矚目的語境下，所做的學路和心路告白，其中有學人學術生活、家庭生活、社會生活多方面壓力下的困惑與掙扎、選擇和反思；《變遷觀》屬於對「近世學術界變遷觀」的考察，屬於階段性學術思潮的梳理，雖然其中也有個人感受，但學脈的拔梳、學理的闡述是主要的。關於個人對章學誠學術思想的接受而言，《自序》交待要清楚很多，不僅有間接影響的追蹤溯源，而且有在學術方法上直承受惠的感言。

　　顧氏解析自己的「個性」：「是一個傲睨萬狀的人，自滿到極度的」〔註53〕，這種「個性」的另一面，是極敏感且善於反思。堅持自我的願力之強與感於世事之敏和人生的苦痛，即產生強烈的心理衝撞。顧氏言及自己早年人生的「痛苦」有四：「時間的浪費和社會上對於我的不瞭解的責望」；「常識的不充足和方法的不熟練」；「生計的艱窘」；「生活的枯燥」。〔註54〕而化解「常識的不充足和方法的不熟練」這一「痛苦」，即得益於章學誠的遺饋。他說：

　　　　我幼年在翻書中過日子，以爲書多自然學富，心中很自滿。二十後讀章學誠《文史通義》，在《橫通篇》中見到以下一節議論。

　　顧氏所稱引的這段議論是：

　　　　老賈善於販書，舊家富於藏書，好事勇於刻書，皆博雅名流所與把臂入林者也……然其人不過琴工碑匠，藝業之得接於文雅者耳；所接名流既多，習聞清言名論，而胸無智珠，則道聽途說，根柢之淺陋亦不難窺。周學士長發以此輩人謂之「橫通」，其言奇而確也……學者陋於見聞，接橫通之議論，已如疾雷之破山，遂使魚目混珠，清流無別，而其人亦遂囂然自命，不知其通之出於橫也。〔註55〕

〔註53〕顧頡剛：《古史辨自序》，《走在歷史的路上》，北京：中國人民大學出版社，2011年，第101頁。

〔註54〕顧頡剛：《古史辨自序》，《走在歷史的路上》，北京：中國人民大學出版社，2011年，第103～111頁。

〔註55〕章學誠：《橫通》，《章學誠遺書》，北京：文物出版社，1985年，第39頁。

《橫通》是章學誠離世前一年（嘉慶五年，1800）的文字，旨在批評當時社會上一刻書之人不知學以炫學。以爲刻幾部書，作幾篇序跋，就成了學問家，以「通人」自詡。章氏以爲這樣的人，不是眞正的學問家，拾人牙慧以逞口舌，其所謂「通」既不可以四通八達，又不可達於大道，不過「橫通」而已。

顧氏坦言，反思「我的學問正是橫通之流，不覺得汗流浹背」，意識到要「好好的讀書」。但這個時候也「只把目錄、平議一類書算作我的學問的標的。」在求學的關鍵時候是章學誠讓他找到了做學問的自知，但還不能算是找到眞正做學問的方法，而「過了幾年」，又是在關於如何接受章學誠學術及思想的討論中，啓發了他怎樣眞正做學問。他在民國五年（1916 年）的一則日記中寫道：

> 自章實齋以來，學者好言校讎，以爲爲學始於目錄，故家派流變，區以別矣。然目錄者，爲學之途徑，非其嚮往之地也。今得其途徑而止，遂謂綱目條最之事足以盡學，而忘其原本，此則猶誦食譜而廢庖廚矣。太炎先生與人書云：「往見鄉先生譚仲修，有子已冠，未通文義，遽以《文史》《校讎》二種教之。其後抵掌說《莊子·天下篇》、劉歆《諸子略》，然不知其義云何。」按：此即任目錄書；得其一勺，以爲知味。自受業於伯弢先生，頗願爲根本之學，以執簡御繁，不因陋就簡。乃校課逼迫，不得專攻；所以致力，仍繼前軌。思之輒汗顏不止。〔註56〕

章太炎評論其本家前輩章學誠和其師譚仲修的眞正意圖，本書在《章太炎：駁議、承襲與辨議》中已有相關交待，在此不衍。顧氏所言在求學過程中兩次遭遇章學誠，且影響甚大，歸結起來可謂「走進」與「走出」，無論怎樣都是一種修學上的長進。由此可見章氏對顧氏學術思想的影響之一斑。

顧氏在應邀爲《中國哲學》（第十一輯）作《中國近來學術思想界的變遷觀》的時間，是民國八年，即公曆 1919 年。「變遷觀」即發展觀。

這一年，他的老師胡適和同學傅斯年相當的活躍，胡適的《中國哲學史大綱》出版、發表《實驗主義》《清代漢學家的科學方法》《新思潮的意義》，發起「國故整理運動」；傅斯年 1 月作《新潮》《發刊旨趣書》激揚文字，「批

〔註56〕顧頡剛：《古史辨自序》，《走在歷史的路上》，北京：中國人民大學出版社，2011 年，第 111 頁。

評中國當時學術和社會的各種問題，鼓吹文學革命、倫理革命、提倡個性解放、婦女解放，向傳統文化發起衝擊」，4月發表《清代學問的門徑書幾種》〔註57〕。而此時的顧氏正僻居鄉邑，陷於家中各種辛悲之中。他說：

> 我自民國六年（1917年）先妻得病，中經先妻的喪，自身的續娶，祖母的病，祖母的歿，自身職業的變更，居住地的遷移，到十三年（1924年）接眷到京，這七年中的生活完全脫去了軌道：精神的安定既不可求，影響到身體上就起了種種病症。〔註58〕

話雖如此，但此間在「考古學」、「辯證偽古史」和「民俗學」諸多方面，卻大有斬獲〔註59〕。要說他與老師胡適和同學傅斯年有共同的學術興趣，即是對清代學術的關注。關於這一問題，顧氏的認識是存在反覆的。他此前認為前 30 年「中國學術思想界是由易舊為新的時期；是用歐變華的時期」，西方文化對中國文化的衝擊，「但現在看來，實不盡然」。之所以有這樣的轉變，主要是因為「學術變遷觀」發生了變化。過去看事情、想問題是看表面，所以，「觸處可見歐式」；現在是從事物的內部來想問題，發現「內部的精神，多半是盲從的新思想，同牢不可破的舊思想」。所以獲得「新的呈現，定然為舊的汲引而出」。這樣的結論，強調學術思想變遷的內在動因，而非純然外在的衝擊。理由是「古今學術的進化，是整然的活動」，舊思想能夠容納新思想，「容納的根源，就是已在意識界伏著。這伏著的東西，便是舊的；容納的東西，便是新的。」簡而言之，舊思想的土壤本身就存在容納新思想的空間。

基於這樣的認識，考察「近年來學術思想界的變遷」優先要考量的當為「變遷觀」自然就不奇怪。學術「變遷觀」的轉變，使得顧頡剛在重新考察「中國近來學術思想變遷」的時候，自然有一個由眼前向前溯的衝動。大家不期然地將目光聚焦在學術思想轉型的前近代狀態，論及乾嘉學術，章學誠其人其學就成了一個繞不過的存在。顧氏在談及其怎樣做起「古史辨」的時候不只一次追溯其學術思想的淵源。他說：

〔註57〕王學典主編：《20世紀中國史學編年（1900～1949）》上冊，北京：商務印書館，2014年，第227、231頁。

〔註58〕顧頡剛：《古史辨自序》（第一冊），見《走在歷史的路上》，北京：中國人民大學出版社，2011年，第45頁。

〔註59〕《顧頡剛生平及著作年表》，洪治綱主編《顧頡剛經典文存》，上海：上海大學出版社，2003年，第301頁。

> 我的學術工作，開始就是從鄭樵和姚、崔兩人來的，崔東壁的
> 書啓發我「傳」、「記」不可信，姚際恒的書則啓發我不但「傳」、
> 「記」不可信，連「經」也不可盡信。鄭樵的書啓發我做學問要融
> 會貫通，並引起我對《詩經》的懷疑。所以我的膽子越來越大了，
> 敢於打倒「經」和「傳」「記」中的一切偶像。

又說：

> 我的《古史辨》的指導思想，從遠的來說是起源於鄭、姚、崔
> 三人的思想，從近的來說則是受了胡適、錢玄同兩人的啓發和幫
> 助。〔註60〕

鄭樵（字漁仲，1103～1162）南宋史家，著有以人物中心的紀傳體通史《通
志》，涉及面非常廣泛。然而，這位史家在學術史上一直未獲得承認。直到清
代乾嘉時期還受到戴震的批判。是章實齋奮而作《申鄭》《答客問》《釋通》
諸篇，闡明鄭氏學術之旨，高揚其學術價值：「鄭君區區一身，僻處寒陋，獨
犯馬、班以來所不敢爲者而爲之，立論高遠，實不副名」。又說：「鄭氏《通
志》，卓識名理，獨見別裁，古人不能任其先聲，後代不能出其規範……」
〔註61〕其學術地位始得以確立。顧頡剛此言亦間接闡釋章學誠學術思想對其
「古史辨」運動的啓蒙之功。

而顧氏關於章氏學術及思想在乾嘉學術中的地位和價值標的也確實與其
他學者的評價不一樣。

二、乾嘉學術三分，章氏乃鼎足之一

顧氏認爲中國古來的學術總的特徵是「學爲經世」。雖說如此，但在「學
以經世」的標舉下，又存在名實相孚相悖的兩種實際的情形，他說：

> 中國的學問，向來是以禮樂兵農爲實質，以文字書籍爲形式；
> 實質爲形式所限，所以「居則爲三皇五帝之書，用則爲家國天下之
> 政」。〔註62〕

〔註60〕 顧頡剛：《我是怎樣編寫〈古史辨〉的？》（上），《中國哲學》（第二輯），第
390 頁。北京：三聯書店，1980 年。

〔註61〕 章學誠：《申鄭》，《章學誠遺書》，北京：文物出版社，1985 年，第 37 頁。

〔註62〕 顧頡剛：《中國近代學術思想界的變遷觀》，《顧頡剛經典文存》，上海：上海
大學出版社，2003 年，第 2 頁。

學問本自「禮樂兵農」而來，是先王之政典與日常人倫之軌轍，「以文字書籍爲形式」存諸後世，則成史、成經。這是先王先聖遺饋給後王後學的一份珍貴的財富。如何面對這份遺產，是後世施政者與治學者皆當深思而愼行的。這一思想正是章學誠「六經皆史」命題之所蘊。「居則爲三皇五帝之書，用則爲家國天下之政」，無疑揭示了天下政、學奧理。歷來學術紛爭，殆由斯起。如果「認定古義是不變的，所以也拿時勢按捺住，不許他變」，削生活之足以適古義之履，所以然者：「一半因服古心思太重，沒什麼疑慮；一半因實物的考察不多，沒什麼比較」。總之，是食古而不化，是察今而不足。但「清代乾嘉樸學家」「便不然也。」在這樣的概觀下，顧氏將乾嘉學術一分爲三，認爲其相輔承而立，表相抵而裏實濟。對現代學術的形成各自爲功。

乾嘉學術三分鼎立互爲輔承的認識可謂獨樹一幟。它既不同於傳統一點的說法，是漢學和宋學在新的時代的變種，是新漢學與新宋學的對立；也不同於以單個學人（戴震與章學誠）爲代表進行描述的「兩峰相峙」論。

第一，樸學家們的「求是主義」是對自古而然的「實用主義」的改造。「清以前的學問是個『應用主義』，都懸一修齊治平的目標，看得學與用最是密切」，宗旨無可非議，但誤在沒有解決好所學「是不是可用」和「該用」，而「樸學是向科學方面走去的」，「他肯就實物考察，作精密的說明；又因爲好古，所以要別僞存眞，不管他聖經賢傳都去仔細評量一回，拿從前人深根固柢的兩個習性都推翻了」。

第二，是反對考據學的「經濟學」的產生。代表人物是陸燿（字朗夫，1722～1785）。他反對治經爲用，「反將『不經世』當作『經世』；主張「以今人之文言古人之所已言與其所不必言，不若以今人之所欲言與其所必當言者以著文。」〔註63〕體現其學術思想和治平主張的《切問齋文鈔》一經魏源擴充爲《經世文編》而誕爲經濟之學，再變而爲「時務」，復變而爲政法。

第三，「辨章學術，考鏡源流」去古學之粗，啓今學之初，補乾嘉樸學與經濟學之不足。代表人物是章學誠及其學術思想。顧氏認爲，學術分爲「考驗」、「分類」、「批評」和「應用」。樸學彌補了古學「考驗」之不足，經濟學拾遺古學應用之疏，章學誠高舉批判的旗幟，「大聲疾呼的說道：書籍不是學問，考證的工夫不是學問，學問只是『在事物上體會著，再在心思裏載斷著

〔註63〕陸燿：《切問齋文鈔・自序》，臺北：臺北文海出版社，1972年影印。

的境界』。」在治學問方法上，一是「分別條貫去考察他的異同，所以要做目錄學」；二是「探其源流去尋到他的來因，所以要做史學。」關於章氏在學術方法上的貢獻，顧氏是在現代學術視閾下來光大其意義的。關於這一點，他有一貫的堅持，並未隨著「學術變遷觀」的轉變而有所更易。所以，在作《中國近來學術思想界的變遷觀》時，並沒有與時而變，而是鈔引從前的日記來說明：

> 從前的時候，對於中國學問和書籍不能有適當的分類，學問只是各家各派；書籍只是經、史、子、集，從沒有精神上的融和。他們心裏以為學問只是一個真，其餘是偽，隨各人所信，抱定了一個同其他反對起來，所以他們對於分類的觀念只是「羅列不相容的東西在一處地方」罷了；至於為學的方法，必得奉一宗主，力求統一，破壞異類，並不要在分類上尋個「通觀」，所以弄成了是非的寇讎，尊卑的階級，大家看了他們的「彼一是非、此一是非」，又沒有正當的批評，凡不入黨的只是過於謹慎，說「非讀破萬卷書，不得妄下雌黃」，所以縱是極博，總沒有徹底的解悟。自從章實齋出，拿這種「遮眼的鬼牆（此吳諺，言鬼迷人，人覺處處有牆，其實無牆）一概打破，說學問在己，不在他人；聖賢不過因緣時會而生，並非永久可以支配學問的；我們觀學問於學問，不當定學問於聖賢。又說學問的歸宿是一樣的，學問的狀態是因時而異，分類不過是個「假定」，沒有彼是此非。可說在在使讀書者有曠觀遐矚的機會，不至畫地為牢的坐守著；有博觀約取的方法，不至作四顧無歸的窮途之哭。這功勞實在不小，中國所以能容受科學的緣故，他的學說很有贊助的力量。中國學問能夠整理一通為「國故」，也是導源於此。〔註64〕

顧氏的章氏學術思想闡釋，打破傳統學術以經、史、子、集相濟的習慣，「融和」學術精神；拆穿學奉一宗，各持門戶，互為寇讎的把戲；明確「觀學問於學問，不當定學問於聖賢」的學術思想。這些成為現代學術的分類，現代學術科學精神的確立和現代學術運動的先導。

與乾嘉學術相關聯的，還有這三分學術對晚近學術思想的影響問題。

〔註64〕顧頡剛：《中國近來學術思想界的變遷觀》，《顧頡剛經典文存》，上海：上海大學出版社，2003年，第5～6頁。

錢穆是這樣來評說章學誠「六經皆史」論如何由學術思想而演變爲政治思潮的：

> 晚清論治及吏弊者多矣，其說始於包愼伯、周保緒、魏默深，與章實齋皆以遊幕而主經世。其大膽爲朝廷改制者，則始於包氏之說儲。時文網尚密，故書未刊布。經生竊其說治經，乃有公羊改制之論。龔定庵言之最可喜，而定庵爲文，固時襲實齋之餘者。公羊今文之說，其實與六經皆史之意相通流，則章實齋之學，影響於當時者不爲不深宏矣。〔註65〕

顧氏在論及章氏「六經皆史」學說意義的時候，沒有從一般經學與史學相與沉浮與互爲消長的視闊來觀，而是從它如何被利用來爲新的政治運動和學術思潮服務的境遇進行考察的。他認爲章氏「六經皆史」論對近世今文經學派具有思想解放的啓蒙之功。這自然是章氏無意中事，「不料這種學風的反動，倒成就了一個『今文學派』。」顧氏認爲，近世的今文經學派，是在自覺和乾嘉樸學者的專事考據「去融和一氣」，又有鑒於「理學的經學，也已失敗，不能重興」，於是「就想法翻出西漢經學的議論創作一個今文學派，說要做『經學的經學』，不要做『史學的經學』。」顧氏認爲章學誠「六經皆史」，「集六經之大成者不在孔子，而在周公」也給他們一個啓示：那就是「看六經是做學問的材料，不拿學問當做六經的臣僕」，這是思想的一大解放，爲學者們的重建新聖和牽附新學掃除了學理和心理上的障礙。此外，章氏推崇孔子的「筆削微旨」、「傳授心法」也備受他們的推崇。在他們看來，「單有西漢人去古較近，『微言大義』還得遺留些，所以要治經的，惟有歸依這派。」於是「西漢人」「最高的」「崇聖程度同附會手段」和「竟把孔子當了『全知全能普遍永存的上帝』」，也被「清代的今文學派」「如法安排」。當然，這其間外來文化的輸入也起到了推波助瀾的作用：「適此時外國來中國傳基督教的人漸漸的多，他們也略略聽得些教義，覺得與本學派的推尊孔子也差不多，遂立了『孔子是中國的教主』一些觀念」，「所以今文學的影響在學術上是『深探孔子的微言』，在政治上是『提倡改制』，在宗教上是建立孔教」。

事情就是這樣的富有戲劇性，章學誠「六經皆史」說，本意是要恢復「經」是什麼的眞相，推源「經」的形成，功在周公而非孔子，周公是聖人，孔子有德而無位，垂六經以教後世。又章氏認爲孔子創立的「筆削之法」、「微言

〔註65〕錢穆：《中國近三百年學術史》，北京：九州出版社，2011年，第428頁。

大言」之策，奠定良史之基，孔子是先師、良史。而清代今文學派則本實用的態度，黨我則取，異我則去，以雜取種種的策略，籌成新學。從這個意義上講，清代的今文經學仍然屬於傳統學術的範疇，康有為也不能成為傳統學術轉型和現代學術建立的標誌性人物，哪怕其政治思想具有資產階級改良主義的性質，其學術的宗旨仍然是傳統的、實用主義的。顧氏清醒的認識到了這一點，明確地指出其堂奧，也讓我們從另一個側面看到的章學誠學術思想的效應在不同的學術場域中是如何被利用的。

三、學術、思想互動與校讎學意義掘發

不管學者們怎樣看待學術與思想之間的關係，但有一點卻是可以形成共識的。那就是，不是所有的學者都是思想家，也不是所有的思想家都是學問家，只有既有學術，又有思想的學者才談得上學術思想家。至於進一步說到學者的學問和專業學術思想之間，這樣的關係也是存在的。有思想的學問家和有學問沒思想的學問家在學術界和學術史上佔據的舞臺和扮演的角色是不一樣的。在研究一些重要學者的時候，人們常常將其學術與思想一併論述。其實，學術與思想之間的關係也是十分微妙的。顧氏在作《中國近來學術思想界的變遷觀》時說：

> 吾沒有學問，不能用學問去運思，所以思想沒有統系，察物不能明確。〔註66〕

不能用學問運思而產生的思想成果，大概不能稱其為思想，而只能算作一個想法。因為所謂思想是要講「統系」的，而沒有思想的燭照，觀察事物即不能明確。世間有「學而不思」之輩，也有「思而不學」之徒，非「罔」則「殆」也。這既是關於積累與創造關係的描述，也是關於「學術」與「思想」關係的論述。章氏於此多有論闡。他說：

> 學也者，效法之謂也；道也者，成象之謂也。夫子曰：「下學而上達。」蓋言學於形下之器，而自達於形上之道也。〔註67〕

不僅如此，他還申明「專於誦讀而言學，世儒之陋也」。認為「夫思，亦學者之事也。而別思於學，若謂思不可以言學者，蓋謂必習於事而後可以言學，若謂思不可以言學者，蓋謂必習於事而後可以言學，此則夫子誨人知行

〔註66〕顧頡剛：《中國近來學術思想界的變遷觀》，《顧頡剛經典文存》，上海：上海大學出版社，2003年，第1頁。
〔註67〕章學誠：《原學上》，《章學誠遺書》，北京：文物出版社，1985年，第12頁。

合一之道也。」他認爲「諸子百家之言，起於徒思而不學也，是以其旨皆有所承稟而不能無敝耳。」〔註68〕

關於「學術」與「思想」究竟呈現怎樣的關係，自存仁智之見。〔註69〕顧氏所論顯然是指「專業思想」，而非外在於一切專業之外的一般思想。這一思想與章學誠之「《易》曰：『形而上者謂之道，形而下者謂之器。』道不離器，猶影不離形」，強調學者須「即器明道」〔註70〕的思想是相吻合的。

顧氏所論，與他身處現代學術建立過程中，思考傳統學術形態及其演變趨向不無關係。他認爲，說中國傳統學術「『由舊趨新』則可，說『易舊爲新』則不可。」〔註71〕爲了證明自己所斷不誤，他拿了乾嘉樸學來說明，對其所稟持的科學精神備加肯定。認爲「他肯就實物考察，作精密的說明；又因爲好古，所以要別僞存眞。不管他聖經賢傳都去仔細評量一回，拿從前人深根固柢的兩個習性都推翻了。他們遇見了經史上講天文的話，就去考察天文；考天文必須學算學，就去習算學。他們曉得古人的意思是由古代的語言文字發表出來，要懂得古人的意思先要懂得古代的語言文字，所以竭力的做音韻學、文字學。遇見了講聲律的話，講生物的話，講人倫理的話，講社會制度的話，講地理沿革的話，都一一的尋根討原，證之實境，務極盡而後止。」〔註72〕這是與古代「實用主義」的學術取向格格不入的。所以，乾嘉樸學雖

〔註68〕 章學誠：《原學中》，《章學誠遺書》，北京：文物出版社，1985年，第13頁。
〔註69〕 今天的學者在談論這兩者關係的時候，仍然存在分歧。大致存在三種觀念：第一種持關聯說。比如鄧曉芒說：「學術是用來表達思想的，思想沒有學術也是不能深刻的。」見鄧曉芒：《思想中的學術與學術性的思想》，《學術月刊》，2001年第10期。第二種持分別說。比如葛兆光說：「我相信學術與思想有一定的分別，特別是學術史與思想史有不同的分野」，「但是，必須說明我並不相信離開知識性的學術，思想可以獨立存在，也不相信沒有思想，而學術可以確立知識的秩序。」葛兆光：《中國思想史·導論》功行賞，復旦大學出版社，2001年12月第1版，第25～26頁。第三種糾纏不清。胡文生說：「在整個20世紀甚至今天的學術界，學術史、思想史、哲學史之間的關係一直糾纏不清。作爲一門分支學科，它們應當有著明確的學科界線，但由於這三者在研究對象上的重疊，因此要把它們完全剝離開來就顯得十分困難，於是在實踐中出現了三者互相取代的情況。」胡文生：《梁啓超、錢穆同名作〈中國近三百年學術史〉之比較》，《中州學刊》，2005年第1期。
〔註70〕 章學誠：葉瑛校注《文史通義校注》，北京：中華書局，1985年，第132頁。
〔註71〕 顧頡剛：《中國近來學術思想界的變遷觀》，《顧頡剛經典文存》，上海：上海大學出版社，2003年，第2頁。
〔註72〕 顧頡剛：《中國近來學術思想界的變遷觀》，《顧頡剛經典文存》，上海：上海大學出版社，2003年，第2頁。

然「離開實用尚是遠得很」，「卻是深教人由學致用」，爲近代「西學爲用」思想的形成奠定了接受的基礎，作了方法上的準備。雖然有這樣不可低估的意義，但是除了戴震和阮元這一類的學者外，其他走入「惟考據爲學問，其他均非學問」。狹窄天地的學者畢竟是絕大多數，少數人無法改變整個時代的學術風尚。而章學誠在校讎學上和史學上的貢獻，正好是彌補了這一缺陷。顧氏的這一發現，較之其他評價章氏學術與乾嘉樸學關係的立論，差別可謂大矣。一般以爲，兩者是對抗的，互爲排斥的。按顧氏所論順推，則兩者是相生互補的，在傳統學術向現代性轉型過程中所發揮的作用，其向度完全一致，但功用有別而已。乾嘉樸學在「求是」精神和「求是」方法上無疑具有先鋒的性質。但由於具體學者格局的限制，尚不足解決體系性的問題。而章學誠所要解決的正是乾嘉大多數學者無力或無意解決的問題。顧氏說：

> 到了章先生出來，大聲疾呼的說道：書籍不是學問，考證的工夫也不是學問，學問只是「在事物上體會著，再在心思裏裁斷著的境界」。因爲在事物上體會著，所以言是應當公的，義是應當通的；因爲在心思裏裁斷著，所以意志是應當尊重的，虛妄是應當辟除的。〔註73〕

如果說上述提煉和轉陳還只是章氏學術思想表述的話，那麼，支撐這一思想的學術基礎，即顧氏所說「體物施斷的方法」，又是什麼呢？顧氏認爲：其一，是「分別條貫考察」「異同」的「目錄學」；其二，是「探其源流去尋找」「來因」的「史學」。顧氏評價道：

> 這實在是科學的方法了，在那時模仿的學風裏有這等手筆，實在可爲拜倒。

關於章氏與乾嘉同時代主持考據時學的學者的關係，顧氏之論令人不由得想起章太炎關於學者差別的論述。章太炎講《清代學術之系統》時說：「蓋學者亦如官吏中有『政務官』與『事務官』之別」，他舉例說明的對象是戴震。「戴氏（震）如政務官，其事務官之職務則後人爲之擔負。」此眞絕論。以余英時《論戴震和章學誠》所持戴、章乃乾嘉學術「雙峰」論已廣獲學界認同，則說章氏一如戴氏如學術界之「政務官」亦不爲過。借用顧氏在《中國古代史述略》開篇第一節之「舞臺與角色」來說，「學術政務官」與「學術事

〔註73〕顧頡剛：《中國近來學術思想界的變遷觀》，《顧頡剛經典文存》，上海：上海大學出版社，2003年，第5頁。

務官」在學術界、學術史上所佔據的「舞臺」和扮演的「角色」是不一樣的。前者主開風氣，或開闢一個新的學術領域，或創立一個學派，或確立一種研究方向；或建立一個學術框架；或發展一種新的學術範式；或提出一個學術猜想等等，爲後來很多學者提供廣大的學術工作空間。後者則在上述「學術政務官」墾拓的園地裏或建築，或置景完成整體規劃中的一部分工作。學者該走那條路？章學誠在《博約》（上、中、下）、《文理》《質性》《針名》《言公》《說林》諸篇中有反覆的論述。顧氏認爲章氏的學術貢獻與同時代考據學者的貢獻就屬於上述情形。這個判斷是準確的，評價是客觀的。

　　顧氏涉論章學誠及其學術思想，主要從兩個方面來談，一是自己治學成學的心路歷程和學術經歷，主要是學術思想和方法上對自己的影響；二是章氏學術思想在前近代和近代學術思想史被利用而產生的意義。其論的特點是論章氏將之置諸清學，論清學置諸「清以前的學問」。所以說顧氏之論是將章氏學術思想置諸歷時的縱向上和共時的橫向上來立體觀照的。在這樣的觀照系下，清代乾嘉的學術，光彩與壅蔽自現，而章氏學術其意義尤顯。

第四章　文化學視野中的章學誠學術思想啓承

第一節　錢穆：同情共鳴與同理共識

　　錢穆（字賓四，1895～1990）是最早肯定章學誠與戴震爲「乾嘉最高的兩位大師」的學者〔註1〕。儘管隨著學術思潮的變化，他對章氏學術思想的評價有變化，但其學術思想的諸多側面，都能看到章實齋的影子。錢穆說：「不論治亂興亡，不斷地有一批批人永遠在維持著這道，這便是中國歷史精神。」〔註2〕在錢穆心中的這「一批批人」中，章學誠便是其中之一。他又說，人人都愛講新思想，「但思想也應該有一傳統，應須從前舊思想中有入路，始於其所要創辟之新思想有出路。即在思想家，亦豈能只出不入。」〔註3〕錢穆思想的入口又在哪裏呢？當然不止一個，但若論及中國文化和學術思想，章實齋當屬不可或缺的一個。

一、溫情與敬意

　　錢穆對中國文化的態度有一學人盡知之語，充滿「溫情與敬意」。文化傳統非天成，而是由世世代代國人所鑄成，而傳承這些文化傳統的學人和他們

〔註1〕 錢穆：《中國史學名著》，北京：三聯書店，2012年，第347頁。
〔註2〕 錢穆：《中國文化與中國人》，《新亞遺鐸》，北京：三聯書店，2004年，第570頁。
〔註3〕 錢穆：《學問之入與出》，《新亞遺鐸》，北京：三聯書店，2004年，第631頁。

所傳承及創造的學術思想，自亦在其「溫情與敬意」的目光中。章實齋其人其學一也。

《八十憶雙親師友雜記》是作爲史學家的錢穆在垂暮之年的自述生平之著。回首平生，歷事無數，欲將「往事種種，迄今猶留腦際」「以告並世之知余其人，而不知余之生平來歷者」〔註4〕的，一定是其生命中不可忘卻的。然而在憶及其生之書緣而有所興歎者，唯《章實齋遺書》費墨最多。且一事三憶者亦唯此一件，其中夢書得書之巧，連錢氏亦稱「異事也」。前次夢寐，相隔20多年之後竟以實得爲敘。其間之奇趣興味，實耐人回嚼。不妨轉錄於茲：

> （1913年）時余雖在小學任教，心中常有未能進入大學讀書之憾。見報載北京大學招生廣告，投考者須先讀章學誠《文史通義》，余亦求其書讀之，至形於夢寐間。一夕，夢登一小樓，所藏皆章氏書，有世所未見者。〔註5〕

這一年錢穆19歲，眞所謂思念沈想，幻見其物。「後二十餘年，余在北京大學任教時，果得見章氏書之爲世未見者」，已是1937年，此時錢已過不惑之年。在憶及北大任教之餘，遍訪京華琉璃廠，搜遺尋逸，其獲稱奇者，「又《章實齋遺書》之家傳本，亦爲余在北平所發現」。

> 一日，課畢，北大圖書館長毛子水特來歷史系休息室詢余，坊間送來《章氏遺書》鈔本一部，此書鈔本在北平頗有流行，不知有價值否。余囑其送余家一審核。是夜，余先查章實齋與孫淵如《觀察論學十規》一文，此文在流行刻本中皆有目無文。劉承乾嘉業堂刻《章氏遺書》，曾向國內遍訪此文，亦未得。而余在此鈔本中，赫然睹此文。乃知此本必有來歷。嗣經收得其他證明，乃知此本確係章氏家傳。……乃連夜囑助教賀次君錄出其未見於流行刻本者，凡二十篇左右。又有一篇，流行刻本脫落一大段數百字，亦加補錄。〔註6〕

錢氏邂逅《章氏遺書》家傳本時，其《中國近三百年學術史》，已送在北平的商務印書館排版。關於章實齋一章錢氏已親自校審完畢，乃復「取回補入前所未見之重要有關部分若干則，孫淵如《觀察論學十規》一文，則全篇

〔註4〕　錢穆：《八十憶雙親師友雜記·前言》，北京：三聯書店，2005年，第5頁。
〔註5〕　錢穆：《八十憶雙親師友雜記》，北京：三聯書店，2005年，第87頁。
〔註6〕　錢穆：《八十憶雙親師友雜記》，北京：三聯書店，2005年，第177頁。

增附於後。」這件事並未到此即完，還有後續的故事，等到錢氏離開北平南行時，還鄭重其事將「所錄之全部佚文藏於大衣箱底，並且加上木板，以避檢查，一路輾轉自香港經長沙南嶽至昆明，以至成都。」長時間、遠距離輾轉逃難，海道陸行，交相兼程，隨身所攜自然當減之又減，人之常情。然而慎存箱底者卻是章氏這些佚文，可見其在錢氏心中之重。這些佚文在到達成都後，最初由時任四川省立圖書館的蒙文通印傳。好多年後，錢氏遊法京巴黎，法國漢學家戴密微還「特來詢問此書」。錢氏也一直沒有忘記關注當初坊間偶然發現之家傳本《章氏遺書》的去向。遺憾的是，「此章氏家傳本，頗聞子水實未爲北大圖書館購取，特以轉歸胡適之家藏。及適之南來，此書未及攜行，則不知又在何處。」錢氏憶及此事，亦深感「大堪回念也」。〔註7〕並且又感慨欣慰地將早年夢得此書之事深情地再敘了一遍，這次的敘述在細節方面較前次更爲詳細，並補充有由此而後，「又得」「從來學者所未知」之「戴東原未刊稿鈔本」「《孟子私淑錄》」一事。

從錢氏所憶來觀，其一生魂牽夢縈《章氏遺書》家傳本，奇遇奇趣，又有收佚之獲，自是其念念不忘的原因之一。然而其於章氏學術思想的會意、發掘、闡揚及承襲也自在其中。由此而觀錢氏學術思想的諸多面相，存章氏之精神發揚亦不足怪。

在錢穆看來，一個國家的傳統不是虛空的，而是由民族、文化和歷史充實的。其觀照傳統亦在「民族、文化和歷史」三位一體的大文化史觀下，而這種觀念亦與章學誠之「文章政事相表裏」的思想不無契合。錢穆對中國歷史的認識有別於現代科學史觀，也不同於傳統之唯文史觀，其所持文化史觀成爲溝通兩者又超越兩者兼具知識追求與價值訴求的文化史觀。在論及「民族、文化與歷史」三者關係時，錢穆說：「文化是全部歷史的整體，我們須在歷史之整體內來尋求歷史之大進程，這才是文化的真正意義。」〔註8〕他的終其一生的歷史研究就是「從中國歷史來看中國民族性及中國文化」。

錢穆認爲章學誠的全部學術是從學術史的角度去看中國文化。這一見解切中章氏「辨章學術，考鏡源流」的學術路向，而他自己的學術向度，也十分的切近章氏之旨。從章氏不空言義理的價值理念，而將文化價值理念落到政治制度、社會倫理與史學之治的實處來看，實際上是對文化史的一種學術

〔註7〕 錢穆：《八十憶雙親師友雜記》，北京：三聯書店，2005年，第178頁。
〔註8〕 錢穆：《中國歷史研究法》，北京：三聯書店，2005年，第132頁。

建構。換言之，文化以歷史的發展為依託，歷史以政治制度和社會倫理的發展為內容。他說：「按《周官》宗伯之屬，外史掌四方之志。」司會、通訓、小史、訓方、形方、山師、川師各有所掌，「是於鄉遂都鄙之間，山川風俗，物產人倫，亦已鉅細無遺矣。」〔註9〕又說：「夫文章視諸政事而已矣。三代以後之文章，可無三代之遺制；三代以後之政事，不能不師三代之遺意也。敬於政法，亦存三代文章之遺志，又何患乎文章不得三代之美備哉。」是以，「六部必合天下掌故而政存，史官必合天下紀載而籍備也。」〔註10〕章氏推崇三代之官師合一，政史同體，學在其中。所強調的自然是學術的經世價值，考辨這樣的學術史，目的在於批評其所處當時以考據為學，而失遺學之大義在於「見古人之道，純古人之體，以切日常人倫」之大旨，而有補於世道人心。而錢穆對乾嘉樸學的批評，對其所處時代之科學考訂派「純為一種書本文字之學」，既「缺乏系統，無意義」，又「與當前現實無預」如出一轍。強調「治國史之第一任務，在能於國家民族內部自身，求得其獨特精神之所在。」〔註11〕他認為一部中國史應該是中國文化發生發展的歷史，這樣的文化史不是與政治史、經濟史、軍事史等專門史相對舉的文化史，而是一部「以文化為其主要內容」，「其間更分政治、經濟、學術、人物與地理之六分題。每一分題，各有其主要內容，而以文化為其共通對象與共通骨幹」的「通史」。〔註12〕這樣的通史必須符合這樣的要求：一是能將國家、民族既往文化演進之真相，明白示人；二是能於舊史統貫中將再現中國種種複雜難解之問題，以供社會改革者參考。〔註13〕

二、「史學立場」與「言性命者必究史」

在傳統的學術裏，學人治學非治經，即治史，當然也有治文史者。經相當於今之哲學，史則演變發展為今之史學。錢穆論清學說：「王船山、顏習

〔註9〕 章學誠：《州縣請立志科議》，《章學誠遺書》，北京：文物出版社，1985年，第124頁。

〔註10〕 章學誠：《州縣請立志科議》，《章學誠遺書》，北京：文物出版社，1985年，第124頁。

〔註11〕 錢穆：《國史大綱·引論》（上冊），北京：商務印書館，1996年，第3～4頁。

〔註12〕 錢穆：《中國歷史研究法·自序》，北京：三聯書店，2001年。

〔註13〕 錢穆：《國史大綱·引論》，（上冊），北京：商務印書館，1996年，第3～4頁。

齋、戴東原，他們都有一個共同傾向，即由宋明返先秦，因此帶有一個共同態度，即推重古經典」，而與「東原同時有章實齋，卻對此態度持異議」，「主張以史學精神來替代經學。」〔註14〕章學誠在論其所屬之浙東學派的特點時說：「言性命者必究史」〔註15〕。錢穆學術亦取「史學的立場」。「史學的立場」較之哲學的立場具有的一個最大的特點，用章學誠的話來說即不「離事言理」「不空言著述」。錢穆說：

> 哲學可以凌空討論，而歷史與文化之討論，則必有憑有據，步步踏實。此一分辨，先當注意。〔註16〕

又說：

> 史學所佔的地位極重要，堪與心學分庭抗禮，平分秋色。中國學術傳統主要在如何做人，如何做事。心學是做人的大宗綱，史學則為做事的大原本。〔註17〕

一言以蔽，「中國人向來不重視」「空議論、假故事」〔註18〕。余英時評價其師說：「史學立場」是錢穆與新儒家其他大師們的根本區別之處。是以，「我們可以說『史學立場』為錢先生提供了一個超越觀點，使他能夠打通經、史、子、集各種學問的千門萬戶。」〔註19〕錢氏論章學誠之《浙東學派》和《朱陸異同論》突出的一個方面，也是浙東學派的「善言天人性命而切於人事」，他說：

> 此謂浙東貴專家，善言天人性命而切於人事，史學所以經世，非空言著述，不可無宗主，又不可有門戶，凡皆自道其學統之精神也。〔註20〕

又說：

> 「經史則其學，子集則以教，而治平大道則為其總目標。」章學誠「官師合一」、「同文為治」。「治史要能總攬全局，又要能深入

〔註14〕錢穆：《中國思想史》，北京：九州出版社，2011年，第254頁。
〔註15〕章學誠：《浙東學術》，《章學誠遺書》，北京：文物出版社，1985年，第15頁。
〔註16〕錢穆：《中國歷史研究法》，北京：三聯書店，2001年，第134頁。
〔註17〕錢穆：《中國歷史研究法》，北京：三聯書店，2001年，第90頁。
〔註18〕錢穆：《現代學術論衡》，北京：三聯書店，2005年，第105頁。
〔註19〕余英時：《錢穆與新儒家》，《錢穆與中國文化》，上海：上海遠東出版社，1994年，第139頁。
〔註20〕錢穆：《近三百年學術史》，北京：九州出版社，2013年，第425～426頁。

機微。初看好像説故事，到家卻需大見解。」〔註21〕

所以，不僅史學經世，一切學術皆以經世爲本，中國歷史的穩步前進即是由學術和政治之間的互動而促成的。他說：「中國歷史上的傳統理想，乃是由政治來領導社會，由學術來領導政治，而學術則起於社會下層，不受政府之控制。在此一上一下，循環貫通之活潑機體之組織下，遂使中國歷史能穩步向前，以臻於光明之境。」〔註22〕

至於如何治史，錢穆的「史學立場」除了意寓上述學科意義和視闕的意義外，也可以從另一側面來理解，即治當重「立場」。「立場」即章學誠之「史意」。錢穆治史重意可以說直宗章氏。他說：

> 近人治學，都注重材料與方法，但做學問，當知先有一番意義。
> 意義不同，則所採用的材料與其運用材料之方法，亦將隨而不同。
> 即如歷史，材料無窮，若使治史沒有先決定一番意義，專意注意在
> 方法上，專用一套方法來駕馭此無窮之材料，將使歷史研究漫無止
> 境，而亦更無意義可言。〔註23〕

錢氏此說，就歷史撰著而言，實謂義例選擇、結構體系、材料取去當以意率之，強調「意在筆先」。他自稱其《中國歷史研究法》，即「中國歷史文化大義」。意即其《中國歷史研究法》名以「法」冠，實以「意」論。

「史意」與「史法」是章學誠論史時所使用的一組概念，也是他自別於既往史學大家的關鍵之所在。他說：

> 劉言史法，吾言史意。〔註24〕

又說：

> 鄭樵有史識而未有史學，曾鞏具史學而不具史法，劉知幾得史
> 法而不得史意。此予《文史通義》所爲作也。〔註25〕

對此有學者明確指出：「實齋之史學，爲文化史學，故云不必求備於方圓，而自能按義領會，所謂『知其所以然』。可見他的『史意』一名，略當文

〔註21〕錢穆：《中國歷史研究法》，北京：三聯書店，2001 年，第 11 頁。
〔註22〕錢穆：《中國歷史研究法》，北京：三聯書店，2001 年，第 1 頁。
〔註23〕錢穆：《中國歷史研究法》，北京：三聯書店，2001 年，第 1 頁。
〔註24〕章學誠：《家書二》，《章學誠遺書》，北京：文物出版社，1985 年，第 92 頁。
〔註25〕章學誠：《和州志隅自敍》，《章學誠遺書》，北京：文物出版社，1985 年，第 552 頁。

化發展史的理論。」〔註26〕不僅治史要講「意」，崇「文」，修學亦不當例外。他說：

> 文求是而學，思其所以然。……鄭訓詁，韓、歐文辭，周、程義理，出奴入主，不勝紛紛，君子觀之，此皆道中之一事耳。未窺道之全量，而各趨一節以相主奴，是大道不可見，而學士所矜爲見者，特其風氣之著於循環也。〔註27〕

「求是而學，思其所以然」，是道；「爲所當然，而又知其所以然」，也是道的體現。是以，

> 學術無有大小，皆期於道。……學術當然，皆下學之器也，中有所以然者，皆上達之道也。器拘於迹而不能相通，惟道無所不通。是故君子即器以明道，將以立乎其大也。〔註28〕

比較上述章氏關於錢氏與章學誠「意」「義」之論，並非僅止爲了從中發現兩者在學術精神上的內在相通。學術精神的傳承當然不是某種理論的轉述，更重要的是解決「時會」之所需。錢穆之言歷史研究法，一個很重要的背景即在 20 世紀初開始由西方回到中國漸居中國重要學術講壇主導地位和執掌大學教職的學者，所發起的科學史學和以科學的方法「整理國故」的學術思潮。無庸置疑，科學史觀主導下的中國史學建設，使中國史學的發展在與世界史學發展接軌方面的貢獻功不可沒。然而，這一過程和成績的取得卻是以犧牲中國傳統史學中最具神魅「意」的運思方式來實現的。在科學化的旗幟下，史家們漸漸失去了對「史」的感受力。錢氏倡導無論史與文，當「意在筆先」，可以視作是對科學史觀之以科學而排斥傳統的救偏之舉，也是對傳統史學以「意」會思維方式的一種堅持。

三、推尋與會通在章氏學術思想闡釋中的運用

錢穆曾告誡自己的生徒說：

> 諸位要講中國歷史、中國文化，乃及古聖先賢之大道，當知均須如此逐一推尋，逐一貫串，由溫故中開新知。但卻不該憑空思索，

〔註26〕侯外廬：《乾嘉時代的漢學潮流與文化史學抗議》，《侯外廬史學論文選集》（下），北京：人民出版社，1998 年，第 231 頁。

〔註27〕章學誠：《答沈楓墀論學》，《章學誠遺書》，北京：文物出版社，1985 年，第 84 頁。

〔註28〕章學誠：《與朱滄湄中翰論學書》，《章學誠遺書》，北京：文物出版社，1985 年，第 84 頁。

發大議論，成空說言。〔註29〕

這自然也是錢穆自己治學方法的夫子自道。學者將其視為學術研究方法的前後兩個階段：「所謂『推尋』，是求新知，發現問題；所謂『會通』，是貫通事理，解答問題。」〔註30〕筆者以為，作為一種學術研究的方法，推尋頗似綰合考據與義理於一體的新方法。如果說「推尋」作為一種學術研究的方法其要偏向邏輯之理，強調事物前後之內在關聯的因果律，是為「開新知」，實現歷史研究的古今異、中西異、人人異和人己異，那麼，「會通」則比較偏向於事物與事物之間在情境上的相似、意境上的冥合，是為異質之間的交匯與通貫，實現古今通、中西通、人人通與人己通。其早年獲得學術聲譽的《劉向歆父子年譜》《先秦諸子繫年》等即以推尋見長，這是他獲得力主科學史觀的胡適、傅斯年和顧頡剛認可的重要的原因。如果其學術僅止於其早年的推尋之功，而沒有後來之「抗戰軍興」，「警報聲中，講授國史，其貫注的精神，也是民族史觀」的《國史大綱》高揚民族、文化和歷史大義，「對於中國文化的優美之處，發揚闡釋，甚多卓見。」〔註31〕錢穆也無別於科學史觀的諸位學者。錢穆以自己切身的體會說：

治史要能總攬全局，又要能深入機微。初看好像說故事，到家卻須大見解。〔註32〕

一言以蔽，會通「攬全局」，推尋「入機微」。「惟有『推尋』，才能『深入機微』，惟有『會通』，才能『總攬全局』。兩者的完美結合，學問渾然天成，『到家』的『大見解』就蘊含在看似平淡的故事述說之間。」〔註33〕

這一研究方法在章學誠學術思想研究中也得到體現。例如錢氏在其章氏「學術述要」中，開宗明義：「實齋著通義，實為箴砭當時經學而發。」〔註34〕這在今天的章氏研究中已然常識，但是，當錢氏言此之時，「此意則知者甚

〔註29〕《推尋與會通》，《新亞遺鐸》，第 637 頁。

〔註30〕何曉明：《錢穆學術研究的內在理路》，陳勇主編《民國史家與史學（1912～1949）——民國史家與史學國際學術研討會論文集》，上海：上海大學出版社，2014 年，第 348 頁。

〔註31〕許倬云：《臺灣史學五十年序言——也是一種反省》，見王晴佳：《臺灣史學五十年（1950～2000）：傳承、方法、趨向》，臺北麥田出版，2002 年，第 VII 頁。

〔註32〕錢穆：《中國歷史研究法》，北京：三聯書店，2001 年，第 11 頁。

〔註33〕何曉明：《錢穆學術研究的內在理路》，陳勇主編《民國史家與史學（1912～1949）——民國史家與史學國際學術研討會論文集》，上海：上海大學出版社，2014 年，第 349 頁。

〔註34〕錢穆：《中國近三百年學術史》，北京：九州出版社，2013 年，第 416 頁。

少」。〔註35〕所以，他研究《文史通義》即是在「文史通義與經學」這一總體格局下展開的，而當時的研究者因爲「實齋著述最大者，爲文史、校讎通義，近代治實齋之學者，亦率以文史家目之。」〔註36〕在這一會通「全局」的總覽之下，錢氏詳推細尋，以《上辛楣宮詹書》始明「所謂『世俗風尙』，即指經學」，繼而考辨此風俗之來歷，「此自亭林唱『經學即理學』之說以來，迄東原無變」，而「實齋始對此持異議」。〔註37〕進而論章氏學旨與戴氏學宗，殊途而同歸，兩人表相詰而裏實同。而不同之處在於學術理路、性情氣質等等。這不僅迥然不同於梁啓超、章太炎等從外緣說釋解實齋之學發生，而且爲後來余英時從內在學術理路，以心理還原方法，建構章氏之學發生說，而建立新的學術研究範式打下基礎。

錢氏在章氏學術研究中所行推尋與會通，有用來突顯不同比較對象之間的對立與衝突者，亦有發現不同中的共通之處，以體現共同文化體之內豐富多元生態下的同向取值。這一點以他對待章學誠與袁枚之間的比較可成一例。

論及章、袁之爭，錢鍾書的議論爲人徵引爲繁。〔註38〕而錢穆論章實齋與袁簡齋，在章實齋專章內附袁簡齋之簡況及「論學語」。錢氏認爲：「實齋晚年極詆簡齋，然兩人論學，頗有相似，實同能對當時經學考據之潮流施以銳利之攻擊者也。」〔註39〕在反對乾嘉考據一支獨大的時學思潮中，章、袁實乃站在同一戰壕裏的戰友。以先述簡齋語要，後批點實齋論要而成章。如列簡齋語：

> 古有史而無經。尚書、春秋，今之經，昔之史也；詩、易者，
> 先王所存之言，禮、樂者，先王所存之法，其策皆史官掌之。〔註40〕

錄畢即評點「此即『六經皆史』之論也。」

錢氏不僅在比較袁氏批評「當時經學之昧今博古，而議論與實齋肖似」，而且在「學問與功力辨」、「經學即理學」議、「評衡漢、宋是非」諸方面都有大致相齊的學術見解。當然，錢氏也就兩者的不同進行了析別。同樣反對乾嘉學術以漢學而拒斥其他，爲什麼袁氏聲名顯彰而章氏寂寥。錢氏以爲袁氏

〔註35〕錢穆：《中國近三百年學術史》，北京：九州出版社，2013年，第416頁。

〔註36〕錢穆：《中國近三百年學術史》，北京：九州出版社，2013年，第416頁。

〔註37〕錢穆：《中國近三百年學術史》，北京：九州出版社，2013年，第417頁。

〔註38〕錢鍾書：《談藝錄》下，北京：中華書局，1984年，第760頁。

〔註39〕錢穆：《中國近三百年學術史》，北京：九州出版社，2011年，第469頁。

〔註40〕錢穆：《中國近三百年學術史》，北京：九州出版社，2011年，第469頁。

賴其「創天下之所無者」，「創天下之所無者，未有不爲天下之所尊者也。」而「能創者必知『變』」。「創」與「變」，「雖造物有所不能。」至於簡齋從文學出發「不言德、性，而言才、情」本「又與實齋之說可以相通」，實同而不和。錢穆之章、袁比較，不在其異，而在其會通。

今考章學誠的袁枚批評，由於袁氏長章氏 12 歲，兩人並無實際交際，所存筆墨論訟純爲章氏出於「言其所不能已」的單向作爲。綜考章氏之批判袁氏之作，計有《論文辨僞》（嘉慶三年，1789）以「某甲者」指涉袁氏「混廁清流，妄言文學，附會經傳，以聖言爲導欲宣淫之具，蠱惑年少，敗壞風俗人心，眞名教中蟊賊，非僅清客之謂也」；又有《與吳胥石簡》（乾隆六十年至嘉慶三年，1795～1798）誤「以古文爲形上之道，考據爲形下之器」而論文學與考據；又有《與孫淵如觀察論學十規》（嘉慶元年，1796）批評袁枚《小倉山房尺牘·答孫淵如觀察》奢談「考據家之曉曉荒言」「不太自愛」，以及「被以纖佻傾仄之才，一部優伶劇中才子佳人俗惡見解，淫亂邪說，宕惑士女，肆侮聖言，以六經爲導欲宣淫之具，敗壞風俗人心」云云；又有《詩話》《婦學》《婦學書後》諸篇，其寫作時間亦大約在嘉慶二、三間，悉以「無恥妄人」指稱袁氏，斥以演劇惑人、徵詩刻稿、標榜聲名浸淫世風。至於《書坊刻詩話後》與《題隨園詩話十二首》前者所涉已有余英時《章實齋與童二樹》辯證；後者有錢鍾書評議。在此不述。如何看待章學誠的袁枚批判？誠如有學者論曰：「是清中葉發生的重要文學事件，也是跨越文學、史學與考據學視界的一次文化交融與衝撞。」〔註41〕這本身就需要一種「推尋」與「會通」的方法方能及。

第二節　劉咸炘：「史有子義」與「察變觀風」

清季民初著名學者中自稱其學宗章者，劉咸炘、張爾田二人而已。劉咸炘（字宥齋，1896～1936）「學有綜本」〔註42〕史學思想出於章氏而不滯於章氏，別有新會，大有翻進一層之緒。其「治學原理方法，得之章先生實齋，首以六藝統群書，以道統學，以公統私。其識之廣大圓通，皆從浙東學術而

〔註41〕楊遇青：《章學誠的袁枚批評考述——以乾隆六十年至嘉慶三年爲中心》，《西北大學學報（哲學社會科學版）》，2011 年第 41 卷第 6 期。

〔註42〕王吉偉：《劉咸炘關於學術交流的思考——讀劉咸炘與蒙文通書信感》，《學理論》，2009 年第 13 期。

來。」〔註43〕作爲章氏學術思想的繼承者，進一步推闡發展了其「六經皆史」的史學主張，將章氏「史義」「史德」觀與「史法」和「史識」融貫匯通，整體研究，把章氏「經世致用」的史學研究思想具化爲「論世」「觀變」的「人事學」，成爲民國時代在東西方史學思想比較中研究章氏學術思想卓有建樹，頗具特色和影響的學術成果〔註44〕。

一、治學宗章與宗章語要

清季民初，西學東漸，中學圖保，且拒且受相與交乘，學術生態多元並存。在史學界，即以同尚西學而主學術講壇、大學教席者，也分科學治史和進化史觀爲尚兩種聲音。不同的宗崇，使學人在選擇傳統資源的時候，也各有側重；即使是對同一學術思想進行闡述的時候，也表現出臧否異同，爲我所用的實用主義的考量。如對乾嘉樸學，前者譽以中國近世科學精神之先聲，科學方法之先導；後者則責以埋頭故紙避禍遠害，學無宗旨。錢穆在評價這兩種治學趨向時指出，亦各有優長而不無短缺也。他評論前者長於注重實證、精於考訂，其偏頗所在「往往割裂史實，爲局部窄狹之追究，以活的人事，換爲死的材料」〔註45〕；後者雖然「其治史爲有意義，能具系統，能努力使史學與當身現實相縮合，能求把握全史，能時時注意及於自己民族國家已往文化成績之評價」〔註46〕，但以西方史學理論權御中國歷史文化的學者，唯洋是舉，唯西是從的心理，使他們考察傳統中國歷史的時候，難免削足適履，亦所不惜。在這樣一種鏡像下的史治系統和史治意義，「不啻空中樓閣」，「轉成無意義」矣〔註47〕。此尙爲同持西學而主中學者，更遑論在中西學術思想碰撞過程中，因爲特殊語境下，中西文化處境的微妙，亦使文化人趨無所從。一方面是本土文化賴以仰息之幅員廣大，人口眾多的傳統觀念和支持這些觀

〔註43〕黃景輝編校：《劉咸炘論集》，南寧：廣西師範大學出版社，2007年，第355頁。

〔註44〕劉氏整理研究章氏著作及學術思想成果分專著、論文和論著涉議三部分。專著計有《文史通義解》《續校讎通義》《文史通義識語》；具有代表性的論文計有《三術》《認經論》《廣博約》（一名《喻章》）《醫喻》《史體論》《記注論》《通志私議》《續言公》；論著中涉及申章論章獨具創見方面的計有《〈史通〉駁議》《重修〈宋史〉述意》《宋史學論》《史病論》《先河錄》《目錄學》《治史緒論》《校讎述林》等。

〔註45〕錢穆：《國史大綱·引論》，北京：商務印書館，1996年，第3～4頁。

〔註46〕錢穆：《國史大綱》，北京：商務印書館，1996年，第4頁。

〔註47〕錢穆：《國史大綱》，北京：商務印書館，1996年，第8頁。

念繼續下去的政治制度、經濟制度、文化教育制度難以爲繼的困頓；一方面是憑藉時勢，立身時潮援西濟中，不斷獲得政治、經濟、文化、學術種種話語權力的少數學術精英，應對時勢和變局捉襟見肘的尷尬。各持一端，互爲攻訐既非理性，亦無補於事。和合變通，方是開啓未來之徑。這首先要學者要有匯通的意識和願望，有貫通的本領和條件，有會通的實踐和智慧。劉咸炘就是在這樣的學術風潮中特立獨行的學術代表，他既不諱言學有宗尚，又不爲所拘囿，所以能成其大。有學者評論他：

> 在民國時期，傳統學術發生斷裂的危機中，不趨潮流，堅守、延續了中國傳統學術精神，形成了別具特色的中國本位史學理論。〔註48〕

又有學者評價他：

> 鑒泉治史，能擷取二派之長而避其短，既注重實證，言必有據，又不墮餖飣瑣碎之習，能系統把握全史，即小見大，鈎深而致遠，對事實作出系統的解釋。雖足不出成都一隅之地，但絕非抱殘守缺之輩，對於當時各種社會科學知識、西方哲理，能儘量吸收，爲治史之助，同時又不盲信，一以史實爲準，抉擇評判，自出手眼，富創辟之能力。〔註49〕

他取孔子「推十而合一」之智，以「推十書」冠其群著。既是胸懷坦白，也是學術徑路的告白，也是治學推十而一的成果體現。如果說「推十合一」是從孔子那裡獲得的一種哲學思維的啓迪，那麼超越漢、宋門戶，揚兩派之長而避其短，以校讎爲徑，辨章學術，考鏡源流，將所有學術活動、學術思想、學術成果和學術影響放在史的語境中來考察，以決定其良莠，判斷其優劣，以資博取，這種開闊的學術眼光和胸懷，實事求是的精神和不隨時趨勢另闢新徑的治學策略都是章學誠「學者當有家學而不必歸依門戶」思想的具體體現。

劉氏論學無論文、史述林，還是校讎述林，言必稱章氏。其述學「凡主

〔註48〕 劉開軍：《劉咸炘「察勢觀風」理論的三重解讀》，陳勇主編：民國史家與史學國際學術研討會論文集《民國史家與史學》（1912〜1949），上海：上海大學出版社，2014年，第258頁。

〔註49〕 嚴壽澂：《察變觀風，史有子意——讀劉咸炘〈治史緒論〉》，上海社會科學院《傳統中國研究集刊》編輯委員會編：《傳統中國研究集刊》第四集，上海：上海人民出版社，2008年，第277〜278頁。

一義，古人已言者必稱述，不足者引申之」，所以如此，「本言公之旨，表先哲之長，尤所樂爲」〔註50〕劉氏學宗章氏，其文論、史議和校讎之說皆從章氏之說。若說其論文、衡文唯章氏是瞻，亦不爲過。他說：

> 吾於文章所評論撰錄甚多，昔標厚、雅、和三字爲準，時方建立駢散合一之宗，意在折衷文派，所論詳於詞勢，至於質幹，則以章實齋先生之書已詳，故不別說。〔註51〕

劉氏衡文盡以章氏之說是準。以爲文雖分作與讀兩事，然其理一也，不過「敬」、「恕」兩字。又說：

> 章先生之論文，約其旨亦不過三端，一曰有物，謂必有所以爲言之意；二曰至情養氣；三曰如其事，大則爲體別，小則爲公式。其《文德篇》標敬、恕二義，恕即如其事，敬即養情氣也。《評沈梅村古文》《乙卯雜記》標清、眞二義，清即養氣、如其事，眞即有物也。〔註52〕

其評近世之文，其病也多：「不切之病，生於強作」，此文士共病，其引章氏論曰：「章先生《丙辰雜記》：『文士著書，不揣己之專長，而每喜取經史大題以爲標幟，宋人以下多不免也。』」〔註53〕又「文各有大體……體生於實」，「如章先生《評沈梅村古文》所謂『序書忌用浮贊，須推作者之旨』，是也。」〔註54〕「章先生論此最詳，《文史通義・俗嫌篇》及《古文十弊》之一、二、五、六、八、九、《雜說》上中所指是也。」〔註55〕至於「不達」之病，「此章先生所謂『削足適屨』『井底天文』之充也。此於敘事之文所失尤多，敘事文自有公式，不如公式，亦是不達，章先生《遺書》中如《書郎通義墓誌》《評沈梅村古文》《答某友請碑誌書》諸篇，皆細論稱謂格式，又《雜說》上曰：『文章之道，當存雙鉤之意』。此極論也。」〔註56〕

〔註50〕劉伯穀、朱先炳：《劉咸炘先生傳略》，見黃曙輝編校《劉咸炘論集》，桂林：廣西師範大學出版社，2007年，第358頁。

〔註51〕黃曙輝編校：《劉咸炘論集》，桂林：廣西師範大學出版社，2007年，第7頁。

〔註52〕黃曙輝編校：《劉咸炘論集》，桂林：廣西師範大學出版社，2007年，第9頁。

〔註53〕黃曙輝編校：《劉咸炘論集》，桂林：廣西師範大學出版社，2007年，第9頁。

〔註54〕黃曙輝編校：《劉咸炘論集》，桂林：廣西師範大學出版社，2007年，第9頁。

〔註55〕黃曙輝編校：《劉咸炘論集》，桂林：廣西師範大學出版社，2007年，第10頁。

〔註56〕黃曙輝編校：《劉咸炘論集》，桂林：廣西師範大學出版社，2007年，第12頁。

至於「成家」之議，劉氏亦唯章氏所申達。以爲「章先生論文，最重養氣，其說詳於《通義‧史德》《文德》《質性》三篇，《遺書》中《雜說》曰：『文以氣行，亦以情至。今人誤解辭達之旨，以爲文取理明而事白，其他又何求焉。不知文情未至，即其理其事之情亦未至也。』〔註57〕又引毛西河（奇齡）論文有「名家」、「當家」和「作者家」說來稱讚章氏，以爲「作者家，有所以爲言之意者也。所以爲言之意即章先生所謂有物，自黃梨州已發此旨，而章先生論之尤詳，具於《通義‧言公》中，《文理》《說林》諸篇及《遺書‧立言有本》《評沈梅村古文》《葉鶴塗文集》《陳東浦方伯詩序》諸篇與《丙辰雜記》中。《評沈文》曰：『易曰：言有物』，又說『修辭立其誠。』所謂物與誠者，要於實有所見，不必遽責聖賢之極致。與其節言而道中庸，不若偏舉而談狂狷。此極論也。」

劉氏論史亦從章氏。校讎之議非飽學深思之士無以致，千古學人幾家能夠。唯漢之劉氏歆、向父子，宋之鄭樵，清人章實齋諸賢尤卓，而劉咸炘校讎之思竟始於黃髫始齒。據劉伯穀、朱先炳《劉咸炘先生傳略》載：劉氏天生聰穎，四歲即「篤學好問」，「喜翻書，日由書齋抱書數十冊入內樓，……出入往返，日常數次」，正是在這年復一年，日復一日的往返中，「先生校讎之學殆基於此矣。」「繼讀章實齋書，益知著述體例之原。」〔註58〕嘗曰：「原理方法，得自章實齋先生。首以六藝統群書，以道統學，以公統私。其識之廣大圓通，皆從浙東學術而來。所謂校讎者，乃一學術方法之名稱，以此二學代表讀書辨體知類之法而已。」〔註59〕劉氏宗章及語要集中體現於其所著《文史通義識語》中。該著 1927 年出版，全書由正文三卷和附錄兩部分組成。三卷之上卷、中卷分別是對《文史通義》內、外篇之要語以注釋和題解方式發微，下卷由《提要》《辨惑》《別嫌》《較新》組成。其中，《提要》以看似平常卻奇異之鉤玄索隱，集《文史通義》精萃要言於一篇。既收一體速觀通貫之功，也可堪索引尋隱之用。是既現功力又顯學識的難能之作。

〔註57〕黃曙輝編校：《劉咸炘論集》，桂林：廣西師範大學出版社，2007 年，第 12 頁。

〔註58〕黃曙輝編校：《劉咸炘論集》，桂林：廣西師範大學出版社，2007 年，第 355 頁。

〔註59〕黃曙輝編校：《劉咸炘論集》，桂林：廣西師範大學出版社，2007 年，第 355 頁。

二、「史有子義」之宗旨論

　　章實齋有言:「盈天下著作之林，無非史者。」〔註 60〕劉氏說:「宇宙無非事，即無非史之所包」，而世間之著作，「不外史與子」，治學之綱，「治史先於治子」。史分五目〔註61〕，而史旨又先。他說:

> 　　旨者，章先生所謂「史而有子意」者也。夫史本客觀，而言旨則參入主觀矣，不將失史職乎?是不然，謂史當純客觀者，過甚失情之論也。史崇質實，中國早明其義。西洋則前史多爲宗教、政治之用，近始懲其弊而重客觀，然識者亦不謂當純客觀也。蓋純客觀者，物質科學分析之法。此整理史料之法，而非作史之法也。人事既非如物質之可隔離而觀，即物質科學，亦歸結於發現公律，不止於分析。公律由綜合而成，凡經綜合，即參入主觀，則只有零碎事實，日記帳簿，乃足當之。好任己見，乃後來好爲史論者之弊。古之良史，旨本道家，虛以觀變，曷嘗偏任己見哉?

　　劉氏所論史旨，非章氏之所謂史識，乃後之所謂史觀，即歷史的解釋和概念，同樣的歷史事實在不同的史觀觀照下，自然會呈現不同的歷史面貌。所以，他強調史觀對於史家之重要，雖然如此，但史家又不可以以史觀自任，隨意解釋歷史。他說:

> 　　史旨，實即史識綜合而成者也。西人謂之史觀，亦謂史之解釋。吾華人具中庸之特性，又承道家之宇宙觀，知時間事變，互承因果。故雖於史多所解釋，而未嘗特立一義。大氐置重人心，而又承有莫之爲而爲之天，故史遷謂究天人之際。西人性好極端，其哲學固欲求宇宙之主使，其科學亦固欲求最後之因。故有偉人史觀、經濟史觀、地理史觀，皆執一而廢百，如巫、醫、命、相之同論病源，互相爭辯，今已倦矣。而歷史哲學，則猶爲史家最高之的。黑格爾之正、反、合三觀念，頗近道家，但其所謂理性，則虛幻孔道。西今勝於古之說，亦止於一偏。近日史家，亦欲使史如科學之發明公理，如美人徹尼所舉史律六條。……此其局於西方，限於政事，固一望而知。……要之，史所書即人事。人事之律，何可盡數。必欲求之，

〔註60〕章學誠:《報孫淵如書》，《章學誠遺書》，北京:文物出版社，1985年，第86頁。

〔註61〕劉咸炘:《治史緒論》中篇，原題「治史淺綱」分治史五目曰:史實、時風、土風、史旨、讀史。

其《大易》乎！道家精於史，其所持循環一律。此律誠重，而迷信進化者，不之信也。凡所謂律，乃識之綱。至其細者，則善作史讀史者，皆能有所得。既得之，則必有所抑揚，是爲史旨，所謂有子意也。

此論說東道西，在比較中，陳論西人之哲學求「宇宙主使」，科學「求最後之因」自是切中肯綮，然謂其「執一廢百」不及中國道家之循環恒律，則誠可商榷。此論雖有微瑕，而其引章氏之議，以爲史者當作事明理，「藏往知來」，讓觀者知曉歷史而通達未來，則誠爲至理。又史觀之不同決定了歷史面貌之有異，則史家的良莠首重史觀，史觀不僅是良史必備之質，亦成爲判斷史家是否具「別出心裁」之卓識，以及識其「心術」的重要標準。

三、「察變觀風」的歷史觀

劉氏史學思想的核心，一言以蔽：「察變觀風」而已，他說：

> 好觀盛衰之迹，風俗之變，即史學也。〔註62〕

> （史學之要）尤在察勢觀風。〔註63〕

> 疏通知遠，即察勢觀風也。〔註64〕

「勢」與「風」，古代學人屢闡不絕。先秦諸子論「勢」成風：「法、勢、術」是《韓非子》學術思想的核心，「得勢」「正言」、「處勢以道」是荀子「君道」的重要思想；「道生」「德蓄」「物形」「勢成」是老子的喻世明言；《呂氏春秋》有「慎勢」專論。凡此種種不一而足。而柳宗元所論封建「非聖人之意，勢也」，王夫之之《讀通鑒論》所言秦行郡縣「垂二千年而弗能改矣，合古今上下皆安之，勢之所趨」更是影響深遠。至於「風」乃鄉俗共因所成，是古人觀天、明治、求治之所在，春秋時期列國即有專門采風之制，其淵源更早。《詩經》之「十五國風」即君者觀俗爲治的體現。劉氏「察勢觀風」是傳統思想的繼承和光大，既有私淑章學誠之史學思想受到的啓發，也得益於西方新史學思想參照比較。他說：

〔註62〕 劉咸炘：《右書二下·史論要抄》，《十推書》（增補全本），上海：上海科學技術文獻出版社，2009年，甲輯第1冊，第358頁。

〔註63〕 劉咸炘：《治史緒論》，《十推書》（增補全本），上海：上海科學技術文獻出版社，2009年，甲輯第1冊，第238頁。

〔註64〕 劉咸炘：《治史緒論》，《十推書》（增補全本），上海：上海科學技術文獻出版社，2009年，甲輯第1冊，第238頁。

疏通知遠，《書》教也。疏通知遠，即察勢觀風也。孟子之論世，太史之通古今之變，即此道也。《易》之永終知敝，道家之御變，則其原理也。事勢與風氣相爲表裏，事勢顯而風氣隱，故察易而觀難。常人所謂風俗，專指閭巷日用習慣之事，與學術政治並立，不知一切皆有風氣。後史偏於政治，並學術亦不能詳，故不能表現耳。風之小者，止一事，如裝飾之變是也。風之大者兼眾事，如治術之緩急，士氣之剛柔是也。〔註65〕

比較章氏《詩教》《易教》和《言公》所論，強調治史學者務必將道、治、學與日常人倫一併納入考察。不僅要關注史事所呈現之然，更應關注史事背後之所以然。則劉氏所言「吾今以士俗貫論，豁然無礙……較章先生更進一步」〔註66〕所言不虛。劉氏所論不僅「較章先生更進一步」，而且較魯濱遜《新史學》也更勝一籌，他說：

我所謂制度是就極廣義說，包括過去人類思想動作之方法，以及政治以外各種事業與風尚，歷史上無論何事，無非是此制度之表現。史當爲無所不包，鄭漁仲早倡之，但未知風尚耳，魯氏亦僅於此言風尚，而未知風尚之貫於諸事，章先生所言則進於此矣。〔註67〕

是以，「察勢觀風」不特別出心裁，而且進乎道矣。作爲一種新的史學範式，拿來觀察古代中國歷史的諸多問題，確實能發現其中存在的內在因果。比如他在分析中國歷史上外戚干政、宦官擅權、藩鎮割據交替爲害的問題時指出：

戰國即有女主，秦遂有外戚擅權。至兼併集權，一君獨專，乃任近臣，始有宦官之禍。漢承秦而起匹夫，防並起之人，亦任女主，始有外戚之禍。……至秦而後，皆用集權。初懲外藩，而收之於內；又懲大臣，而收之於一身。一身不得常握，乃漏於嬖宦；懲嬖宦而稍推出之，乃權衡於大臣小臣之間。雖中間多有小變，如藩鎮，有時而重外戚，有宦官，朝士時離時合，然其大勢則如此，要皆由集權而生者也。

〔註65〕劉咸炘：《治史緒論》，《十推書》（增補全本），上海：上海科學技術文獻出版社，2009年，甲輯第1冊，第238頁。

〔註66〕劉咸炘：《蜀誦・緒論》功行賞，《推十書》（增補全本），丙輯第3冊，上海：上海科學技術文獻出版社，2009年，第802頁。

〔註67〕劉咸炘：《文史通義識語》，《十推書》（增補全本），上海：上海科學技術文獻出版社，2009年，甲輯第1冊，第1120頁。

這不只是觀察中國歷史所謂治亂興替的別識獨裁，對我們思考當下中國社會的諸多問題亦不無啟示。以劉氏之識，察勢如此，觀風又當如何呢？劉氏有《流風》論先秦至清季中國社會政學相緣，以致風氣流變，亦至為精闢，不失為中國思想簡史。他說：

> 秦急而漢緩之，魏急而晉緩之。黃老刑名之相乘也，司馬遷以老子、韓非為一傳，蓋知之矣。一張一弛，唐以下無不然也。唐初實而中虛之，宋、明虛而清實之，程、朱實而陸、王虛，考據實而今文虛。

此外，其《人文橫觀略述》之論南北風俗與地緣之關係；《齊魯二風考》之論「士風」、《北宋政變考》之論「邦風」、《南北學風考》之論「民戶」、《南北四朝考》之論「胡俗」，無不開現代社會史之先河。劉氏「察勢觀風」史學範式的凝成，既深植於傳統學術的沃土，受惠章氏史學思想的啟發，更有時代因素的催促。清季民初中國社會劇烈的變動，政變頻仍，思潮迭起。在東西方文化的短兵相接中，西方文化思想在強大的物質力量和精神力量的助推下，以不可抗拒之勢，風靡中華大地。在西方的即是現代的，現代的即是新的，新的即是好的；中國的就是傳統的，傳統的即是舊的，舊的即不好的弔詭思想轉換中，中國傳統學術思想受到巨大挑戰。劉氏察勢觀風，在頻變交錯的學術思潮中，以傳統為鏡，以世界為鏡，重新檢討中國學術，為中國傳統史學的轉型開闢了別一種路徑。既是傳統史學的接力，又是傳統史學的新變。

四、「綜貫」「綜合」方法論

劉氏史學思想兼取道儒，持儒道互補之說。他因為家學的緣故，十分推崇道家。他說：「道家者流，出於史官」，「因出史官，故得御變之術。史家因須有御變之識，故必取道家之術。」〔註68〕而「吾之學，其對象可一言以蔽之曰史。其方法可一言以蔽之曰道家。」又說：「道家方法如何，一言以蔽之曰御變。御變即執兩。」

雖然如此，但他對「但論事不說理」的「道家之弊」〔註69〕也有深刻的

〔註68〕劉咸炘：《中書二・認經論附：道家史觀說》，《十推書》（增補全本），上海：上海科學技術文獻出版社，2009 年，甲輯第 1 冊，第 43 頁。

〔註69〕劉咸炘：《治史緒論》，《十推書》（增補全本），上海：上海科學技術文獻出版社，2009 年，甲輯第 1 冊，第 237 頁。

認識。所以，其學乃兼取儒道，以爲補濟。他說：「吾學乃儒家兼道家。儒家是橫中，合兩爲一；道家是縱觀其兩，知兩乃能合一。」〔註70〕「兩」即事物的兩端、兩極，亦即正反兩個方面。「橫中」即取中道而用，是謂「執兩而用中」；「縱觀」即從歷時性的角度來看待事物的發展變化。劉氏說：「（吾）於史學，持縱橫二觀。」〔註71〕這不僅是看取歷史的價值取向，也是一種方法，一種全面而綜合的方法，沒有對全部歷史的綜貫，則不可能有綜合。沒有「群書分詳」，則沒有「史」的「綜貫」，更沒有「史」的「綜合」。他說：

> 群書之所明者，各端也；史之所明者，各端之關係也。群書分詳，而史則綜貫也。綜合者，史學之原理也。無分詳，不能成綜貫，而但合其分詳，不可以成綜貫，蓋綜貫者自成一渾全之體，其部分不可離立，非徒刪分詳爲簡體而已，不能明大分勢也。綜貫成體，是爲撰述。

「史之所明者，各端之關係也」，「橫之綜合爲關係，《易》之所感也；縱之綜合爲變遷，《易》之所謂時也。」〔註72〕對歷史事件和人物的判斷，須尋因問果，切不可孤立地看、靜止地看，應該將他們置諸「勢」與「風」中去看取其「變」。顯然，「劉咸炘偏重對歷史因素相互關係的考察，而不是對歷史因素作單獨的孤立考察。」〔註73〕其目的在於強調史家作史必須有「通變」的意識，而讀史者也必須能夠具備讀取「通變」的素養。他說：

> 史學有二：一曰作史之法，一曰讀史之識。作者有識，乃成其法，讀者因法而生其識；雖二而實一也。法者撰述之義例，章先生所謂圓而神者也。識者知政事、風俗、人才變遷升降之故，孟子所謂論其世者也。

史家的「御變」，讀者「識變」，目的實一：通觀歷史變遷，人事興替，其所謂「疏通知遠」，「藏往知來」。而這正是史之發生與存在的根本。如何做到「通觀」「御變」呢？抓住人事，就抓住了根本，因爲「史學即人事學」。

〔註70〕劉咸炘：《中書二・認經論》，《推十書》（增補全本），甲輯第 1 冊，上海：上海科學技術文獻出版社，2009 年，第 30 頁。

〔註71〕劉咸炘：《右書二・人文橫觀略述》，《推十書》（增補全本），甲輯第 1 冊，上海：上海科學技術文獻出版社，2009 年，第 372 頁。

〔註72〕劉咸炘：《治史緒論》，《推十書》（增補全本），甲輯第 1 冊，上海：上海科學技術文獻出版社，2009 年，第 239～240 頁。

〔註73〕李洪岩：《史學史話》，北京：社會科學文獻出版社，2000 年，第 64 頁。

從某種意義上講，雖說「史即記事」，然而，歷史之人事何其廣泛，而歷史敘述又豈能面面俱到，所以，在不同史觀下，選取不同的歷史人事，在一定的敘述體例下完成歷史的敘述，就是史學不得不面對的一項繁難的工作。而在這一方面，劉咸炘卻表現出與其師宗章學誠有若干差異。章氏的通史編纂理論，對傳統編纂學的現代性轉型是具有突出貢獻的。關於這一貢獻的意義，民初學人何炳松有極精深的論述。而劉氏的編纂思想也堪稱自成一家，別具一格。

其一，史事三端：政事、風俗和人才。「史學即人事學」，然人世萬端，變動不居，時愈久，事愈繁。何事當述，何人當紀，人事又如何縮合，實為一繁難之事。劉氏雖宗章氏，但是《文史通義》一書，畢竟重在史書，而劉氏重在人事關係之綜合，其意史纂之要唯「政事、風俗、人才三端」。他說：

> 三端交互。政俗由人成，人又由政俗成。試以「史何實」問於世人，彼必曰「政事」而已，殊不留意於風俗也。其更淺者，則曰「國家之興衰成敗」而已，不知有政俗之變遷升降也。其尤淺者，則曰「人之善惡」而已，不知有政俗也。不知所謂寓褒貶，別善惡者，本非徒論一人。〔註74〕

史家撰述，不只是單純就制度、人事、風俗分門別類的「考索」、「比次」。雖然這些皆為史家絕不可少之「工夫」，然而，真正的史家撰述是要發現這幾者之間的「交互」關係，發現歷史人事背後的「所以然」來。

其二，突「風」顯「勢」，「即實求虛」。他說：

> 史本紀事，而其要尤在察勢觀風，所謂《春秋》亡而有詩教，《詩》亡而後《春秋》作也。事實實而風氣虛，政事人才，皆在風中。即事見風，即實求虛，所謂史而有子意也。

既然「政事人才，皆在風中」，所以，史家「紀事」尤要「察勢觀風」，而歷史有虛實兩面，凡制度、人事，皆有存在於一定時間與空間之中，其形迹可考，是謂之實；然其如此而不必彼，則率由風氣使然。而風氣，無論「時風」，還是「土風」，無所不在，看不見、摸不著，是謂之虛。而對於政典、人事這樣一些看得見，摸得著的歷史事實，都必須將它們置諸「風氣」中來

〔註74〕劉咸炘：《治史緒論》，《推十書》（增補全本），甲輯第 1 冊，上海：上海科學技術文獻出版社，2009 年，第 2388 頁。

考察和品評。所謂「即事見風，即實求虛」。否則就不可能有眞正的史識。劉氏說：

> 一代有一代之時風、一方有一方之土俗，一縱一橫，各具面目，
> 史、志之作，所以明此也。〔註75〕

章氏在「方志乃一方全史」的思想驅動下，以大量的方志編撰實踐來設計國史編修的理想圖式，爲後來史家的通史編修提供了寶貴的思想和經驗。不僅如此他還曾鼓勵好友邵晉涵重修宋史，並就此相與析慮，可惜未能成果。劉氏在其短暫的人生中，亦曾通過四川區域史《蜀誦》《雙流足徵錄》兩部地方志的修撰來實踐自己的史學理論，也曾有重修《宋史》的學術計劃，並且編訂撰著綱目。擬以「風勢」主導下的「治術」、「政權」、「黨爭」、「時風」爲經；以時代爲緯，從太祖太宗，歷太宗眞宗、仁宗、哲宗徽宗、高宗孝宗、光宗丁宗。通過「察勢觀風」呈現有宋一代政象與風勢之關係。可惜天不假年。

其三，章氏作史「三分」與劉氏史學「四端」。章氏論作史有著名的「比次之業」、「考索之功」和「獨斷之學」三分之說。劉氏在此基礎上，申發爲史學「四端」。他說：

> 史學可分四端。一曰考證事實，是爲史考。二曰論斷是非，是
> 爲史論。三曰明史書義理，是爲史法。四曰觀史迹風勢，是爲史識。
> 前二者爲他學者亦從事焉，後二者則所謂史學專門之長也。考證固
> 在成書之先，然不能成書，則止是零碎事迹，不得爲史。論斷固爲
> 讀史之的，然無識則止是任意愛惜，不得爲學也。史識著於馬、班，
> 史法至唐始晦。宋人猶存史識，而偏於論；近世徵論之弊，乃偏於
> 考。於是熟於實者，乃冒史學之稱，而史學蕪矣。〔註76〕

作史雖有史考、史論、史法，然而，在章實齋看來，這一切如果不能「綱紀天人，推明大道」，「通古今之變，成一家之言」，則皆無以名史學。而劉氏則將之一「獨斷之學」以「人事學」概之。

在「史學即人事學」思想主導下，劉氏認爲史亦並非無所不包。史學的原理在於綜合。這種綜合非《通典》《通志》《文獻通考》之類的類書，劉氏

〔註75〕劉咸炘：《蜀誦》卷一《序論》，《推十書》（增補全本），上海：上海科學技術
　　　　文獻出版社，2009年，第798頁。

〔註76〕劉咸炘：《推十書》，成都：成都古籍書店，1996年影印原刊本，第3冊，第
　　　　2386頁。

稱之「群書」。群書以類相輯，明事之各端，雖爲「分詳」，實爲「綜貫」，雖說無分詳無以爲「綜貫」，「蓋綜貫者，自成一渾全之體，其部分不可離立，非徒刪分詳爲簡本而已也」。群書之綜貫固然重要，然而，這還是劉氏心中之史，這只是爲眞正的史撰必不可少的基礎。因爲「史即人事學」，而「人生宇宙間，與萬物互相感應；人以心應萬物，萬物亦感其心，人與人之離合，事與事之交互，尤爲顯著」。人、事「離合」與「交互」即關係，史學的意義就在於闡明這種關係。正是基於這樣一種史學思想，劉氏在章學誠史有「記注」與「撰述」之別，前主「方以智」，後主「神以圓」，「記注」有成法，「撰述」無定規的史撰思想基礎上。劉氏提出了史撰「三別」的思想：那就是只有記注的專門之書；僅有「部分撰述」的專門之書；全爲撰述的綜貫之書。用這樣一個標準去論史，則司馬遷和班固的撰述就成了史撰典範。他說：

> 《尚書》最簡略，然而《禹貢》《洪範》《顧命》諸篇，已爲志書濫觴。《左氏傳》所載彌繁，醫卜衣食，無所不錄。太史變爲紀傳，其體愈宏。觀其《滑稽傳》，首述六藝，而繼之曰：「天道恢恢，豈不大哉！談言微中，亦可以解紛。」可見其不遺細小。馬、班之書，上繼《尚書》圓神之體，每一篇爲一事。所謂天人之際，古今之變，固不能預立科條，以備收羅也。〔註77〕

馬、班神圓之體所創宏富，亦當爲讀史者不可或缺之選。因爲「讀史本爲求識，所以必讀紀傳書。作史者不知此，則紀傳書只是一碑集，非史矣；讀史者不知此，則史論只是一月旦評，非史論矣。」〔註78〕而史家只有通過「綜貫」和「綜合」的方法才能達到史之「方智圓神」「藏往知來」的目的。

劉咸炘對於自己學術思想的形成、發展與章學誠學術思想之間的關係有明確的界定，毫不諱言其學「宗本」與「私淑章學」，但絕非「續章」這麼簡單。他曾模仿章學誠自評與劉沅的關係說：「槐軒言道，實齋言器；槐軒之言，總於辨先天與後天；實齋之言，總於辨統與類。凡事物之理，無過同與異，知者知此而已。先天與統同也，後天與類異也。槐軒明先天而略於後

〔註77〕 劉咸炘：《治史緒論》，《推十書》（增補全本），甲輯第 1 冊，上海：上海科學技術文獻出版社，2009 年，第 238 頁。
〔註78〕 劉咸炘：《治史緒論》，《推十書》（增補全本），甲輯第 1 冊，上海：上海科學技術文獻出版社，2009 年，第 238 頁。

天，實齋不知先天，雖亦言統，止明類而已，又止詳文史之本體，而略文史之所載，所載廣矣，皆人事之異也。吾所究即在此。故槐軒言同，吾言異；槐軒言一，吾言兩；槐軒言先天，吾言後天；槐軒言本，吾言末而已。實齋名此曰史學，吾則名之曰人事學。」〔註79〕

　　這些精細的比較，精闢的總結和精確的概括，既幫助釐清了劉、章之間的學承關係與更進側面，也從史學史的角度，爲研究傳統史學向現代史學發展演進過程中，不同學者所呈現的特殊學術路徑和風貌，提供了獨特的視角。

〔註79〕劉咸炘：《自述》，《推十書》（增補全本），戊輯第 2 冊，上海：上海科學技術文獻出版社，2009 年，第 519 頁。

第五章 唯物史觀構鏡下的章學誠學術思想揚棄

第一節 侯外廬：「文史」文化史與「校讎」學術史

侯外廬（原名兆麟，又名玉樞，1903～1987）利用唯物史觀考察乾嘉學術成因及章學誠學術思想價值有三點獨特的發現：第一，認為乾嘉學術的形成有一個從朝野對峙到朝野相互妥協，到上下相孚，相互利用的過程；第二，身處其時之章氏學術思想的價值和意義在於以獨特的文化史思想抗議清代乾嘉樸學；第三，章氏在部分繼承了清初大儒「宏旨」的同時卻缺乏其「近代意識」。作為大陸主流意識形態比較認可的馬克思主義史學家的侯氏，無論在其選擇學術研究課題，還是在研究歷史問題、闡釋歷史人物思想的時候，無不受到特定政治因素的影響，這種學為政用的影響在促成其研究以新的視角切入歷史事件和歷史人物思想、貢獻新的學術思想的同時，也使其研究帶有十分濃烈的教條主義色彩，從而妨礙了其研究進一步走進歷史和歷史人物的思想深處。

一、學術路徑的選擇與學術問題的選擇

改革開放以後，大陸對許多經歷文化大革命學者的表現多有評議，且多採取比較方式來進行，目的在於通過比較不同學人在共同政治運動衝擊下的不同表現來考察學人的為人為學為文姿態，既展現學人情操，又可觀特定時期的「文化革命」「對學術學人的摧殘」。在眾多的比較評議中，侯外廬與馮

友蘭就成為一對比較的對象，討論兩人的治學特點是侯氏以不變應萬變，表現了一個正直知識分子應有的節操和風骨，而馮氏則以變應變，以不斷的「反正」和「反思」，呈現苟全性命於「亂世」的辛悲。這些評議在給侯氏以美譽的同時，有的缺少對比較中的另外一方應有的同情之理解。馮氏就讀北京大學時，作為學生的他請時任北大哲學系教授的胡適之為自己的《中國哲學史》寫序，不受胡氏待見。中華人民共和國成立後，文革中馮氏又因胡氏牽連而屢遭不幸，批林批孔運動中馮氏為圖過關又被同儕譏彈。作為一位從舊時代過來的知識分子，本身就是被改造的對象，而「侯外廬同志是我國一位淵博的學者，又是一位正義的戰士。」〔註1〕這是作為中國科學院副院長的許滌新在「浩劫」之後的 1981 年，給《侯外廬史學論文選集》（1988 年，人民出版社）所作《序言》中對侯氏的評價。在某種意義上，這篇序言與其說是對侯氏史學研究成果的評價與推介，不如說是一份政治表現的簡歷與鑑定。「同志」和「戰士」，在特殊的時期是比「淵博的學者」更好更高的評價，是一種自己人的信任和讚賞。事實上，《序言》也主要是圍繞「同志」和「戰士」展開的，描述了侯氏大半生「追隨中國共產黨」「追求真理」的軌跡，以及在重大政治問題上的清醒認識和對時局敏銳的洞察力。至於「淵博的學者」，序者很巧妙地以「我對中國思想史是門外漢，對中國社會史是一個小學生」和「讀者自有定論」的「謙遜」一語帶過即做了交待〔註2〕。而關於侯氏 50 年治學的經歷則是侯氏在第二年（1982 年）撰寫，4 年之後（1986 年）修改的《自序》來縷述的。在這篇《自序》中，侯氏詳盡回憶了他接觸、研習、接受、運用唯物史觀開展歷史研究的心路歷程。他雖然出身於「封建家庭，自幼受舊學校教育」，然而「五四時代」就「投身於愛國學生運動」，後來（1924年）「在（李）大釗同志的教育和鼓勵下，對馬克思主義理論產生了濃厚的興趣」，「為了尋求馬克思主義真理」，「赴法求學」，留學期間「除了做黨的工作以外」，1928 年「即開始試譯馬克思《資本論》的工作」，「這件工作卻幫助我比較系統地學習了馬克思主義的基本理論和方法，確立了我的辯證唯物論世界觀，對我後來從事研究起了重大指導作用。」〔註3〕比較許滌新的《序言》

〔註 1〕 許滌新：《序》，見《侯外廬史學論文選集》，北京：人民出版社，1988 年，第 1 頁。

〔註 2〕 許滌新：《序》，《侯外廬史學論文選集》，北京：人民出版社，1988 年，第 4 頁。

〔註 3〕 侯外廬：《自序》，《侯外廬史學論文選集》，北京：人民出版社，1988 年，第 5～6 頁。

和侯氏的《自序》，不難發現，無論是官方代表對侯氏的評價，還是侯氏為學經歷的自我陳述，對於侯氏作為馬克思主義史學工作者，自覺地利用唯物史觀解釋中國社會歷史的發展、評價社會文化思潮、重大學術事件和重要學人的作為及思想的認定是高度一致的。侯氏對章學誠學術思想的闡釋，可以說也是他利用唯物史觀評價歷史人物及其學術思想的一個比較典型的例證。侯氏在1944年對章氏學術思想成因的解釋以及對章氏學術思想特點的概括，至今仍然經得起推敲，對後來的研究者從整體上來觀照章氏學術思想的價值和意義仍然具有參考價值。它從外在的社會、政治、經濟和從社會文化學術思想發生兩個角度，綜合地闡釋了章氏學術思想的時代特點。這是他治學的一貫主張：「既注意每種思想學說的『橫通』（即它與社會歷史時代的聯繫），又注意它的『縱通』（思想源流的演變）；既注意思潮，也注意代表人物。」〔註4〕

如果說學術理路的選擇帶有研究者主體個性因素的話，那麼學術研究問題的選擇則受制外在環境的影響要大得多。考察侯氏抗戰期的所為，則他的無論事務活動，還是學術工作，都是「聽將令」的。他說：

> 七・七事變以後，我從山西輾轉到達重慶，擔任《中蘇文化》主編。抗戰初期，我全力以赴宣傳抗日，歷史研究工作做的很少。皖南事變發生後，重慶的政治形勢異常險惡，黨組織決定把大批進步文化人轉移香港，我因主編《中蘇文化》而被留下。周恩來同志對我說：「形勢不利於大規模地搞公開活動，但這也是一個機會。有研究能力的人，盡可以利用這個機會，坐下來搞點研究。抓緊時間深造自己，深入研究幾個問題，想寫什麼的，趕快把它寫出來。」又說：「等到革命勝利了，要做的事情多得很呢。到那個時候，大家就更忙啦，你們想要研究問題、寫書，時間就難找啦！」恩來同志的這一席話，深深激勵了我。遵照他的意見，我著手寫了《中國古典社會史論》（後改名《中國古代社會史論》和《中國古代思想學說史》兩部書。）本來我準備繼續研究中國封建社會思想史，恩來同志又希望我根據現實的需要，研究一些中國近代史或近代思想史的問題。〔註5〕

這段自述說明侯氏在此間除了工作完全是受黨派活動支配之外，他的學

〔註4〕　侯外盧：《自序》，《侯外盧史學論文選集》，北京：人民出版社，1988年，第11頁。

〔註5〕　侯外盧：《自序》，《侯外盧史學論文選集》，北京：人民出版社，1988年，第6～7頁。

術研究問題的選擇也是受黨的領導指導的，甚至於他的研究工作的部分資助也來源於黨的領導人。侯氏在《自序》中繼續寫道：「於是，我調整了自己的工作計劃，著手研究近代問題，撰寫一部《中國近世思想學說史》。那時，我的生活很窘困，連必需的書都買不起。我要研究章太炎，借不到書，也無錢買，正為此苦惱。不曉得董必武同志怎麼知道了這件事，他請徐冰同志送錢來，說明是給我買書的。」對照《自序》的自述，比較《侯外廬史學論著年表》，則侯氏發表《乾嘉時代的漢學潮流與文化史學的抗議》的 1944 年，侯外廬先後發表了《中國古代文明起源考》《東方古代文明理解之鑰匙》《中國十七世紀思想家李二曲評述》《中國古代思想學說史》《顏習齋反玄學的基本思想》《黃犁洲的哲學思想與近世思維方法》《第十九世紀初中國思想界限的一個號筒》《中國近世思想學說史（上卷）》《黃犁州的詩文論》《船山學案》等論文和論著。基本上都屬於近世社會思想、學術思想學說這一範疇。從這些論文和論著不難看出，侯氏此一時期其思考的著重點，主要是圍繞如何看待中國古代文化的發生、如何理解中國古代文化的形成以及中國古代文化在近世的轉變所呈現出來的生態與質態。他所關注的重要的學人和思想家都有一個共同的特點，即他們的思想都是具有革命性的，是受其所處時代壓迫的，然而卻是進步的，是代表未來的。這些重要的學人和思想家在此前並非沒有別的史家和思想家作出解釋，然而，侯氏在唯物史觀的觀照下重新認識這些問題，確實貢獻了不少新的理解和認識。此外，他同其他同樣堅持唯物史觀的史學家和思想家的不同之處，在於他更注重從學術發展的自身規律性方面看待這些問題，更注意不同學術主張與思想的相互激蕩對於學術思想形成的影響，而這種影響又是受制於整個社會政治思想和文化思想的，而思想的壓制無論採取什麼樣的形式，也必然會引起思想的反抗，而新產生的思想必然又代表了先進的思想。儘管這樣評價新的思想價值顯得過於簡單了些，但可以理解的是，這種認識，很大程度上受制於其研究環境和時代情境。

以中國四十年代的社會思想和學術思想的主流而論，唯物史觀和其所服務的黨派思想雖然空前活躍，然仍處於受壓制的地位。而作為深具黨派色彩的學者，在建構一個理想思想體系的時候，總是以批判已經佔據主導地位壟斷思想和學術話語權力作為出發點和立足點的。這與章學誠反抗乾嘉漢學的背景多少有些相似。這樣比較，並不是說兩者學術思想在社會政治格局和學術潮流中所處地位相似，而是說乾嘉學人所主張之「樸學」與 20 世紀三四十

年代主流學術界所倡導之科學主義，為學術而學術的主流思潮多少有相類之處。而章學誠反抗這種學風，主張學為致用、學當濟世、學應潤治與主張學術思想的研究當服務於現實需要的辯證唯物主義與歷史唯物主義的思想是有相當吻合度的。這就不難解釋，為什麼會在侯氏《乾嘉時代的漢學潮流與文化史學的抗議》中，看到了一個中流砥柱形象的章學誠。其實，當我們回到思想產生和發生影響的歷史現場時，發現這不過是一種錯位的歷史想像。章氏學術思想不僅生前難以被接受，基本上只在少數幾個無能為力的同好知己中以書信的方式傳播，死後好多年也沒有得到應有的回應，其於當時的影響幾乎是微乎其微的。這一些並非妄斷，以其《上曉徵學士書》《上錢辛楣宮詹事書》《與族孫汝南論學書》等文獻中的謹慎、謙卑與自述其屈，即可見一斑。而章氏學術著述最初刊行最早也在光道十二年（1832），距章氏之歿已 30 年。按侯氏說「他的學術思想直到民國時代才被人掘發出來（首為蔡子民先生）」〔註 6〕。此說確否，自可商榷，但侯氏所論思想的價值與時代的姻緣，倒是無可置疑的。

二、學術視角與文化闡釋

侯氏對於章氏學術思想的闡釋異於其他學人表現在三個方面：第一，對於乾嘉學術形成原因的分析，認為民間影響朝廷，朝廷妥協，進而朝野相諧，上下互動促成了乾嘉漢學的獨尊。在他看來，清代中期出現主流的學術界漢學一邊倒的局面並非統治者開始主導的，而是經過了一個在朝理學、在野漢學的朝野分歧，相互對峙，最後以朝廷的妥協，漸以漢學補理學之不足，終而形成漢學獨大局面的。一種學術風氣的形成往往是多方合力的結果，在形成過程中政治權力和知識權力的博弈是很微妙的。在 20 世紀早期，無論是以

〔註 6〕 侯外廬：《乾嘉時代的漢學潮流與文化史學的抗議》，《侯外廬史學論文選集》，北京：人民出版社，1988 年，第 223 頁。另：錢穆《中國近三百年學術史》以為在光緒時代才為人掘出來，胡適以為由其作《章實齋先生年譜》國人方才認識章氏其人其思想。此論最不可靠。據浙江大學鮑永軍博士所作《章學誠研究論文索引》（1801～2003），章氏《致順星衍手杞》在嘉慶二年（1797 年）即有流傳，粵雅堂叢書《文史通義》《校讎通義》1821 年已行世，在此之前後，章氏著述片斷及部分篇章已通過各種渠道不脛而走。清光緒年間是章氏著作刻印最多的時期。這些不斷反覆的刻印和翻印至少說明了其思想受到廣泛的接受。《章學誠國際學術研討會論文集》，北京：北京圖書館出版社，2004 年，第 448～449 頁。

梁啓超爲首的「新史學」派，還是以章太炎爲中心的民族主義者，對於乾嘉學術清學獨尊局面成因的考察雖有微殊，但基本上是以滿族統治者爲維護自身的統治，採取種種軟硬兼施的策略逼迫漢族知識分子走進考據學的死胡同來進行解釋的。這種從純政治角度來解釋學術思想、文化思潮生成的視角，頗有些階級分析的意味，不能說沒有偏頗。但在近現代中國特殊的國情和民族關係背景下，很爲一般民眾所接受，所以十分流行。侯氏作爲崇信階級鬥爭學說、躬行唯物史觀進行學術研究的學者，能從學術思想和文化思想自身發展的實際出發考察乾嘉學術形成的原因，在學派意識、意識形態色彩濃厚的治學背景下，他的獨立思考是難得的，這也是他令人尊敬的地方。他認爲清中葉的漢學之興，不是由於清初的大儒們對宋學的反動而肇始的，這只是表面的現象。無論「王船山……關於《詩》《書》的疏解」、「李二曲的修正者（體用二元）」，還是「黃梨州的史學、顧亭林的經學」，雖然「都是對宋儒鑿空冥悟的反動」，「然而，這種研究，都是爲了經世之學而發」的，「不能謂之漢學」。「首開漢學家之風氣者」，無論「閻百詩……毛奇齡」，「僅在古書的小天地中寄託士志」，還是「萬氏兄弟與全氏祖」「以史學寓志」，都已「沖淡了清初大儒的宏旨」〔註7〕。一句話是知識分子的格局變小了，且自我沉淪在先。統治者不過因其勢而利導之，且通過強有力的文化策略強化了這樣一種學風。侯氏在文中舉列了康、乾兩代君主在文化方面的一系列舉措。所以，清代中期學風的形成是在以皇帝爲首的上層統治者出於個人宗尚和統治需要，提倡理學與民間知識階層出於各種複雜的原因漸行漢學，出現朝野政學兩分局面的背景下，由於統治者的妥協、改易其文化政策而促成的。「其始是由下而上，主要則是康熙以來的由上而下」，上下相孚所形成的〔註8〕。他認爲清人這種一手軟（一方面開三禮館、崇儒重士、編修古今圖書集成、開明史館、開四庫館輯書——本文作者注）、一手硬（焚禁與言禁——本文作者注）的文化政策，比同樣是異族入主中原的元代統治者「高明萬倍」〔註9〕。

此外，乾嘉漢學成爲支配著當時學術界潮流的原因，除了這樣一種對內

（註7）侯外廬：《乾嘉時代的漢學潮流與文化史學的抗議》，《侯外廬史學論文選集》，北京：人民出版社，1988年，第219頁。

〔註7〕侯外廬：《乾嘉時代的漢學潮流與文化史學的抗議》，《侯外廬史學論文選集》，北京：人民出版社，1988年，第219頁。
〔註8〕侯外廬：《乾嘉時代的漢學潮流與文化史學的抗議》，《侯外廬史學論文選集》，北京：人民出版社，1988年，第220頁。
〔註9〕侯外廬：《乾嘉時代的漢學潮流與文化史學的抗議》，《侯外廬史學論文選集》，北京：人民出版社，1988年，第220頁。

的學術封鎖政策之外，還有一層原因是「自雍正元年（1732），因驅逐西洋教士以來，中國學問與西方科學斷絕關係，故十八世紀的西歐文明暫時停止輸入」〔註 10〕。正是基於對乾嘉學術成因的這樣一種分析，所以，侯氏將此間章學誠的學術行爲和學術思想定義爲「文化史學的抗議」。

　　第二，以文化史學和學術史的價值尺度來概觀章氏學術思想。他說：「仔細審辨……《文史通義》略當今日所謂之文化史學，《校讎通義》則當今日之所謂學術史。」〔註 11〕關於章氏的學術思想面貌，侯氏之前論者亦已不少。然而，侯氏並不認可，他對於梁啓超等認爲「《文史通義》之近於歷史哲學」的說法，「又將《校讎通義》混同並提」的做法，很不以爲然，以「審辨」章氏二書據理力駁，重點闡釋了章氏「史意」的內涵，以爲「實齋的『史意』與現在的『史觀』相似，把歷史通過人類的智慧而作『炊黍芼羹之用』。」〔註 12〕爲了得出這樣一個結論，侯氏對章氏舉凡「史識」、「史學」、「史法」諸概念進行了詳細的闡釋。指出章氏「所指的史事，爲典章名物之考據」；「史識乃指立論高遠，思而不學，義理虛懸而無薄」；「他所指的史法，多見於《文史通義》外篇」，是「所謂『吾於史學，貴其著述成家，不取方圓求備，有同類纂』」，而所謂「方圓求備，似指通史，所謂『概古今之載籍』者是，而實齋之史學，爲文化史學，故云不必求備於方圓，而自能按義領會，所謂『知其所以然』。」可見，章氏之「『史意』一名，略當文化發展史的理論」，也就是他所說的「『論文史亦未能自拒於道路外』」。並且進一步闡述說：「由此看來，一個時代有一個時代的風氣，此不過歷史發展的『一節』，而求所以然之理，則是把握歷史的『全量』或全局，而通其一般的合法則性」。史學的使命正是要「克服」「一個時代的風氣」所造成的「一時代的偏見」，「而說明其風氣所以然之變遷」。「這明明是著重在文化的狹義史學，不一定爲一般的歷史哲學。」〔註 13〕侯氏在文中並不滿足於正面的推闡這一立論，所以，還從章氏文本的繁複性、論證的循環性特徵致研究者多生歧見，對自己並不贊成的

〔註10〕侯外廬：《乾嘉時代的漢學潮流與文化史學的抗議》，《侯外廬史學論文選集》，北京：人民出版社，1988 年，第 221 頁。

〔註11〕侯外廬：《乾嘉時代的漢學潮流與文化史學的抗議》，《侯外廬史學論文選集》，北京：人民出版社，1988 年，第 228 頁。

〔註12〕侯外廬：《乾嘉時代的漢學潮流與文化史學的抗議》，《侯外廬史學論文選集》，北京：人民出版社，1988 年，第 232 頁。

〔註13〕侯外廬：《乾嘉時代的漢學潮流與文化史學的抗議》，《侯外廬史學論文選集》，北京：人民出版社，1988 年，第 232～233 頁。

「歷史哲學」論進行了同情理解。他說，章氏的「史意」本來是在進行文化史學的論述，「然而我們仔細研究實齋的理論，卻又有另外的東西，常常混合於『史意』中兼談，而且常占重要的地位，那便是把歷史學時常返原於文化史學（甚至學術史學）去說明」。「這是讀古書最應該留意的所在。」〔註14〕他舉例說明章氏《答客問》中的「高明」與「沉潛」二者之循環論即為學術史的看法；其《天喻》中關於歷史思想學說的變遷「猶曆家之因差而議改」乃不得不然之勢，而學業亦「極而反之」的見解，還有「六經皆史」的論述等等，都具有「形式上好像歷史哲學，而內容上則是文化史學或學術發展史學」的特徵。即「在於說明歷史發展中這些一系列的『時會使然』的認識」〔註15〕。這就決定了其文化史學或學術發展史學的性質。

關於《校讎通義》一書的性質，侯氏排除了胡適之所謂有無的疑問，也不考慮其與《文史通義》之先後的關聯，而據「僅係片斷」推猜章氏寫作計劃要承《漢書‧藝文志》志，作一部中國學術通史，而發展《明儒學案》〔註16〕。「辨章學術，考鏡源流」是學術史宗旨，而《校讎通義》內篇三中之《漢志諸子第十四》之二十三所論「『六藝』之書與儒家之言，固當參觀於《儒林列傳》。道家、名家、墨家之書，則列傳而外，又當參觀於莊周《天上》之篇也⋯⋯然則古人著書，苟欲推明大道，未有不辨諸學術源流」則為《校讎通義》中心論點。

第三、認為章氏學術思想部分地繼承了「十七世紀的大儒傳統」，然而「沒有全面光大清初大儒的近代意識」。他說：章學誠學術思想是「清初大儒宏旨」的部分繼承者：「他在漢學的支配潮流中艱苦地做著他的學術活動，並在原則上發出了一種學術性的時代抗議。他部分地繼承了十七世紀的大儒傳統，所謂部分者，乃指其學術性的文化史學而言，尚沒有全面地光大清初大儒的近代意識。」〔註17〕這裡「所謂部分者」及其「乃指其學術性的文化史學而言」的解證，我以為是指章氏從文化史的角度切入呼籲恢復學術與政

〔註14〕侯外廬：《乾嘉時代的漢學潮流與文化史學的抗議》，《侯外廬史學論文選集》，北京：人民出版社，1988年，第232～233頁。

〔註15〕侯外廬：《乾嘉時代的漢學潮流與文化史學的抗議》，《侯外廬史學論文選集》，北京：人民出版社，1988年，第239頁。

〔註16〕侯外廬：《乾嘉時代的漢學潮流與文化史學的抗議》，《侯外廬史學論文選集》，北京：人民出版社，1988年，第234頁。

〔註17〕侯外廬：《乾嘉時代的漢學潮流與文化史學的抗議》，《侯外廬史學論文選集》，北京：人民出版社，1988年，第223頁。

治、學術與社會、學術與生活的眞正的關係，批判乾嘉考據誤「功力」以爲「學問」，以手段爲目的，本末倒置，割裂學術與政治、與社會和生活的聯繫。這自然是章氏學術思想的內涵之一。在此之外，章氏的學術思想貢獻，還在於他超越了傳統學術非宋學即漢學，或者兼採漢、宋致中和的學術傳統，另闢新徑，由文史校讎、校讎評論同樣可以實現順天道盡人倫的大義。關於這一點，章氏在其《與孫淵如觀察論學十規》中說得很分明：「鄙人所業，文史校讎，文史之爭義例，校讎之辨源流，與執中所爲考核疏證之文，途轍雖異，作用頗同，皆不能不駁證古人。譬如，官御史者不能無彈劾，官弄曹者不能不執法，天性於此見憂，亦我輩之不幸耳……但期於明道，非爭勝氣也。」〔註18〕再而言之「期於明道」之途，無非「道問政」與「道問學」。前者是章氏所不能踐踏的禁區；而於後者，章氏暢言，學之徑非文字、章句而微言大義一途，你孫淵如之「考核疏證」亦不失一徑；而「鄙人所業」之「文史校讎」也是其一。侯氏所謂清初大儒的「宏旨」和「近代意識」，考諸侯氏之《黃宗羲哲學思想的啓蒙意義》（1944 年）、《論明清之際的社會階級關係與啓蒙思潮的特點》（1957 年）和《十六、七世紀中國進步哲學思潮概述》（1959 年）等論述，集中的表述大概是指：「第一，李贄、王夫之、黃宗羲、顧炎武、唐甄和顏元等人，都以各種表現的方式，強烈地仇視農奴制度及依存於它的一切產物」；「第二，擁護教育、自治和自由」；「第三，同情於人民的利益」。〔註 19〕我以爲章氏學術思想的格局可能不及侯氏所比較清初之大儒，但其抱負志在「文史通義」，按章氏自言一個人的學術格局，既有個人稟賦，也有時會機緣，不是想當然就會怎樣的、就能怎樣的。不同時代的學者所面臨的問題不同，所要解決的問題也不一樣。清初與清代中葉的民族關係、政治基礎、社會意識和文化氣象已然不同，強作比較有些難爲古人。再者，侯氏所言清初大儒們的「宏旨」和「近代意識」，也是基於列寧對於俄國啓蒙運動的三個基本特點所作的分析。列寧在《我們究竟拒絕什麼遺產？》中，分析俄國啓蒙運動的三個特點是：「對於農奴制度及其在經濟、社會和法律方面的一切產物滿懷著強烈的仇恨」；「熱烈擁護教育、自治、自由、西歐生活方式和一般俄國全盤歐化」；「堅持人民群眾的利益，主要是堅持農民的利

〔註18〕　章學誠：《佚篇·與孫淵如觀察論學十規》，《章學誠遺書》，北京：文物出版社，1985 年，第 639 頁。

〔註19〕　《侯外廬史學論文選集》，北京：人民出版社，1988 年，第 83～84 頁。

益……他們衷心相信農奴制度及其殘餘一經廢除就會有普遍幸福，而且衷心願意促進這一事業。」〔註20〕當然，這種比附在特殊的政治氛圍和學術風尚下可以理解，也從另外一方面說明了學術與政治制度和意識形態關係的複雜性。看來在這個問題上古人和今人面臨同樣的難題；要麼追隨時學，要麼成為異端。一個要冒現實的風險，一個要冒歷史的風險。

侯氏在唯物史觀下的章氏學術思想解讀，既有以上所舉之學理的新發現，也有因受唯物史觀之支配而釋解章氏學術思想時表現出明顯的概念化和教條蹤跡。比如，他在闡釋「文史通義」之「義」的時候講：「所謂通義之『義』，有時亦作『意』」，接著他分析了章氏在《答客問》中為了說「義」而羅列比較的四種求「義」之舉：「第一，說明通經必須貫經，光有文獻不行，主要在於理論的綜合；第二，說明諸子各家都有一得之見，未可否認，宜就各家學說，批判地吸取其所長；第三，說明專門家之言有獨創之長，不能因其有所偏，而加以抹殺；第四，說明沒有獨立見解而因襲人之言，不是學問」。最後，他以「綜合他所言『義旨』的話來看，『義』即近人之所謂『主義』，或謂心知其意的『自命』」來作結〔註21〕。這段在形式上有主張、有分析論證、有結論的文字，從體式上看是完整無憾的。它不僅符合論說之體，而且很辯證。我以為問題就在「辯證」上。因為照這種闡詮看來，章學誠已經不是清代中葉一位不得志的歷史文化學人了，而是20世紀一位深通唯物辯證法的黨人。我們可以披文入裏，看看這段闡釋文字究竟表達了什麼見解：第一，所謂「主要在於理論的綜合」就是要全面地看待問題；第二，所謂「一得之見未可否認」、「獨創之長」「不能因其偏」「而抹殺」，就是要一分為二地看待不同學人的學術思想貢獻；第三，所謂「襲人之言不是學問」就是要去偽存真，具體問題具體分析。當然，我們也可以看看章氏這段文字究竟要表達什麼意思，或者是否還存在其他闡釋的可能性空間了。錢基博在《〈文史通義〉解題及其讀法》中將《答客問》置於「核史」中〔註22〕，呂思勉認為「《答客問》三篇，為章氏宗旨所在……言一家著述也。」並且進一步闡釋所謂「一家著述」因

〔註20〕 轉引自《侯外廬史學論文選集》，北京：人民出版社，1988年，第82頁。《我們究竟拒絕什麼遺產？》，《列寧全集》第2卷，第443頁。

〔註21〕 侯外廬：《乾嘉時代的漢學潮流與文化史學的抗議》，《侯外廬史學論文選集》，北京：人民出版社，1988年，第228～239頁。

〔註22〕 錢基博：《國學要籍解題及其讀法》，上海：上海古籍出版社，2012年，第215頁。

人而異，強求不得，因爲這是「由才性之殊，亦或以所値時勢之不同從事於其時之所當務也。」〔註23〕今人倉修良闡釋此三篇宗旨說：「這是章學誠關於歷史編纂學理論的重要文章……論述通史編修的目的和成功的標準外，重點提出了史籍分類新的觀點和方法……他在文中提出了把史籍分爲『撰述』（著作之書）和記注（爲著作提供材料的資料彙編）的主張。」〔註24〕

由此可見，章氏《答客問》（上、中、下）是談自己對於「一家著述」的見解，並且是與劉知幾的「館閣編修」之論作比較而論的，強調了「一家著述」的重要性。他之所以強調「撰述」與「記注」的區別，詳說「比次之業」、「考索之功」、「獨斷之學」的殊異，都是在強調「一家著述」的原則，甚至爲了強調「獨斷之學」的重要而不惜看輕「比次之業」與「考索之功」。這一點他倒是很符合辯證法主要矛盾與次矛盾論。其實，「比次之業」與「考索之功」也是學問不可或缺的基礎，否則，皮之不存，毛將焉附。只是天生人各賦其稟、性情各異、趣味有別、時勢有定，內在的原因和外在的因素結合在一起，就使得那些以學問爲業的人有了或此或彼的擇業機緣，勉強不得，強求不行。章氏對自己的認識是「予於史學，蓋有天授」，在這一點上，章氏之於人性人情確有同情之理解。只是由於其所處時代考據學成爲顯學，以至於其他的學問都成爲「異端」。而在章氏看來，考據是做一切學問的基本功，時趨過甚，目的手段本末倒置。所以出言時有不遜之辭，有道是眞言不美。其可怪哉？由此看來，章氏所論恰恰是因片面而深刻而非辯證。侯氏所論正好違背了自己在文章末尾誨人讀古書，「不是把古人當作今人和他爭辯，而是實事求是地分析思想家的遺產的時代意義」的提醒〔註25〕。

此外，侯氏闡釋章氏《言公》《史德》二篇中之「人民性」及「主客觀條件」說也存在同樣的借古人言，說今人話之嫌。他說：「《言公》上中下三篇，在我看來是講文史學的人民性，這是客觀條件」，「《史德》篇所言『著書

〔註23〕 呂氏分析道：「高明者爲獨斷之學，沉潛者深考索之功：學問之殊途，實由稟賦之各異，與其論朱、陸爲千古不可泯之同異，亦千古不可無之同異意，眞通論也。惟比次之功，實亦足卓然自立，初無慚於考據，而通則原理亦必自茲而出焉。學問之家，所以或事比次、或事考據、或則獨斷者，固由才性之殊，亦顓以所値時勢之不同從事於其之所當務也。」呂思勉：《文史通義評》，《史學與史籍七種》。

〔註24〕 倉修良：《文史通義新編新注》，杭州：浙江古籍出版社，2005年，第254頁。

〔註25〕 侯外廬：《乾嘉時代的漢學潮流與文化史學的抗議》，《侯外廬史學論文選集》，北京：人民出版社，1988年，第242頁。

者之心術』，在我看來，是講文史學者求理的忠實精神，這是主觀的條件。」
〔註 26〕《言公》三篇，詳述學術文章是如何由天下公器而漸爲名利之私用的
原因，應該是比較典型的學術史論。在章氏看來，造成這樣一種局面的原因
有四：第一，古者官師合一、學治一體、文道同一，所以沒有公私的問題。
所謂「文與道爲一貫，言與事爲同條，猶八音相須而樂和，不可分屬一器之
良也；五味相調而鼎和，不可標識一物之甘也。」〔註 27〕可是由於社會的發
展，「周衰文弊」，使得古代的「三合一」的局面不復存在，先是「諸子爭
鳴」，繼而「漢儒抱殘缺」，「師授淵源」爭「以著述爲功」。於是出現了「矜
於文辭而私據爲己」的局面。第二，社會生產力的變化，書寫材料、書寫工
具的出現與使用，使得傳播方式發生了變化，從而也使知識與來源的追索產
生了。「自田何而上，未嘗有書，則三家之《易》著於《藝文》，皆悉本於田
何以上口耳之學也。」〔註 28〕這也是「古人之言，所以爲公」而「未嘗矜於
文辭而私據爲已有」的原因之一。第三，是「世教之衰也，道不足而爭於
文，則言可得而私矣；實不充而爭於名，則文可得而矜矣」。第四，是人性之
所必然。「學者莫不有志於不朽」，但他們卻反其道而行之。在章氏看來，「言
公於世，則書有時而亡，其學不至遽絕也。」〔註 29〕當然這只是章氏的一廂
情願，但他爲我們考察後世之人爲什麼棄「言公」而「矜於文辭而私據爲已
有」提供了一個考察的維度。曹丕說：「年壽有時而盡，榮樂止乎其身，二者
必至之常期。未若文章之無窮」，又說「富貴願足，則慕神仙，黃白之術既紕，
文章之尚斯專；度人生之不朽，久視弗若名傳。」〔註 30〕人情至此，人同此
心，心同此理，「果出於我，私據有之，似亦未足爲害」。也許章氏正是洞悉
了人性這一幽微之處，以爲「作始也簡，將畢也鉅，君子於弊之所生，所以
常防其漸也」，所以縱橫捭闔以「言公」〔註 31〕。而在侯氏看來，這是「人民
性」。以今視之，亦不無不可取。

　　至於「《史德》篇所言『著述者之心』……是講文史學者求眞理的踏實精

〔註 26〕侯外廬：《乾嘉時代的漢學潮流與文化史學的抗議》，《侯外廬史學論文選集》，
　　　　北京：人民出版社，1988 年，第 242 頁。
〔註 27〕章學誠：《言公上》，《章學誠遺書》，北京：文物出版社，1985 年，第 29 頁。
〔註 28〕章學誠：《言公上》，《章學誠遺書》，北京：文物出版社，1985 年，第 30 頁。
〔註 29〕章學誠：《言公中》，《章學誠遺書》，北京：文物出版社，1985 年，第 30 頁。
〔註 30〕曹丕：《典論·論文》。
〔註 31〕呂思勉：《文史通義評》，《史學與史籍七種》，上海：上海古籍出版社，2009
　　　　年，第 266 頁。

神，這是主觀條件」的斷語大抵是不錯的，然而失之太泛，過於抽象。章氏《史德》大異於前者，除了在劉知幾論良史當具才、學、識三才而外，補充「史德」亦當爲良史不可或缺素質而外，以「心術」詮「史德」是另一重點。理由是一者「心術」乃古代中國知人論世之最高層次，二者在專制政體下，究「心術」乃一切帝王術之核心，是排除主觀能力之外，考察動機的特殊維度，它在走向極端的時候就是「交心」，從而達到掠奪人們獨立思考的權力，剝奪思想的自由權力。從章氏力主「官師合一」之政見，強調學以資政的學術觀，則其「辨心術以議史德」當有多樣性的解讀空間，以保守和衛道的一面作爲闡釋其宗旨之一，亦無不當。章太炎在闡釋其本家學術思想的時候時而贊之，時而否之，是非分明。但有一點是可以肯定的，那就是無論他以排滿的民族英雄形象出現，還是以反對專制制度的鬥士形象出現的時候，他都是不看好他那位本家的學說的，原因大概就在於此。所以，闡釋古人的思想最好以貼近其時代爲宜，超越時代之論，則過猶不及。唯物史觀爲人們正確看待歷史提供了廣闊的視界，持唯物史觀者在觀照歷史的時候確是觸及了在其他史觀下難以洞察的歷史深幽，然而，當它教條化和形式化後，其對歷史事件、人物和歷史思想的闡釋和評價也就難免有削足適履之虞。

第二節　范文瀾：批判的武器與武器的批判

　　范文瀾（字仲沄，1893～1969）關於歷史學方面的思想主要表現在三個領域：一是關於中國近代史方面的建設；一是中國歷史研究方面的理論問題辯證；一是以經學爲中心的關於中國文化、思想史方面的闡述〔註 32〕。在這三個方面，都不難發現章學誠學術思想的影響。因此，范文瀾對章氏學術思想的理解與詮釋、利用與批判，對於考察章氏學術思想進化價值在唯物史觀下所呈現的面貌，具有典範性價值。

一、與章氏學術思想的遠因與近緣

　　劉大年（1915～1999）在評價中國「馬克思主義史學大師」的時候，獨推郭沫若和范文瀾。他說：

　　　　就歷史學領域講，郭沫若同志、范文瀾同志可以並稱爲我們的

〔註 32〕劉大年：《〈范文瀾歷史論文選集〉序》，見中國社會科學院近代史研究所編《范文瀾歷史論文選集》，北京：中國社會科學出版社，1979 年，第 3～4 頁。

　　開國一代的兩位大師。他們都比較早地應用馬克思主義研究歷史，
都精通中國豐富的文化遺產。〔註33〕

　　不僅如此，他們的「許多工作都是在毛主席的直接關懷、指示下進行的，
毛澤東對他們的貢獻都有重要評論。」〔註34〕

　　這種評價，既是一種學術的認定，也是一種政治鑒定。「精通中國豐富的文化遺產」、「較早地應用馬克思主義研究歷史」、在「毛主席的直接關懷」和「指示下進行」工作，三個方面僅據其一，在中國大陸已足以讓受評者贏得身前身後榮。范氏在當代中國學術界和政治界所享有的尊榮除郭沫若外，真的是無人能敵。

　　在學術研究受意識形態強烈干預的情況下，學者的學術行為在某種意義上主要表現為一種召喚和應答。「精通中國豐富的文化遺產」對於他們而言，是非常重要的。這是他們得以同其他非馬克思主義陣營的論敵進行「鬥爭」的基礎，也是他們得以在無產階級知識陣營中被挑選出來從事重要學術工作和領導學術團隊的原因之一。以唯物主義歷史觀，重新解釋中國的歷史，進而證明新的階級和其代表力量主導歷史發展的合理性和必然性是歷史學領域一項重要的工作。他們經歷了由學術的自由競爭而成為深刻影響學術生態，到受到強有力的制度保障一枝獨秀的不同階段。完成了從邊緣到中心、到主流以至於主宰的使命。在這一過程中，一箇舊時代的知識分子能否成為一個真正的馬克思主義歷史學家，與他們對待其他持學術異見者的態度、對待東西方學術思想的態度、對待舊的學術思想資源利用的態度，以及詮釋的立場與方法都是密切相關的。范文瀾從一個擁有深厚舊學修養，而又較早轉變為馬克思主義史學家的個案，對考察知識分子如何成為無產階級政黨所需要的新知識分子極具典範的意義〔註35〕。他對章學誠學術思想的理解和詮釋，同樣為我們考察章氏學術思想在唯物史觀觀照下，呈現出來的學術面貌，提供了一個側面。

〔註33〕劉大年：《〈范文瀾歷史論文選集〉序》，見中國社會科學院近代史研究所編
　　　　《范文瀾歷史論文選集》，北京：中國社會科學出版社，1979年，第1頁。
〔註34〕劉大年：《〈范文瀾歷史論文選集〉序》，見中國社會科學院近代史研究所編
　　　　《范文瀾歷史論文選集》，北京：中國社會科學出版社，1979年，第1頁。
〔註35〕有學者認為：「他既是享有盛譽的馬克思主義史學開拓者，又是忠誠的革命
　　　　者，從某種程度上來說，他豐富的生平經歷、宏富的史學著作及博大的學術
　　　　思想，可以視為馬克思主義史學發展的一個縮影，從中可以解讀20世紀中國
　　　　學者在建構馬克思主義史學科學體系過程中的艱辛探索和卓越建樹。」見趙
　　　　慶雲《范文瀾研究綜述與展望》，《貴州社會科學》，2008年第3期，總第219
　　　　期。

　　范氏早年的學術經歷留存的資料較少，他於 20 世紀 40 年代（1945 年）的《從煩惱到快樂》，是他已經成爲一個自覺的馬克思主義學者之後的回憶。其中所述也多是他尋求政治眞理的心路歷程，而 1940 年之前，他雖已於 1926 年加入了中共，「但不久失掉關係」。這期間雖然有一些零星的「革命活動」，且有過被捕的經歷，但很長一段時間與組織失聯。失聯期間，他主要是一位輾轉北京、天津、瀋陽、河南等北方地區大、中學校的文史教員〔註36〕。

　　范文瀾與章學誠學術思想的淵源可以從多個方面考察。第一，是榜樣的作用。劉大年在追述范氏學宗的時候說：范氏生長於浙江紹興，係章氏同鄉，「早年嚮往章炳麟等人的學問，又長期走著清代樸學家的治學路徑，這都可以與浙東學派接上淵源。浙東學派，包括黃宗羲（餘姚）、萬斯同（寧波）、全望祖（寧波）、章學誠（紹興）等著名的思想家、歷史學家。」范氏深受影響的章炳麟「受全祖望、章學誠影響很深，究心明清間的掌故，鼓吹排滿，提倡種族革命論」，「據說晚清改革家受他影響的不少。章學誠著《文史通義》，其中講到浙東貴專家，浙西尙博雅。『浙東之學，言性命者必究於史，此其所以卓也』。」〔註37〕第二，是家學的薰陶。范氏世代耕讀，家學淵源深厚：祖父范城和章氏一樣讀書、做州縣師爺；父范壽鍾博學親授子弟《四書》《五經》、古文和《泰西新史攬要》等；養育他的叔父范壽銘對金石學和校讎學也有研究和著述。父輩們深受鄉學薰陶和影響，這些都不可能不影響到范氏的學習。如果沒有 1905 年的科舉之廢，可以肯定地說，范氏也會走傳統讀書人的老路，參加科考，而如何做科考時文，章實齋的一系列關於時文的講論和應對之策，幾乎是士子過關的必備之書〔註38〕；第三，是范氏

〔註36〕據《范文瀾同志生平年表》載：1917 年下半年，24 歲的范在北京大學畢業，曾任蔡元培秘書；1918 年先後在瀋陽高等師範學校和河南省汲縣中學任教；1922～1925 年，在天津南開中學任教，兼任南開大學經、史、文學等課程；1927～1936 年，在北京大學、北京師範大學、女子師範大學、朝陽大學、中法大學、輔仁大學等學校任教；1937 年，在河南大學等學校任教；1940 年 1 月，到延安，任馬列學院歷史研究室主任。在此期間已經開始從事黨的工作。

〔註37〕劉大年：《〈范文瀾歷史論文選集〉序》，見中國社會科學院近代史研究所編《范文瀾歷史論文選集》，北京：中國社會科學出版社，1979 年，第 11～12 頁。

〔註38〕在章學誠學術思想沒有獲得眞正的認識和接受以前，章氏關於婦學和舉業部分的著述已不脛而走。臺灣學者對章氏舉業讀書法有專門的研究。見黃復山《章學誠的舉業讀書法》，載陳仕華主編、林惠珍編輯《章學誠研究叢書——第四屆中國文獻學學術研討會論文集》，臺北：臺灣學生書局，2005 年。

於1913年考進北京大學預科，1914年考進北京大學國學門。據錢穆回憶，這個時期北大國學門、史學門的入學考試，章學誠的《文史通義》乃爲必考的內容〔註39〕。早年的這些生活環境和求學經歷，對范氏後來的學術研究都產生了直接或間接的影響。誠如有的學者所說：「浙東學派的歷史觀點對范老的影響，明顯地反映在《中國近代史》等作品上。」〔註40〕

二、「六經皆史」與傳統經學的批判

范氏自幼讀五經，三十歲（1922～1924）左右在南開大學講授經學〔註41〕且自編講義。這些講義後來以《群經概論》成書，1933年由北平樸社出版。全書共13章，以論述古代經書知識爲主，「試圖在辨析古代史料的基礎上擺脫今古文學派的門戶之見。」〔註42〕嚴格意義上講，這些小冊子，只能是經史學識介紹，算不上嚴謹的學術研究。1941年范氏在延安的中共中央黨校講「中國經學史的演變」，是學術觀轉變之後的嘗試。這次經學史的演講，受到毛澤東的關注，毛澤東不僅「親臨聽講」，而且「寫信鼓勵」「把講的內容寫出來」，認爲「必有大益」，「因爲用馬克思主義清算經學這是第一次。」〔註43〕這次毛澤東與范文瀾的互動，在最新出版的《毛澤東年譜》中也得到反映。與范氏學術年譜稍有出入的是毛澤東在「讀范文瀾關於關於中國經學簡史的講學提綱後，致信范文瀾：『提綱讀了，十分高興，倘若寫出來，必有大益。因爲用馬克思主義清算經學這是頭一次，因爲目前大地主大資產階級的復古十分猖獗。目前思想鬥爭的第一任務就是反對這種反動。你的歷史學工作繼續下去，對這一鬥爭必有大影響』。」〔註44〕如果對照范氏學術年譜之述和毛澤東年譜所述，則毛澤東可能先聽了范氏的演講，然後索要提綱作

〔註39〕 錢穆：《八十憶雙親師友雜記》，北京：三聯書店，1998年，第87頁。

〔註40〕 劉大年：《〈范文瀾歷史論文選集〉序》，見中國社會科學院近代史研究所編《范文瀾歷史論文選集》，北京：中國社會科學出版社，1979年，第12頁。

〔註41〕 范文瀾同志生平年表》：「1898～1906年，五歲至十三歲。在私塾讀書。先讀《四書》，後由父親自教讀五經」。

〔註42〕 王學典主編：《20世紀中國史學編年（1900～1949）》下冊，北京：商務印書館，2014年，第581頁。但仍然是在傳統經史學的範圍內作文章，並沒有特別之處。

〔註43〕 《范文瀾同志生平年表》：見中國社會科學院近代史研究所編《范文瀾歷史論文選集》，北京：中國社會科學出版社，1979年，第360頁。

〔註44〕 逢先知主編：《毛澤東年譜》（修訂本），北京：中央文獻出版社，2013年，第205頁。

指示，並明確指示其學術工作的方向和意義。

范氏的經學史演講之所以受到毛澤東的讚賞，一是具有學理性而非純粹意識形態需要的強加；二是「這是第一次」「用馬克思主義清算經學」，是學術觀轉變成果的體現；三是對毛澤東新民主主義的文化論述進行了順理成章的學理化闡述。在范氏的經學史講論中，明引暗述章學誠經學思想的地方至少有這樣幾個方面。

第一，對章氏「六經皆史」論，持兩分說。他評價說：

> 這個說法有對的地方，也有不對的地方。古代所謂的史，就是記事和記統治者重要的話，所謂左史記言，右史記事。六經中的《書經》是重要的政治文件選集。《春秋》是大事年表，其他四經——《周易》《詩經》《儀禮》《樂》（《樂》已遺失），既不記言，也不記事，只有史料價值。講究哲學、文學、制度、音樂這些獨立性的專業，都得研究講這四經。所以說六經皆史，其實只有《春秋》《尚書》是史，其他四經不能稱爲史。但章學誠的話有他的道理。清儒講漢學，也講宋學，都把經看作神聖的書，章學誠卻說經都是史，把經從神聖的地位上拉下來與史平列，這是有意義的。另外，章學誠反對『離事而言理』，就是反對宋學的空談。章學誠偏重古文經，主張實際的考察和治史，所以有六經皆史的說法。〔註45〕

范氏肯定章氏「六經皆史」論，一是因爲此論能助其批判傳統經學，以資批判當下鼓吹經學的大地主大資產階級的反動與腐朽的本質；二是主張治學治史當求實。而認爲章氏所論不足之處是關於「六經」的指論有誤，以爲除《春秋》《尚書》是史，其他四經皆不爲史。這一詮解是值得商榷的。不僅章氏所論甚詳，且章氏所論非其自創，皆襲說前賢。《禮記·經解》說：「孔子曰：入其國，其教可知也：其爲人也，溫柔敦厚，《詩》教也；疏通知遠，《書》教也；廣博易良，《樂》教也；潔淨精微，《易》教也；恭儉莊敬，《禮》教也；屬辭比事，《春秋》教也。」孔子曰雖無一「經」字，而《禮記》則曰「經解」，可見，《書》和《春秋》都是孔子用來教學的「經書」。《莊子·天運篇》說：「孔子謂老聃曰：丘治《詩》《書》《禮》《樂》《易》《春秋》六經。」又說：「《詩》以道志，《書》以道事，《禮》以道行，《樂》以道和，《易》以

〔註45〕 范文瀾：《經學講演錄》，見中國社會科學院近代史研究所編：《范文瀾歷史論文選集》，北京：中國社會科學出版社，1979年，第300～301頁。

道陰陽，《春秋》以道名分」。范氏在論述過程中將章氏「六經皆先王之政典」的思想轉換為「經是封建統治階級在思想方面壓迫人民的重要工具」，在馬克思主義看來，「先王政典」是「統治階級要鞏固自己的政權……來證明自己地位的不可動搖」的工具。這種認識抓住了西漢武帝以來歷代統治者尊儒崇經的要害，經以及經學的本質在於為歷代統治者提供統治合法性依據。所以，要推翻以這種合法性依據為統治基礎的舊的政治秩序，批判經及經學無異於釜底抽薪。是以，范氏的經學史演講，即非一般學術性的工作，同經學的發達非一般學術的發達而是意識形態的膨脹一樣，是意識形態變革的先聲。從社會政治思想的角度看，「先王政典」有維護和鞏固統治階級利益的一面，自然確鑿，但同樣不可否認的是它們中一定有規範生活秩序、維護社會穩定、安定民生、促進社會發展的一面。經學有其政治維面的講讀，也有其學術與文化維面的講讀。「經學奠定中國文化的基型，因而也成為中國文化發展的基線」〔註46〕。經學史不可只講成經學政治思想史，而且沒有學術思想與文化思想史講論〔註47〕，否則，即有將其置諸新的文化的對立面的危險。這種危險一旦成為現實，則文化的斷裂勢必發生。

第二，關於經的產生，范氏之「經始託於西周，周公是這一時代的代表人物」的論斷，可以視為章學誠「古之所謂經，乃三代盛時，典章法度見於政教行事之實，而非聖人有意作為文字以傳後世」論的白話轉譯。

第三，關於「經講些什麼」，范氏暗引胡適之「六經皆史料」的「六經皆史」釋在前，明引章學誠「六經皆史」論於後，作為其「《尚書》《春秋》《三禮》《周禮》《儀禮》《禮記》記載『言』『行』『制』（制度），顯然是史」論斷的權威證明。無疑將章氏之論窄化了。因為胡適之「六經皆史料」解論章氏之說，是借別人的酒杯澆自己塊壘之術，以闡揚其史料派史學觀。唯物史觀

〔註46〕 徐復觀：《自序》，見《徐復觀論經學史二種》，上海：上海古籍出版社，2002年，第3頁。

〔註47〕 《四庫提要》經部敘論經學門戶及學術升降有曰：「自漢京以後，垂二千年，儒者沿波，學凡六變。其初專門授受，遞稟師承。非惟訓詁相傳，莫敢同異。即篇章字句，也屬守所聞。其學篤實謹嚴，及其弊也拘。王弼、王肅，稍持異議。流風所扇，或信或疑。越孔、賈、啖、陸，以及北宋孫復、劉敞等，各自論說，不相統攝。及其弊也悍。學脈旁分，攀援日眾，驅除異己，務定一尊。自宋末以逮明初，其學見異不遷，及其弊也黨。主持太過，勢有所偏，才辨聰明，激而橫決。自明正德、嘉靖以後，其學各抒心得，及其弊也肆。空談臆斷，考證必疏，於是博雅之儒，引古義以抵其隙。國初諸家，其學徵實不誣，及其弊也瑣。」

按其實是主史意的，是反對史料派史學主張的，在這一具體問題上，范氏採信胡適之說，當屬權宜和偶然。

第四，用鬥爭哲學來論述經學發展的規律。認爲經學的發展是內部鬥爭和外部鬥爭兩個方面的鬥爭推動的結果。「鬥爭的方法：（一）迎合統治階級，發揮適合君主利益理論，掩蔽抹煞近乎危險的言辭……；（二）採取對方的長處，來改造自己的短處。」這些見解總體上無疑是有見地的，是正確的，揭示了傳統學術中政、經關係的本質。但具體到政、經關係，中國文化中道統、政統、學統之間的關係，既有相協的一面，也有相互制約的一面，彼此糾纏而又各自成體，三者之間在社會政治文化生活中的此消彼長，在不同的時期又呈現不同的勢態，是十分複雜的問題，過分的簡單化即意味著對歷史的簡單化，也意味對待歷史問題可能產生輕率化的可能。

當然，這樣講經學史與之前講法的最大不同，不在其過程的描述，如果僅此而止，則絕不會受到毛澤東的點贊。范氏經學演講的精彩之處是卒章顯志，「鴉片戰爭以後」，仁人志士以經學救中國一次又一次努力，屢試屢敗。這樣的努力大大小小，一共有十二次之多。一是鴉片戰爭之後的，西方入侵、太平天國起義、中日甲午戰爭，「新官僚與一部分資產階級知識分子」的改良運動，表現在經學上的混亂；二是資產階級與封建勢力的妥協，今文經學派與古文經學派的相互妥協，標榜「溝通中西」與「以古證今」的失敗；三是康有爲、梁啓超、譚嗣同等的今文學派政治運動的失敗與沒落；四是古文學派的再起；五是漢宋調和與「中體西用」的曇花一現；六是古文學派錯將經學附會西學的令人捧腹；七是古文學派的「全盤西化」；八是國粹派的粉墨登場與轉瞬即逝；九是以胡適爲首的新漢學派走向末路；十是梁漱溟非「徒託空言」，而是「見諸行事」，證明新宋學系的失敗；十一是「經歷著清末以來今文運動全程」，晚年自號「六譯」的廖平，六變其五，終於變無可變；十二是「新漢學系的古文學派、今文學派以及宋學系，五四以後，因封建殘餘勢力的益趨沒落以及資產階級的軟弱妥協不革命，而陷入末路」〔註48〕。

這種近代經學演進史的闡述，有兩個特點，一是其闡述是以其內在的學理支撐和外在的價值觀照協同展開的。前者以章學誠「六經皆史」的理論爲

〔註48〕 范文瀾：《中國經學史的演變——延安新哲學年會講演提綱》，中國社會科學院近代史研究所編《范文瀾歷史論文選集》，北京：中國社會科學出版社，1979年，第295～296頁。

基礎，後者以馬克思主義唯物觀史觀的鬥爭學說爲指導思想。章氏「六經皆史」說，除了范氏所徵胡適之解「六經皆史料」一解外，更有著深刻的內蘊，即「六經初不爲尊稱，義取經綸爲世法耳。六藝皆周公之政典，故立爲經。」〔註49〕六經是經與史是同體同構同質異面的事與理、體與用。而「事有實據而理無定形，故夫子之述六經，皆取先王典章」〔註50〕。既如此，則治經即當就大道以切日常人倫。換言之，「六經皆史」的終極指向是世俗的政治、倫理和禮俗。正因爲如此，則今文學派與古文學派之爭表面上爭的是學理，實際上爭的是政治的取向和權益。范氏之「豐富的古代文化學養」和初步的「馬克思主義理論」修養結合起來，洞悉經學內部之爭的實質若觀火然。當然，經學的沒落，更主要的原因是它無力解釋近代中國「三千年未有之變局」的因與果，即無法回應社會的變化和巨大的衝擊。所謂天不變道亦不變，現在是天有變，道自然不得不變，經學的危機於是產生了。它再也不可像過去三千年中在「戰勝黃老刑名，取得實際的獨尊地位」之後，一變而爲「今文古文之爭」，再變而「鄭學與王學，南學與北學的鬥爭」，繼而「戰勝佛老」，以「理學與心學的鬥爭」〔註51〕。這可以視爲傳統學術爲求自保而做出的自我調整。要說到這種自我調整的自覺程度之高，當推章學誠的「以史解經」。章氏的「六經皆史」論，通過提出經、史合一的表現，實際上強調的是經、史之別，強調經典與道、與歷史、與實際生活和日常人倫的結合。這種以史觀經、以史釋經的學術眼光和作爲，至少是客觀上促進了近代歷史科學的發韌。還有就是乾嘉考據學，以科學的方式對經和經所蘊之道進行歷史的考察，決定了史學和經學地位上的翻轉，同樣也促進開啓了近代歷史科學的天際。這是范氏沒有論及的，之所以有這樣的疏忽，是因爲范氏的學術活動有太直接現實的目的，學術作爲一種手段必須生成明確的結論，那就是說明新民主主義文化的產生，有其歷史的必然性。所以，在其講演「總結」部分的五點總結中，三處成整段地引用了毛澤東《新民主主義論》關於中國文化革命歷史特點的論述。在明確「經本身是古代史料（六經皆史）」，也「多少含有民主性革命性的東西」的同時，強調「新民主主義的文化革命，必需改變經學爲

〔註49〕章學誠：《經解下》，《章學誠遺書》，北京：文物出版社，1985年，第9頁。

〔註50〕章學誠：《經解中》，《章學誠遺書》，北京：文物出版社，1985年，第8頁。

〔註51〕范文瀾：《中國經學史的演變——延安新哲學年會講演提綱》，中國社會科學院近代史研究所編《范文瀾歷史論文選集》，北京：中國社會科學出版社，1979年，第296～299頁。

史學，必須反對頑固性的道統觀念」〔註52〕。在論述經和經學合法性必然消失的同時，爲新的道統的產生鼓與呼。

　　無論是強調要通過「文化革命」的方式，人爲地「改變經學爲史學」，還是將「六經皆史」作「六經皆史料」的學術解詮，都是服務特定文化需要所做的學理上的論述。這種論述對晚近經學向史學的轉變，基本上是符合其本身內在發展邏輯的，即描述了經和經學作爲舊的統治秩序合法性基礎的喪失。但忽視經和經學作爲學術文化傳承的載體則是值得商榷的。梁啓超所謂「經訓爲國性所寄，全國思想之源泉，自茲出焉。廢而不讀，則吾儕與吾儕祖宗之精神，將失其連續，或釀成國性分裂消失之病」〔註53〕之論，雖然針對的是新文化運動反傳統的偏執而言，但對於其他對經和經學採取完全虛無主義態度的持論者，無疑具有同樣的提醒作用。何況沒有對策超級大國和經學眞正科學態度的批判，經和經學的思維方式和價值意向，必然會在新的適宜的語境中潛滋暗長，導致沒有經和經學的傳統變著花樣借屍還魂，結果是舊的聖人被打倒了，新的聖人產生了，出言爲經，新經又出現了。

三、召喚與應答之《中國通史》修撰

　　如上所述，范文瀾對中國馬克思主義歷史學最主要的學術貢獻之一，是主持並親躬《中國近代史》和《中國通史》的編修。這一史修任務，貫穿其全部學術生涯，直至離世，全部的工作亦未結束。這一史修成果，被譽爲「第一部以馬克思主義爲指導編寫的中國歷史」〔註54〕，「開啓了以唯物史觀爲指導系統在研究和敘述中國歷史的新時期」〔註55〕。這一任務的確立與成果取得，與毛澤東的指示與鼓勵息息相關。筆者寫作本文期間，在知網檢索，如果輸入范文瀾、毛澤東和中國通史三個關鍵詞，顯示相關論文共 2362 篇。可見，這三者的關係已成爲一個頗具熱度的話題。范氏《中國近代史》《中國通

〔註52〕 范文瀾：《中國經學史的演變——延安新哲學年會講演提綱》，中國社會科學院近代史研究所編《范文瀾歷史論文選集》，北京：中國社會科學出版社，1979年，第 296～299 頁。

〔註53〕 梁啓超：《學校讀經問題》，《梁啓超選集》，上海：上海人民出版社，1984 年，第 884 頁。

〔註54〕 范文瀾：《中國通史簡編·前言》，《中國通史簡編》，石家莊：河北教育出版社，2000 年。

〔註55〕 史學史研究室：《新史學五家》，北京：社會科學文獻出版社，1996 年，第 169頁。

史》所體現的時代特色和中國氣派與毛澤東的鼓勵和支持是分不開的，也與范氏深諳毛澤東的史學思想密不可分。眾多論文無論是從領袖與歷史學人的「史緣」著眼〔註56〕，還是從兩者的「學術關聯與風格共鳴」立論〔註57〕，都無可否認范氏中國史修應領袖召喚而應答，在特定的歷史語境下將「浙東史學」及章學誠「史學所以經世」發揮到極致的范氏學術風格。作為政治領袖的毛澤東在唯物主義歷史觀史學理論和實踐的過程中，不僅明詔大號，而且對待具體的學術問題也不乏指導。章士釗在其《柳文旨要》中對毛澤東在當代政、學中的作用有過高度的哲學的概括。他說：「若夫 1949 年開國以後，……君師合一了，同言為經」〔註58〕。此書浩浩百萬餘，出版幾經周折，在毛澤東、章士釗及康生間往返信商，但關於上述所論之「君師合一」，皆不在賓主雙方討論中，似是不言而喻。而范氏的《中國通史》之修極典型體現了章氏所論。

　　1941 年，毛澤東在鼓勵范文瀾以經學批判服務現實鬥爭的同時，還提出了一項把「你的歷史學工作繼續下去的」要求，即編修一部中國通史〔註59〕。而在此之前、之際和之後，亦是中國通史編撰空前繁榮的時期，整個抗戰期間，各類通史之著，良莠不論，不下 30 餘部。這其中自然包括呂振羽、翦伯贊和范文瀾等在唯物主義史觀指導下的通史創構。「毛澤東將有一定的歷史知

〔註56〕 胡新民：《范文瀾與毛澤東的「史」緣》，《名人傳記月刊》，2013 年第 9 期。
〔註57〕 陳其泰：《范文瀾與毛澤東：學術的關聯和風格的共鳴》，《當代中國史研究》，2001 年，第 2 期。
〔註58〕 章士釗：《柳文旨要跋》，見《柳文旨要》，北京：中華書局，1971 年，第 2118 頁。
〔註59〕 以當時的情況而言，1938 年 10 月，隨著廣州和武漢相繼淪陷，中國的抗戰即進入相持階段。國民黨大規模正面戰場阻擊日軍的軍事行動告一段落。與此同時，中共不僅完成了戰略上的大轉移，而且得到了空前的發展。雙方在軍事上重啟摩擦的同時，在文化領域也開始了針鋒相對的鬥爭。但是，表現在歷史研究領域，如何用三千年的歷史文化構築奪取抗戰勝利的精神長城，卻成為朝野一致的共識。如何利用歷史來鼓舞全民族的持久抗戰，早在戰爭爆發之初就成為抗戰的戰略之一。民主建國會的章乃器（原名章埏，1897～1977）在發表對時局的主張時，論說「中國有五千年的歷史，所以不會亡」，毛澤東在《論持久戰》（1938）中指出亦有相類的論述。蔣介石方面發表《中國之命運》（1943）。早在 1932 年主張學術獨立於政治的傅斯年，即撰著《東北史》（1932）以張抗戰之識。錢穆在輾轉流離中著《國史大綱》（1940），呂思勉於淪陷之「孤島」亦著《中國通史》（1940），張蔭麟著《中國史綱》（1941）。

識看作革命成功的關鍵」〔註60〕他認爲：「指導一個偉大的革命運動的政黨」，「沒有歷史知識」，「要取得勝利是不可能的」，因爲「今天的中國是歷史的中國的一個發展；我們是馬克思主義的歷史主義者，我們不應當割斷歷史。從孔夫子到孫中山，我們都應當給予總結，承繼這一份珍貴的遺產。這對於指導當前的偉大運動，是有重要幫助的。」〔註61〕正是基於這樣的認識，他對於范氏《中國通史簡編》（上冊）的出版，大爲點贊，認爲是十分重大的事件，「說明我們共產黨人對於自己國家的幾千年的歷史，不僅有我們自己的看法，而且寫出了科學的著作。」〔註62〕其實，這只是一本用於一般幹部學習的歷史通俗讀本。但充分體現了毛澤東的歷史觀，范氏在此書《序言》中說：「我們要瞭解整個人類的前途，我們必須瞭解整個人類過去的歷史；我們要瞭解中華民族的前途，我們必須瞭解中華民族過去的歷史」〔註63〕。利用歷史著述服務抗戰和抒發對時局的立場，范氏此前已有嘗試。1936 年，針對國府當局「攘外必先安內」的方針，撰《大丈夫》，「志在敘古人，發揚漢族聲威，抗夷狄侵凌的事迹」。該書取材頗有章學誠「盈天下著作之林，無非史」之意，「正史以外，參考許多野史筆記，審慎稽核，組織成篇。無一語無來歷，無一事無根據。」〔註64〕

　　1943 年，范文瀾雖調職中宣部，但準備繼續《中國通史簡編》（下冊）的編寫，即中國近代史部分。1941 年，毛澤東在《改造我們的學習》的報告中指出：「對於近百年的中國史，應該聚集人材，分工合作地去做，克服無組織的狀態。應先做經濟史、政治史、軍事史、文化史幾個部門的分析的研究，然後才有可能做綜合的研究。」范氏放下《中國通史簡編》（下冊）的編寫，從事政治史的編寫〔註65〕。范氏的政治史編寫由於專史的性質，與前此之《中

〔註60〕 王學典：《20 世紀中國史學編年（1900～1949）》（下冊），北京：商務印書館，2014 年，第 771 頁。

〔註61〕 毛澤東：《中國共產黨在民族解放戰爭中的地位》，《毛澤東選集》第 2 卷，北京：人民出版社，1991 年。

〔註62〕 轉引自朱鴻如《范文瀾：從頑童到革命歷史學家》，見載《湖南湘聲報》，2000 年 11 月 8 日。「1940 年，范文瀾抵延安，接替陳伯達出任歷史研究室主任。歷史研究室受毛澤東之命撰寫體現新觀點的《中國通史簡編》作爲幹部學習用的通俗歷史讀本。編寫工作由范文瀾牽頭主持。」王學典：《20 世紀中國史學編年（1900～1949）》（下冊），北京：商務印書館，2014 年，第 798 頁。

〔註63〕 范文瀾：《中國通史簡編·序言》，延安：延安新華書店，1941 年。

〔註64〕 范文瀾：《大丈夫》，上海：開明書店，1936 年。

〔註65〕 四項任務分別由陳、范、郭、歐陽負責。陳伯達負責經濟史、郭化若負責軍事史、歐陽山負責文化史。

國通史簡編》體例上存在差異，因而命名《中國近代史》。如果僅看書名，這又分明是斷代史，歷史眞正成了名符其實「任人打扮的小姑娘」。此項工作獲得學術界高度的讚揚〔註66〕。范氏的《中國通史簡編》獲得了來自大陸政、學兩界的高度讚揚，但范並未陶醉於光榮中，就像他在幾次修改此著過程中，不斷弱化直到不提傅斯年史語所考古工作的發現對於其撰寫中國上古史的巨大助益一樣，在其他方面也多有反思。這些反思在有些方面無疑是正確的。比如對於中國封建時代，由「無分析的一律抹殺」，到「必須承認這段歷史時期對於中國民族生活的發展有其積極作用」；又如對待歷史上帝王將相和農民階級的認識等。總之，是檢討舊著中的「非歷史主義的態度」、「非馬克思主義立場」。這種反省和檢討，自然不僅關乎范氏一人，對整個歷史學界都產生了巨大的影響。1955 年，《中國通史簡編》（修訂本）第一編出版，1956 年，范氏爲政協全國委員會作中國近代史講座，同年於《光明日報》發表《中國近代史的分期問題——1956 年 7 月爲政協全國委員會中國近代史講座所作的報告》，明確將中國近代史分爲四個時期〔註67〕，形成了主導中國近代社會發展變化的力量的歷時性更替譜系，即地主階級的改革派、洋務派、資產階級改良派、資產階級革命。

　　1957 年，由翦伯贊主持，范文瀾領銜在北京大學的系列「歷史問題講座」發起對史學界尚存的以西歐歷史作藍本的歷史編修傾向的批判。1958 年 4 月 28 日，范氏在《人民日報》發表《歷史研究必須厚今薄古》。儘管在范氏之前，已有蔡尙思、束世澂、周穀城、楊寬、陳旭麓等歷史學家分別在《文匯報》發表《厚今薄古是個最正確的方針》(11)、《今古薄厚談》(12)、《史學如何爲現實服務》(14)、《堅持「厚古薄今」發展歷史科學》(14) 和《厚古必須薄今》(17)，但毛澤東對范氏的文章情有獨鍾，在 1958 年 5 月 8 日中共八大二次會議上，毛在講話中特別提及該文。他說：「范文瀾同志最近寫了一篇文章，《歷史研究必須厚今薄古》，我看了高興。這篇文章引用了很多事實證明厚今薄古是史學的傳統。敢於站起來說話了，這才像個樣子。」稍後，他又發出

〔註66〕劉大年認爲其「用科學觀點爲系統地研究中國近代史開了一個頭」；戴逸認爲，它教育、影響了後來的歷史學家，也教育影響了千千萬萬的革命者；陳其泰認爲它的出版，「是中國史學史和中國共產黨領導下的文化工作的大事件。」

〔註67〕范文瀾中國近代史四階段分期爲：1840～1864 年；1864～1895 年；1895～1905 年；1905～1911 年。

號召：「這篇文章講的道理很重要，研究歷史的人應該學習和討論。」〔註68〕1966 年 3 月 17 日，毛澤東在杭州政治局常委擴大會議上就學術批判問題發表講話，翦伯贊、侯外廬等被點名批判。1968 年，毛澤東派小女兒李訥看望范文瀾，並轉達毛「中國需要一部通史，在沒有新的寫法以前，還是按照你那種體系、觀點寫下去。通史不光是古代、近代，還要包括現代。」范計劃「全書五年完成」，到時「還不過八十，不算老。」〔註69〕1969 年，范文瀾逝世，其未完成的工作，由周恩來批轉陳伯達主持。

　　作爲馬克思主義歷史學家的范文瀾，一生學術活動受到領袖的關懷和支持，其學術實踐和學術思想更多地體現的卻是中國傳統學術的精髓。其講經學史則以學術以潤政治；其修史則自覺踐行史學經世的浙東史學精神。這其間無不體現章學誠的「六經皆史」的經史觀、「崇今薄古」的歷史觀和官師合一、同文爲治的文化理想。

第三節　倉修良：注書與解書兼而有之的新編新注

　　倉修良（1933～）是 20 世紀 80 年代以後大陸史學界對章氏學術用力最勤、用功最多和著述最豐〔註70〕的學者。其主要的學術工作主要表現在對《文史通義》的新編新注和對章氏學術思想中主要問題的辯證方面。其新編新注取得的成績和在辯論中所表現出來的一以貫之的執念與前後矛盾的交織反映了時代風尚、學術環境於學人對章氏學術的研究與闡釋的實用主義影響可見一斑。

一、併編校注解於一役的《文史通義新編新注》

　　20 世紀前期出於教學和研究需要，爲章氏著述作注和題解的不乏其人，但因版本體例、篇目參差諸多原因，基本上是沿著兩條路線在走：一條是

〔註68〕王學典：《20 世紀中國史學編年（1950～2000）》（上冊），北京：商務印書館，2014 年，第 182 頁。

〔註69〕王學典：《20 世紀中國史學編年（1950～2000）》（上冊），北京：商務印書館，2014 年，第 349 頁。

〔註70〕主要著作計有：《章學誠和〈文史通義〉》，中華書局，1984 年；《文史通義新編》，上海古籍出版社，1993 年；《章學誠評傳》，南京大學出版社，1996 年；《章學誠評傳——獨樹一幟的史學評論家》，廣西師範大學出版社，1996 年；《文史通義新編新注》，浙江古籍出版社，2005 年；另有相關論文若干。

進行基本的文字疏解；一條是探討章氏遺著的讀法。表面上看似乎有前後高下之別，其實兩者並行不悖，進行讀法研究的學者中有些在並未完成原典的基本研讀即已進入了對章氏遺著部分篇目的現代解詮，基本上屬於「六經注我」。

集中於比較重要的篇章進行文字解注比較著名的有 1926 年由商務印書館出版的章錫琛的選注本，稍後在 1930 年前後有無錫石印坊本文瑞樓的《詳解文史通義》《新體注釋文史通義》，鴻章書局的《注釋文史通義》，眞美書社的《詳注文史通義》等。另外一些學者則更多注重對章氏遺著的解讀，這部分學者主要依據的是 1920 年的嘉業堂本，著名的有錢基博《文史通義解題及其讀法》，有呂思勉的《文史通義評》，葉長青的《文史通義注》和葉瑛的《文史通義校注》。呂作雖名「評」，其實屬於其「史學四種」〔註71〕之一，主要講史籍的一般讀法；兩葉的學術工作，因「校」一字之殊而實寓繁難高下之別，並由此而引發章氏研究者比較發掘，且進一步引發葉瑛所注抄襲葉長青之疑和「校而不實」的學術訴訟〔註72〕。章氏學術思想研究一直存在著遺著的編、校、注等基礎的問題。如何將章氏從三十歲始開始發奮著述，又歷經三十年困苦繁辛創作的體裁多樣、涉題廣泛、互文交織的非連續性文本條別編次，這不僅事關編輯出版體例，而且體現了執事者對章氏學術思想的理解與評判。倉修良在進入章氏學術研究的過程中也意識到了這一問題，他的《文史通義新編》〔註73〕《文史通義新編新注》〔註74〕正是這一學術意識的體現，時隔 8 年兩書前後相繼出版，完成一項學術的自我接力工作。

對於章氏學術著作的整理，倉修良特別強調「新編」，通過「新編」來體現其學識創見。而其所謂「新編」之「新」，即力圖還原章氏成書之意。這是一件辯議空間廣大的工作，章氏逝前雖著力成書，但天不假年，輯錄編次工作尚處於往返商討之始，即因「人事異常」，終成遺憾，誰也不知道章氏生前自己究竟是怎樣擘畫的。從現存主要版本編輯及執事者所著之大梁本《〈文史

〔註71〕包括《歷史研究法》《中國史籍讀法》《史通評》《文史通義評》。《歷史研究法》和《史通評》曾於上個世紀三十年代、四十年代都有刊行，其餘兩種一九四九年前皆未有刊行。《史通評》《文史通義評》是呂先生用來講歷史研究方法。

〔註72〕注：詳見張京華《整理弁言》，葉長青撰《文史通義注》，上海：華東師範大學出版社，2012 年第 1 版。

〔註73〕上海古籍出版社，1993 年。

〔註74〕浙江古籍出版社，2005 年；商務印書館再版，2017 年。

通義〉原序》、伍崇曜《〈文史通義〉跋》、季眞《〈文史通義〉跋》、王秉恩《章氏遺書校注》《〈文史通義〉跋》和《王宗炎覆書》等文獻〔註75〕主張來看，各個聲明皆最切擬想中之章氏原意，但卻歧見紛呈，有類盲人摸象。這些執事者中，只有作爲章氏友人，並受章氏託付編書的王宗炎是就編次問題和章氏有過直接溝通的，王氏所作的最初設計在多大程度上體現了章氏的主張不得而知，但王氏自己並不滿意的這個設想卻因「人事變遷」及章氏之歿，竟由最初設想而成最終決案。王秉恩《章氏遺書校記》是關於《章氏遺書》最詳盡的文字。誠如王秉恩所言：「斷斷如也」，「斷斷只能當作斷斷」〔註76〕。章氏三十年著述間，在很多文章和友朋書信中談到自己述學的宗旨，這些文章和書信在不同的情景和心境下完成，針對不同的對象和問題有感而發，不乏支離且前後矛盾之處。還原章氏之意本身即意味著如何解讀章氏遺著，這在某種意義上成了一個因果循環的問題，也是章氏學術思想研究者對無論是1949 年之前所出版之由章氏友人王宗炎所刻錄之《章氏遺書》，還是由章氏次子華紱所輯錄之「大梁本」以及1956 年由北京的古籍出版社依據《章氏遺書》出版印行的、1985 年中華書局依據「大梁本」出版的《文史通義校注》，都不滿意的原因。學者研究章氏學術思想必須兩個本子互相參閱，並且要進行哪些屬於《文史通義》內容，哪些屬於章氏著作卻非《文史通義》內容的判斷，十分麻煩。而要「弄清《文史通義》的內容究竟有哪些？哪種版本符合作者本意？」也是「放在初學者面前的首要任務」〔註77〕。他通過比較王宗炎《章氏遺書》和「大梁本」《文史通義》，認爲「若以兩種版本相較，內篇除排列次序及分卷不同外（前爲六卷，後爲五卷），總篇數前者多出《禮教》等八篇，而少《婦學書後》，內容差別不大。惟外篇皆分爲三卷，內容則完全不同。前者爲『駁議序跋書說』，後者爲論述方志之文」〔註78〕，倉修良以爲：「都不代表章學誠本人的想法。」〔註79〕對章氏原稿的分類、編次與章氏在有關文章中關於自己撰寫「文史通義」的宗旨進行再行分類，做出「爲了使《文史

〔註75〕1985 年，北京文物出版社之《章學誠遺書》所輯錄之孫德謙《序》、張爾田《序》和王宗炎《序》多就章氏學術精神、學術思想價值而論，鮮涉編繹之事。

〔註76〕王秉恩：《章氏遺書校記》，見《章學誠遺書》，北京文物出版社，1985 年，第634 頁。

〔註77〕倉修良：《談談章學誠的文史通義》。

〔註78〕倉修良：《談談章學誠的文史通義》。

〔註79〕倉修良：《〈文史通義新編〉前言》，《文史通義新編新注》，浙江古籍出版社，2005 年，第1090 頁。

通義》按照作者撰述本章所具之面目出現，不僅上述兩種版本的外篇皆需收入，而且《章氏遺書》中現在有關論述文史的篇章亦應加以選錄〔註80〕的編體安排。比較倉氏「新編」和「大梁本」、「嘉葉本」，則不難發現倉氏「新編」的原則主要體現出在尊重歷來流行的兩種版本編排的基礎上增加新的篇章。具體表現為：內篇以《章氏遺書》本為主，增以「大梁本」多出的篇目；外篇將兩個版本的外篇內容整合形成六卷，並且按照前三卷收錄「駁議序跋書說」，後三卷為方志論文的條理。總體上形成內篇五卷、外篇五卷，外加古今有關編次《文史通義》主要版本的序跋。這樣一個「新編」除了照顧章氏學術思想研究者閱讀以前版本的習慣之外，總體的印象是將章氏著述中「上學」的部分作為內篇，擬為形而上之學，而將其「下學」的部分作為外篇，或者說述「學」之著列為內篇，述「術」之作列為外篇。以期產生上下體用，互相印證；內外有別互相發明的閱讀導引。這種內外呼應、上下響應的安排基本獲得認可的直接證據是十年間浙滬先後有兩家古籍出版單位和商務印書館先後出版或再版了這一成果。

倉修良「新編」之新的另一體現是大部分章氏文章在各屬類別的序秩上儘量按寫作時序編排，且在注中進行說明，以隱現思想產生的背景聯想和思想延續變化的時空環境，可以視吸收了學人學著年譜的方式。這對於深入章氏學術思想研究者有較為重要的參考價值。因為不可否認的是在眾多章氏學術思想研究中不乏這樣的傾向，即研究者並沒有認真研讀章氏全部的文章，即以「六經注我」的方式恣意發揮，導致學術歧見，滋生出一些並不存在焦點的學術爭論。這種學術爭論類似於足球場上的「假摔」，聲樂表演上的「假唱」。這尤其對初涉研究者造成不小的干擾，從輕而論是一種學術資源的浪費，往重裏講深處說也是一種學術腐敗。將章氏著述年譜化的研究方式，胡適的《章實齋先生年譜》開先河。胡適的章氏年譜不同於傳統意義上的學人年譜，只是「記注」式的羅列史事，而是將創作時空背景、題解和評價融貫於一體的學術年譜。這也是其譜雖存考證不周硬傷，卻也能獲得好評的原因之一。倉修良「新編」的「文史通義」例律是否受其啟發不得而知，但此處做這種聯想，只是說明了科學的學術範式總是超越主義之爭而得到普遍遵循的事實，作為「一切思想史都是當代史」歷史思想闡釋雖然浸漬了濃重的意

〔註80〕　倉修良：《〈文史通義新編〉前言》，《文史通義新編新注》，浙江古籍出版社，2005年，第1092頁。

識形態因素和「時會」色彩，但作爲眞正的科學，它始終是只關注問題而少談主義的，儘管主義之爭對學術研究產生了相當的干擾。而倉氏編注，特別是在注、解中是不憚爲章氏帖上唯物主義史評家標籤的。此外，1985 年北京文物出版社影印嘉葉堂之《章氏遺書》，易名《章學誠遺書》，補錄「劉刻本發行之後」「陸續有所發現」者凡 14 篇之後，此出版成果已經成爲章學誠學術思想最權威的版本，此版發行 8 年後，倉氏《文史通義新編》由上海古籍出版社出版，然倉氏在其序其注中卻無語置評。

　　倉氏進行的另一項章氏學術研究的基礎工作是對「新編」的「文史通義」作注，是所謂「新注」，最後以「新編新注」全體出版。「新注」之標「新」，表現這四個方面：一、「新注」之稱爲了體現和先前學者所做的工作有所區別，以示在原有眾多注本上再注的必要；二、對部分文本的理解確有「新見」，比如關於章氏《答甄秀才論修志第二書》中「橫排豎寫」的理解〔註81〕；三、並非簡單的文字注疏，而是集文章創作背景、個別文字解釋、題解、文章結構層次到思想內容融匯一體的大雜燴；四、「新注」是有所取捨的，對「疑難語詞和典故就省略了」，而章氏著述中涉及到的非一般的「書名、人名」成爲能詳則不疏選擇。這種「新注」策略是正確的，語詞典故一部《辭海》即可解決，一般沒有錯誤的名篇和學術大家舊注本已有，而那些「在目錄著作中也很難找到」的「書名」，在「中國歷代名人辭典中也難以找到」的「人名」則是非專業學者專門解決而難以通解的。倉修良的「新注」並非沒有商榷可能之處。茲擬與「瑕瑜互見的章氏學術命題辯證」一併探究。

二、瑕瑜互見的章氏學術命題辯證

　　章學誠力圖通過辨章學術，考鏡源流對儒家經典和經典傳承過程中的是是非非做一系列探索〔註82〕，在畢生著述「不取方圓求備」，「蓋將有所發明」中，發掘並闡述了一些具有深刻意義的新命題，比如「六經皆史」、道與器論、「道出自然」「漸行漸著」「不得不然」、「言聖人體道可也，言聖人與道同體不可也」、「官師合一」論、「浙東學術」等。這些新命題也是歷來章氏學術思

〔註81〕倉修良：《文史通義新編新注》，杭州：浙江古籍出版社，2005 年，第 843 頁。
〔註82〕章學誠：《與汪龍莊書》言：「拙撰《文史通義》，中間議論開闔，實有不得已而發，爲千古史學闢其蓁蕪」；《與陳鑑亭論學書》言《文史通義》，專爲著作之林校讎得失」；《與嚴冬友侍讀》言「爲《文史通義》一書」「上探班劉，溯源《官禮》，下該《雕龍》《史通》，甄別古今名實，品藻流別」。

想闡釋者關注的重點問題，倉修良對於這些章氏命題的探討基本上皆以本諸前輩學人所論辯議成文〔註83〕，以立一己之見，而其所以折衷是非之準則唯唯物主義史觀和曾經在大陸學術界占絕對主導地位而今天已然不再有人提及的社會發展史理論。這樣的學術思想闡釋難免表現爲視既定理論爲筐，將事實往裏裝的機械論說。案不盡述，茲舉倉氏議章氏道統論及浙東學派辯議二例如下。

章氏道統論集中在《原道》（上、中、下）中，涉及「道」生「道」演、「道」「聖」關係和「道」「器」關係等問題，是章氏重要的哲學思想。倉氏作《原道上》題解：

> 這一篇研究章氏哲學思想，特別是歷史哲學的重要文章。文中提出了「道不離器，猶影不離形」的光輝命題，這表明了他繼承了荀子、柳宗元、王夫之等以來許多唯物主義思想家的哲學體系。「道不離器」，就是說事物的理或規律，是不能離開客觀事物而存在的。這一命題反映了「存在決定意識」的唯物觀點。文章系統地論述了人類社會的「道」，是伴隨著人類社會的發展而發展的，在人類社會產生之前，有關人類社會的各種「道」，是根本不存在的。有了人類的活動，也就有了人類活動的「道」。──有關人類社會的理法制度也就紛紛產生了。隨著社會的向前發展，「道」也在自然起變化，典章制度、禮教風俗也在變化。章氏試圖探尋歷史發展的規律，由於階級和時代的局限，在當時他並沒有做到。因而社會爲什麼會這麼變化，他只能說是「時會使然」而「不得不然」，這在當時已經是了不起的。因爲他認爲歷史發展的必然趨勢並不是上帝或神所主宰，也不是賢相所決定。這自然就是對「君權神授」的「天命論」的無情抨擊。根據這個觀點，他進而論證典章制度的演變和學術文化的發展，也都取決於社會發展的必然趨勢。〔註84〕

倉氏在《新編新注》中的此段題解，是其《章學誠的歷史哲學》〔註85〕

〔註83〕 《也談章學誠的六經皆史》胡適、柴德賡辯論；《章實齋評戴東原》與周予同、湯志鈞辯論。

〔註84〕 倉修良：《文史通義新編新注》，杭州：浙江古籍出版社，2005 年，第 98 頁。

〔註85〕 倉修良：《章學誠的歷史哲學》，此文係倉氏首次論證「章學誠是一位唯物主義思想家」，「章學誠的認識論基本上也是唯物的」。見《杭州大學學報》，1978 年第 9 期。倉氏此文首發距其《文史通義新編新注》出版 22 年。

一文的概括。但通觀所論只擇其一，未兼顧全體，總體上看是有違章說的。
章氏明言「道之大源於天」，「是未有人而道已具也」；「道者，萬事萬物之所
以然，而非萬事萬物之當然也。」〔註 86〕。這是他關於「道」如何存在的一
個總的結論，其中包含這樣幾重意思：第一，「道」是「萬事萬物之所以然」，
而非「萬事萬物之當然」。這一點很重要，因爲人們很容易將這兩者混淆，或
者以後者而誤代前者，倉氏的解讀即屬顯例。其解讀似乎也根據章氏文本而
來，即「天地生人，斯有道矣，而未形也；三人居室，而道形矣，猶未著也；
人有什伍而百千，一室所不能容，部別班分，而道著矣。仁義忠孝之名，刑
政禮樂之制，皆其不得已而後起者也。」章氏此論正是「道」演之論，而章
氏前言明言「道」是先在的，先於人而存在的，人於「道」何以焉哉？人發
現了「道」的存在，順應了「道」，通過命名等活動彰顯了「道」，拓展了關
於「道」的認知邊際，表現爲對「道」的發現、豐富和發展。人與「道」關
係最顯著的表現，即人類中最傑出的「聖人」與「道」的關係。章氏論曰：「道
有自然，聖人有不得不然，其事同乎？曰：不同。道無所爲而自然，聖人有
所見而不得不然也。故言聖人體可也，言聖人與道同體不可也。」〔註 87〕章
氏由此而下詳論周、孔都是這一思想的進一步豐富與深化，並進而衍論「道
不離器」的「道器」關係論，不是說「器」決定了「道」，而是申論後世儒者
當如何臨「器」尋「道」，不要做買櫝還珠的蠢事。比如「六經」，「皆先王之
政典」，後儒習之，非當以「六經」爲務，而當以「六經」何以爲「六經」爲
務。是以「聖人求道，道無可見，即眾人之不知其然而然，聖人所藉以見道
者也。」〔註 88〕章氏是否屬於唯物主義思想家已不重要，重要的是如何正確
地理解他和他的思想。推想上個世紀 70 年代末，浩劫方逝，學術之門漸啓，
加之方志編纂蔚然成風，章氏學說漸得以昌，而要大張旗鼓借鑒其說，唯以
冠之唯物主義思想家方不至於心存戚戚。假如此當懷同情，而二十年後仍循
舊說，不改初衷，則不知何以？

　　如何評價章氏此說，自然可存仁智之見，成一家之言，但必須統觀，不
得僅採片言，尋章摘句，不顧全體。倉氏以一時流行的社會發展史理論和唯
物主義思想強解章氏的相關文本極易誤導初學者。如何理解章氏道論之人與

〔註 86〕章學誠：《原道上》，《章學誠遺書》，北京：文物出版社，1985 年，第 10 頁。

〔註 87〕章學誠：《原道上》，《章學誠遺書》，北京：文物出版社，1985 年，第 10～11
　　　　頁。

〔註 88〕章學誠：《原道上》，《章學誠遺書》，北京：文物出版社，1985 年，第 11 頁。

「道」的關係呢？借用章氏強調史家詮史的忠告不失一說。他說：「蓋欲爲良史者，當慎辨於天人之際，盡其天而不益以人也。」〔註89〕「盡天而不益以人」謂之良史，謂之有德。同樣一個優秀的文本詮釋者，也必須有德，「盡天而不益以人」。而「道」與人的關係，即「道」與德的關係。「道」者，天然自然之在也，「德」者，人對「道」之感覺、體悟、發現、追求與遵從是也。西方諸法中有自然法與永恒法。自然法，天演之法也，自然法先存於永恒法；永恒法，人衍之法也，乃人類對自然法體悟、探索、追求和體認的結果。這似乎也可以看著是一種存在決定意識。貼標籤的研究方法和學風正是章氏所深惡痛絕的，而儒者津津於稻糧謀能特立獨行者又幾人歟？冥冥中自己深陷時弊，卻要反污先賢「受階級和時代的局限」。誰沒有局限呢？人類若沒有局限，則眞相和眞理即有窮盡的那一天。章氏的「時會」論〔註90〕就是針對後儒挾周孔之說衡論是非，強調「道」的先在性，而聖賢所以異於一般人，正是他們不以衡權全，而於「時會」中體會「道」之所在的眞諦。所以，「局限論」是一頂人人可配發的帽子，也是永遠正確的大白話。

倉修良在將章氏歸劃爲唯物主義思想家範疇之後，章氏基本上即屬於「進步的」歷史人物，其「進步性」主要表現在第一，繼承了歷史上進步思想家的思想。「他繼承了荀子、柳宗元、陳亮、王夫之以來許多唯物主義思想家的哲學體系」，「繼承並發展了柳宗元和王夫之等人的重『勢』的社會歷史觀」，「顯而易見，既然具有重『勢』觀點，勢必反對英雄史觀」〔註91〕。他還「發揚了劉知幾的批判精神」，「繼承了劉知幾的進化論史觀」〔註92〕對章氏學術思想的這種繼承說或歸源論邏輯上的成立與事實上成立是不無矛盾的。這種矛盾在倉氏題解章氏「浙東學術」的時候，就不自覺地露出破綻。倉氏在《浙東學術》題解中承認章氏「講『浙東學術』淵源時，只講朱熹和陸九淵，以下則提王陽明和劉宗周，既未提呂祖謙，也未提陳傅良、陳亮等人。」〔註93〕按照唯物史觀來歸劃章氏述論浙東學術淵源的朱、陸，無論是前者的理學還

〔註89〕 章學誠：《史德》，《章學誠遺書》，北京：文物出版社，1985 年，第 40 頁。

〔註90〕 章學誠：《原道（上）》，《章學誠遺書》，北京：文物出版社，1985 年，第 11 頁。

〔註91〕 倉修良：《章學誠的歷史哲學》，《杭州大學學報》，1978 年第 9 期。

〔註92〕 倉修良：《章學誠對劉知幾史學的批判繼承和發展——章學誠史學研究四》，《杭州師範學院學報（社會科學版）》，1979 年第 1 期。

〔註93〕 倉修良：《文史通義新編新注》，杭州：浙江古籍出版社，2005 年，第 122 頁。

是後者的新理學，都只能屬於唯心主義，雖然有客觀唯心主義與主觀唯心主義之別。這與前述倉氏論章氏繼承從荀子以至於王夫之之所謂唯物主義思想，一脈相承，豈不矛盾。理解這種矛盾並不難，在特定學術環境的學術闡述，學者必須具備因應「時會」的靈活性，否則，則難以獲得某些學術的機緣。套用章氏語錄，這大概也屬於並非述者本心，實「時會」使然，而不得不然罷了。

不可否認的是，倉氏新編新注章氏《文史通義》所付出的努力爲一般文史工作者和初學者接觸章氏學術思想提供了極大的方便，他對於章氏學術思想的梳理，也是瞭解章氏學術思想體系的一個便捷的路徑。不僅如此，他的努力還成功地促使章氏家鄉當局認識了這位先達的文化利用價值，在章氏逝世 200 週年的時候，在他的家鄉成功地召開了「章學誠國際學術研討會」，並促成了當地政府對章氏故居的保護與開發，也實屬不易之事。

第六章　國際漢學視域中的章氏學術思想評讚

「人類之動作，有共同之軌轍，亦有特殊之蛻變，欲知其共同之軌轍，當合世界各國家、各種族之歷史，以觀其通；欲知其特殊之蛻變，當專求一國家、一民族或多數民族組成一國之歷史，以覘其異。」〔註1〕不同國族、不同族群是通過互視、比較在同理心的基礎上求同存異的。世界發現中國，中國在世界中之地位並非從來如此形象，中國在世界中的影響和位置也在不斷變化。有論中國之中國，亞洲之中國，世界之中國說者可資此論。各國因與中國關係之不同，研究中國的心態也不相同。在國際漢學〔註2〕視域中的章學

〔註1〕 柳詒徵：《中國文化史・緒論》，上海：三聯書店，2007年，第4頁。
〔註2〕 國際漢學是中國以外的國家對於以漢民族爲主體的中國歷史文化和學術思想的研究。籠而統之地講，是「關於中國人和中國文化的研究」（德國漢學家奧托・弗蘭克），是起源於歐洲早期傳教士、在明末清初逐漸興盛的對中國人、中國問題的研究而演變成一門學問。其研究領域廣涉中國語言、文字、歷史、哲學、宗教等一般人文學科，其研究的視角、方法和成果不僅有其獨特的價值和意義，某些專門的學術研究，如敦煌學、考古學等甚至遠超中國本土。所以，國際漢學研究既可以看作是一種眼光：一種世界的眼光、異質文化的眼光，也可以看著是一種方法：一種以異質文化爲參照、受特定內在需要驅動、學術思潮影響和立場相結合的研究方法。由於中國地域的遼闊、人口眾多、民族構成複雜、歷史文化悠久、語言文字特別，給研究漢學的國外學者很高的進入門檻。然而，國際漢學研究的成果、新穎的方法、獨特的視野對於中國學者的啟示卻不可小覷。陳寅恪曾說，他們這一代學人一個很重要的使命就是要使東方學研究中心回到東方；胡適曾說：「西人之治漢學者，名Sinologists or Sinoloques。其用功甚苦，而成效殊微。然其人多不爲吾國古代成見陋說所拘束，故其所著書往往有啟發吾人思想之處，不可一筆抹煞也。」這樣的情形成爲許多學術研究領域的共象，關於乾嘉時期重要學人及其學術思想的研究也不例外。

誠和他的學術思想會被怎樣的闡釋呢？

　　國際漢學學者的章學誠學術思想研究，按文本形式統計，論文集不少於 7 部，若以專著著述而論，到目前爲止，以美國學者倪德衛之《章學誠的生平及其思想》、日本國學者山口久和之《章學誠的知識論》、美籍華裔學者余英時之《論戴震與章學誠》，三足而立。三位學者文化背景各殊、學術視野各異、研究方法各別，形成了很好的互補。使我們在有限的研究中，看到了在國際漢學視野下別具一格、立體豐滿的章氏學術思想闡釋圖景。

第一節　倪德衛：同情之理解與理解的現代性

　　美國漢學家倪德衛（David S.Nivison, 1923～2014），將分析哲學運用於中國思想研究，並在考古天文學的基礎上推算出周朝立國的時間，有《西周諸王年代研究》等著作行世。《章學誠的生平與思想》是其博士論文，也是其重要的漢學代表作。這部規模並不宏大，然而內容豐富的學術傳記，以其精細的文獻考證、深刻的哲學思辯、嚴謹的邏輯論證和綿密的語言表述給人深刻的印象。全書共 10 章，形式上由三個部分組成：前兩章是關於「章學誠的生平」交待；中間主體的部分是「思想」形成的分析和「學術」面貌的描述；最後一章「遲來的讚譽」實際上是對章氏學術思想對 20 世紀中國社會、學術和政治思想影響的研究。他發現了這位生活在 18 世紀下半葉、逝世於 19 世紀元年的中國學者，其思想在與時代思潮產生劇烈衝突的表象下，預示了一種時代轉變的風向，具有鮮明的「現代性」。在倪氏筆下，章學誠人格特徵鮮明、具有一些現代知識分子的性格特徵，這樣的結論與倪氏作爲現代歷史學者，對中國前現代向現代轉變過程的好奇、對章學誠個人的偏愛，將其放在世界近現代歷史的大背景下來進行觀照都是分不開的。

一、知人論世與同情理解

　　倪德衛章學誠研究的緣起及闡釋向度。倪氏的章學誠及其學術思想研究出自完成一項學業的計劃，無論是他自己還是他的導師對其選擇這一課題，一開始就抱有十分的期待，要「將它做成一個嚴肅的闡釋工作，而非僅僅是一個語言學習的練習」〔註3〕。他對自己的闡釋向度也有高度的自覺。他說：

〔註 3〕　〔美〕倪德衛：《章學誠的生平及其思想·序》，南京：江蘇人民出版社，2007年，第 2 頁。

中國研究被劃分在兩個完全孤立的陣營之間，這並不是很多年前的舊事。在這兩個陣營中，一部分是關注中國與西方之間相互作用的歷史學家和觀察者，另一部分則是傾心於研究中國古代的學者。這一劃分的結果造成了一個雙焦點視域下的中國。〔註4〕

鑒於這樣一種「分治」的情況，他的研究致力於作出一種調適，將「現在」和「過去」聯繫起來，使看到「一個單（整）一的畫面」，「探討一些難以窮究的東西，一些根植於歷史的東西，從而使我能夠既不忽略它當下的關聯，又能夠將它作為中國偉大傳統的一個完整的部分來理解。」〔註5〕這樣一項「統一」「雙焦點視域下的兩個中國」的努力，難免造成雙重的緊張。而對章學誠的闡釋成了滿足這一願望最好的個案。這樣的願望和學術旨趣難以避免受到西方知識分子研究思潮的影響。

近幾十年來，西方學者，特別是社會學家和史學家，討論知識分子問題的興趣甚為濃厚，意見尤其分歧。大體上說，我們可以分辨出兩種看法：早期的討論比較強調知識分子的現代性格……最近十餘年來，關於西方知識分子的討論漸漸轉移到歷史的淵源，因此有的人強調知識分子所代表的「傳統」問題。據前一種看法，知識分子主要是以自由人的身份來批判一切的；據後一種看法，則知識分子的批判性來自他們所代表的神聖傳統——相當於中國的所謂「道」〔註6〕。在這樣學術思潮中，雖然倪氏自覺要執兩（「現代」與「過去」）而論「中」（打通傳統與現代，以形成中平的視野），但總是難以避免過多「現代性」的觀照。

考察章學誠學術思想受排擠的原因，是中外學者分析乾嘉學術思想生態一個很好的視點。倪氏的分析有別於中國學者「內緣說」和「外因說」。他認為那是因為為未來而導致的被邊緣。即章氏及學術思想生前被邊緣化的原因是他不屬於當下而是屬於未來的。在研究章學誠其人及其學術思想的部分中國學者看來，章氏生前生活多蹇、學術思想被嚴重邊緣化，除了乾嘉樸學在朝廷支持和學閥主導，以壓倒性優勢排斥異己異學這一主要因素之外，章氏

〔註4〕　〔美〕倪德衛：《章學誠的生平及其思想·序》，南京：江蘇人民出版社，2007年，第1頁。

〔註5〕　〔美〕倪德衛：《章學誠的生平及其思想·序》，南京：江蘇人民出版社，2007年，第1頁。

〔註6〕　余英時：《中國知識分子的古代傳統》，見《中國知識人之史的考察》，南寧：廣西師範大學出版社，2004年，第100頁。

醜陋的相貌、難以與人相處的古怪的性格和對待學術對手刻薄的態度，也是他不見容當世的原因。倪氏並不迴避章氏所處時代學術風氣和其性格特徵對其學術傳播造成的影響。但他認為，這位學者生前落寞的主要原因是：他比同時代學者對中國文化本質的把握來得更加深刻，思想中所代表的未來性難以被多數人理解所致。換言之，他認為章學誠學術思想在很多方面都是「現代的」〔註7〕。超越時代是他被當時主流學術界排斥的一個重要因素。他並不認為章氏在性格和為人方面有什麼太多的不好，相反，作為一個學者，他遭遇太多苦難和不幸。他的與眾不同之處是「資質非凡」、是「幼稚與早熟」的結合〔註8〕。其性格特徵也不是古怪好鬥，對人充滿敵意的，而是以知識的價值判斷來決定評論是非，而不是依憑門戶之見。他在和最親近的老師和同學相處時是善於說笑而愛戲謔的，是受老師和同學歡迎的人〔註9〕。倪氏的這些關於章氏個性特徵的判斷與描述是在詳實材料的基礎上展開的，描述生動而具有可讀性。可見他和一些中國學者的歧見，並非基於事實的出入，而是因為他是站在自由知識分子的立場來評價人事的。他認為，一個學者有趣或引人注目，更多的是因為他抓住了時代引起普遍關注而又非所有人都能面對和思考的問題。他說：

> 像章這樣的人之所以有趣，不是因為他們奇怪。他們的有趣常常在於抓住那些每個人都要面對的同樣的問題，思考那些每個人都要思考的同樣的觀念，然後得出其他人由於太缺乏想像力（或太過於實際）而無法得出的結論。〔註10〕

不可否認，倪氏是有些過於鍾情於他的傳主和研究對象的。全書無論是「章學誠的生平」的兩章——「背景和教育」、「中舉」，還是後面七章關於章氏學術思想形成的分析及學術面貌的勾勒，都不乏章氏在生活中、在學術活動中與其他人關係的分析。他替章氏在學術生活中的人際關係、生活境遇和遭遇的不理解深感不平。在倪氏看來，不是庸俗的社會習俗讓章氏難以適

〔註7〕 〔美〕倪德衛著、楊立華譯：《章學誠的生平與思想》，南京：江蘇人民出版社，2007年，第2頁。

〔註8〕 〔美〕倪德衛著、楊立華譯：《章學誠的生平與思想》，南京：江蘇人民出版社，2007年，第17頁。

〔註9〕 〔美〕倪德衛著、楊立華譯：《章學誠的生平與思想》，南京：江蘇人民出版社，2007年，第39頁。

〔註10〕 〔美〕倪德衛著、楊立華譯：《章學誠的生平與思想》，南京：江蘇人民出版社，2007年，第19頁。

應、就是周圍的人不能理解章氏學術思想的前瞻性。甚至與戴震、汪中、袁枚的學術之爭，明知其理也非盡在章氏，然而，對於章氏於對手過於苛刻的指責，明顯有違其所倡之「文德」以恕、敬爲本的行爲，也表示站在章氏的角度並非不可理解。這顯然有失公道，但卻是基於倪氏對章氏的同情之理解。

「論世知人」是倪氏撰寫《章學誠生平及其思想》所恪守的原則。然而論世不易，知人更難。章學誠在《知難》篇中有言：「夫人之所以爲知者，非知其姓與名也，亦非知其聲容之與笑貌也；讀其書，知其言，知其所以爲言而已矣。讀其書者天下比比矣，知其言者千不得百焉；知其言者天下寥寥矣，知其所以爲言者，百不得一焉。」〔註11〕他對自己的著述苦衷和旨趣，難於爲一般人理解可以說是「已知知矣」。對於自己的學之不傳也心懷忐忑。他在晚年寫給家中晚輩的信中說：「每念及古人開闢之境，雖不知歿身之後，歷若干世而道始不孤。今吾不爲世人所知，餘村、虎脂又牽官守，恐未能遂卒其業，爾輩於斯，獨無意乎？」〔註12〕言語間雖難掩失落，但又堅信只要所述藏之名山，傳諸後世，就一定有知己。而倪德衛認爲自己正是這樣的知音。他研究和闡釋章氏學術思想的形成就是從求「知」這視角展開的。他熟練地運用中國傳統知人論世的詮釋策略，將他的研究對象放在一個世紀時段、國家背景、時代思潮、家庭遭遇和個人性格共同融鑄的情景中來進行觀照。他不是以一種研究者的審視和崇拜者的景仰來對待章的。而是將他作爲一個眞實的朋友來關懷與對話的。他說：

> 章學誠成了一個像其他人一樣眞實的朋友。我曾嘲笑過他，有時也對他不耐煩；但我對他的尊敬以及從他那兒得到的教誨，遠遠超過他所能想像到的。〔註13〕

倪氏的筆觸是溫馨的，敘述的腔調也是充滿憐惜與同情的。無論簡略地平鋪直敘其先祖的事迹，還是建立於資料基礎上，妙手點染，完形章氏的日常生活和學術場景，皆能讓人彷彿生臨其境。至於其學術與思想之間的互治，學術與政治之間的圓通，也給人不塞不滯，條理通達，渾然天成之感。當然，爲自己的傳主和研究對象做這樣的強烈辯護，除了感情的因素之

〔註11〕章學誠：《知難》，《章學誠遺書》，北京：文物出版社，1985年，第35頁。
〔註12〕章學誠：《家書二》，《章學誠遺書》，北京：文物出版社，1985年，第92頁。
〔註13〕〔美〕倪德衛：《章學誠的生平及其思想·序》，南京：江蘇人民出版社，2007年，第3頁。

外，更多的是基於作者對 18 世紀中國社會的認識和作者自由主義知識分子的立場。

二、章氏闡釋中的通觀與隔膜

倪氏對 18 世紀中國社會的認識與章氏學術思想的關聯考察。倪氏說他「開始對章學誠產生興趣」，是「想探討一些難以窮究的東西，一些植根於歷史的東西，從而使我能夠既不忽略它當下的關聯，又能將它作為中國偉大傳統的一個完整的部分來理解。」他說：

> 對於中國，18 世紀既是古老帝國延續的頂峰，又是近代歷史苦難的開端；它既向我們呈示了中國傳統最後的也是最燦爛的綻開，也讓我們看到了這一傳統「巨變前夜」的情形。

他認為，章學誠的學術思想，正是「融合並重構了他（中國）的文化傳統，並將它（這一文化傳統）作為一個展開中的價值與問題的結構來加以揭示。」〔註14〕倪氏將章氏學術思想置諸 18 世紀這樣一個歷史背景下來考量，既是基於他對世界 18 世紀罕見的「共時現象」的認識〔註15〕，也有其對中國特殊歷史文化因素的權衡。他說：雖然「到了 18 世紀，像章學誠這樣的人似乎已經完全忘卻了中國以外的世界」，但在這個國度裏卻在發生一些悄悄的變化。首先，「滿族人不可避免地不再成為征服者，甚至不再成為武士，……他們的王孫開始輕易地成為法定的中國統治者」；其次，「朝廷所鼓勵的意識形態和文化氣候，對他（章學誠）產生了深刻的影響，無論在態度上還是學理上，他都表現出了對國家的極大尊重」；再次，「隨著在新的儒教國家中城市區域的增長，文字階層的社會根基已經逐漸擴大。一種新的通俗文學——小說和戲劇變得重要；同時，新的對禮節性文字的需求也產生了，這些禮節性的文字包括詩、墓誌銘和傳記，它們的形式和內容都受著傳統的支配」，這同時也表明士人「人數已經太過龐大以至於無法被政府部門吸納」，他們「常常

〔註14〕 〔美〕倪德衛：《章學誠的生平及其思想·序》，南京：江蘇人民出版社，2007年，第 1 頁。

〔註15〕 1980 年代，美國學術界由 F. E. Wakeman 提出，世界近代史應該由 16 世紀至 20 世紀；美籍華裔歷史學家黃仁宇提出從明至今，「500 年一元論」；中國也有學者主張從 18 世紀到 20 世紀是「同一歷史」。三者在時限上雖有長短上的差別，但陳犖的「共時表徵」，包括人口的增長，政府權威的加強，創新政治理念的訴求，生產方式的變革，土地的全域性開放，福利國家等。參見高王陵《18 世紀：20 世紀的先聲》，《史林》，2006 年第 5 期。

陷於窘迫之中」；還有官員的普遍的腐敗導致的政治的混亂和社會的動蕩。倪氏認爲「這就是章生活和呼吸的世界」。在這樣的情形下，「他總是扭結於他能夠認識到的最爲最基本的問題」，即「歷史的本質、學識與寫作的價值以及個人洞察力的重要性。」倪氏說：

> 章學誠生活在中國歷史中的一個關鍵性的時刻，此時滿族的政權已經達到了頂峰並開始衰退，而且經濟的發展給儒家士人和普通人帶來了越來越多的壓力。章學誠對這一處境非常敏感，在他的作品中表達出士階層在回應像文字獄與和珅腐敗這類事情時的社會見解和政治態度。他與文人的交往以及他對這些人的批評對於重構18世紀的思想史有著不可估量的價值。〔註16〕

生活在這樣一個時代，敏銳的知識分子，他們的思想都帶有與生俱來的邊際效應：一方面可以看到文化思想最傳統、最本質的一面，一方面又具有面向未來的新的思想曙光。而倪氏看到這一點自然得益於他自由知識分子的立場。

作爲一個美國漢學家，倪德衛章氏學術思想研究之通透的確讓人肅然起敬。這種「通」的表現爲：第一，「日常生活與學術活動」通考。這種通考是倪氏作爲章氏學術思想發生學意義上的建構。實際的效果也確實讓我們看到了章氏思想發生、發展和變化的過程與趨向。一個承載巨大思想能量的學者，是很難將其日常生活與學術分割開來的。章氏主要的學術活動之一是謀編地方志，這項活動貫穿其人生的終始。這既是他家庭生計的出路之一，也是他重要學術活動的展開與學術思想形成的場域。在這項學術活動中產生的種種人事糾紛的表象下，有很多都是圍繞著對方志性質的認識、功能的認識、編寫原則的認識、編寫體例的認識，材料選擇的認識等等原則性的問題。這一點在《湖北通志》的編寫上表現得最爲充分。章學誠與師長、友朋和家人的信函往來，據不完全統計凡 150 餘篇，所談無非學者。序例書跋凡百十篇，都是其闡述學術思想和主張的重要機緣。倪氏書中幾乎將絕大部分重要的文件產生的背景有交待和說明。

第二、學理與政理的貫通。這是倪氏對章氏學術思想的一個很精準的把握。他在《關於典籍的著述》一章中，通過對章氏著《和州志》與其《校

〔註16〕　〔美〕倪德衛著、楊立華譯：《章學誠生平及其思想》，南京：江蘇人民出版社，2007 年，第 201～202 頁。

讎通義》綜觀微考，提出了後者是對前者「最重要部分的一種展開」。發現了章氏地方志編寫與校讎學之間的關聯，這是在所有章氏研究中很少有人提及的。與此同時，將經書放在「文化史」的結構中進行考察，是章氏學術思想的重要貢獻。他引章氏《原道》所論發現章氏從文字——文學——文化發展來觀，認爲「撰述……的起源是官方的和功能性的，它是治理者的需要而產生的」，因此，「經典古代是一個完全以國家爲核心的未分化的整體」，進而推出「知識的本性是專門的，而且只有在與國家相聯或由國家保證的情況下，才是有效的」的結論。這樣，在倪氏的眼中，「章學誠的古代統一體實際上的『知行合一』的歷史表達」。正是在這個意義上章學誠「贊成國家權威」。

第三，東西方學術的溝通。主要表現爲倪氏對章氏之學的以西釋中。在西方視閾下，倪氏的本來意圖是要發現這位學者的個人主義和自由主義的一些影子，來彰顯章氏學術思想中的某種「現代性」。比如他用象徵主義來考察章氏《易教》諸篇中關於「自然之象」與「營構之象」的關係，又用榮格的原型概念來推測章氏的這一推斷。用黑格爾的歷史哲學來詮釋章的「官師合一」、「同文爲治」的儒家以國家爲核心的權威主義思想。用伽爾默達的解釋理論來比附章氏關於「言」與「事」的學術思想，以期產生某種視界融合。無奈這些願望總是落空。之所以會出現這種事與願違的闡釋結果。筆者以爲主要還是作爲西方現代自由主義知識分子的歷史學者對中國傳統文化的整體認知的隔膜所致。比如，「實學」在中國各個時期爲不同學者所提倡，但不同時期「實學」的內涵和表現形態是有所不同的。以明清初兩朝而言，王陽明之「實學」並非「玄學」相對應的概念，而是強調「知行合一」的實踐性，是一種人生哲學。清初「實學」，有著儒家傳統思想中強烈的經世意味，強調學術的治世功能。這自然是由清初士人對明亡的反思所引起的變化。所以，同爲提倡「實學」，兩者卻相軒輕。倪氏惑於章學誠之既主形而下者爲之器，乃決定事物之根本，又奉形而上者爲之道，爲學者治學所求之根本。既是受「唯名論」之影響，又是對章氏「道器合一」，「學爲經世」思想缺乏整體觀照所致。此其一。其二，可能與倪氏以世界 18 世紀「共時現象」的眼光來看待生活於此間的中國學者章學誠及其思想有關，有一種先入爲主，以「應然」而「必然」，多少有一種以預設代生成的意味。

缺乏對一種文化整體上的觀照和理解，對生活於其間的知識人集體人格

的瞭解，在解釋其中個別具有代表性人物某些具體行爲的時候，也會常常存在率意任性的可能，哪怕在某些判斷上似乎有具體的材料支撐，其實也難以避免結論偏頗。倪氏談到章氏歷史觀的時候十分認同其關於「藏往」與「知來」的雙重功能，「藏往」只是保存，「知來」需要「洞見」。在關於章學誠與袁枚的關係討論問題上，筆者以爲，倪氏則有遜於「洞見」之識。章、袁之爭，使人們如何看到章氏文學觀的局限和道德上的保守主義是可以討論的問題。但倪氏章、袁之爭出於章氏對袁氏在聲名和社會人際資源方面優勝的嫉妒。以至於章氏於 1799 年，所上「時務六書」也因朝廷重臣和珅（其與袁有詩詞唱和）失寵而終於找到可以發泄義憤的機會。〔註 17〕這種解釋，章氏九泉有知也會鳴屈。這兩件本無關聯的事，被強扯在一起，嚴重矮化了章氏作爲一個正直士人關心朝政的形象。章氏雖無意，也沒有機緣爲官作宦，但對於政治一直保持高度的關注。倪氏自己在本書中，還大膽推測其師朱筠上書皇帝開四庫館，編修四庫全書是章氏所爲（其實毫無根據）。其一貫主張學術經世，在政治上甚至支持進行以文字獄方式整肅士人。其對新帝整頓朝綱、肅清吏治、鎮壓川陝捻軍，又如何會無動於衷。再者，其所上「執政」的六封「時務六書」，幾乎提出了一攬子解決吏治深度腐敗、地方普遍虧空和社會嚴重危機的方案，非深思熟慮，而出於一時個人發泄私情義憤又焉能如此。章氏上執政時務六書，本文附錄中有《章學誠「時務六書」論政的啓示》一文有涉及，在此從略。

第二節　山口久和：「知識論」與「主體精神」

　　山口久和的《章學誠的知識論——以考證學批評爲中心》（以下簡稱《知識論》）是海外漢學界繼倪德衛《章學誠的生平及其思想》和余英時《論戴震與章學誠》之後的又一部力作。中國大陸有學者譽之爲「章學誠研究的新界碑」，「給整個中國哲學史研究吹來了一股清新的風」〔註 18〕。作爲章學誠學術思想研究的海外專著，與倪著、余著成三足之勢。其著以「知識論」爲基礎，著眼於章學誠主體精神的分析；通過對章學誠學術流派的考辨、學術

〔註 17〕〔美〕倪德衛著、楊立華譯：《最後的論戰》，《章學誠生平及其學術思想》，南京：江蘇人民出版社，2007 年，第 194～198 頁。

〔註 18〕高瑞泉：《〈章學誠的知識論——以考證學批評爲中心〉序》，上海：上海古籍出版社，2006 年，第 7 頁。

面相的確立和學術形象的定位皆有進一步的明確，爲章氏學術思想研究帶來了新的啓示。

一、歷史是關於「精神活動」的研究和表現

有學者批評山口久和的《知識論》沒有「有關研究的思路及方法取徑的論述，所以使得讀者無法清楚地瞭解該著的撰述史、作者的方法論及對章氏思想的結論性闡述」。〔註19〕綜觀全書，雖然沒有明確的「研究思路及方法取徑」一類明確的表述，但在《中譯本序》中關於研究的起點和方法取徑還是有所交待的。山口久和是通過批評章學誠學術思想研究中的偏差來表達自己研究的價值取向和研究路徑的。他認爲對於章氏的研究，僅僅局限於客觀的歷史考證似的研究是不夠的，歷史研究應該關注歷史活動的精神及其表現，這也是章學誠給後來的人們留下的智慧。

在《中譯本序》中，山口久和對於世界範圍內的章學誠研究有一個基本的判斷，即「東西方碩學」「盛況空前」的「章學誠研究」，「一言以蔽之，就是始終停留在對章學誠思想進行歷史的客觀的整理和分析」上，然而，「要想對（像章學誠一類──本文作者注）先覺的『知』的全貌究其究竟，僅僅依靠一邊倒地傾向於歷史性和客觀性的實證研究是無法完成的」。〔註20〕言下之意，山口久和的章學誠研究是基於對其主體精神和學術思想價值的判斷。他認爲章學誠屬於「完成了其歷史使命而裝飾著思想史輝煌殿堂的眾多思想家之中」的「極少數的先覺」，他是可以榮列「先秦荀子、後漢王充、唐代慧能、北宋邵雍、明代李贄、清代王夫之」這一「稀有的部類」〔註21〕中的一員。山口久和關於海內外章學誠研究歷史和現狀的判斷基本上是符合實情的。在眾多研究者的印象中，章學誠的學術形象是破碎的：他是經史學家、啓蒙思想家、政論家、史學理論家、文學理論批評家、教育家、方志學家、文獻學家、目錄學家等等，不一而足。也許眾人摸象的結果，每一個側面都不失片面的深刻。但研究缺乏整體的觀照卻是事實。另一個同樣可以證明這一點的，

〔註19〕 吳震：《章學誠是「近代」意義上的「學者」嗎──評山口久和〈章學誠的知識論〉》，《南國學術》，2014 年，第 1 期。
〔註20〕 〔日〕山口久和：《中譯本序》，山口久和著、王標譯《章學誠的知識論──以考證學批判爲中心》，上海：上海古籍出版社，2006 年，第 1 頁。
〔註21〕 〔日〕山口久和：《中譯本序》，山口久和著、王標譯《章學誠的知識論──以考證學批判爲中心》，上海：上海古籍出版社，2006 年，第 1 頁。

即章氏學術思想在近現代中國產生的廣泛影響，是同期其他學者所無法享有的殊遇。無論主張政治改良的、革命的，還是文化學術激進的、保守的，都引之以爲學術思想上的同道。這說明了章氏本人及其學術面貌還未曾十分的清晰，確有深入研究，進行價值判斷的必要。這似乎是山口久和呼之欲出的一個結論，這是否可以視爲他對研究和著作向度所做的水到渠成的說明呢？但是山口久和於此又做了一個曲折的否定。他說：

　　我雖然這麼覺得，但並不等於我就主張在客觀分析之後必須伴隨著主觀評價等這樣的謬論。〔註22〕

　　那麼，他的研究宗旨和著述取向究竟指向哪裏呢？他申明：

　　對作爲他者的思想家的知進行究源竟委的行爲，說到底就是在客觀分析和主觀理解相互爭衡的臨界點勉強形成的極爲微妙的精神活動。〔註23〕

　　並且說：「這正是我從章實齋先生那兒學來的。」〔註24〕章氏認爲，學習和研究前賢往聖遺饋的智慧（表現爲經），是要求「知其所以然」，而非僅僅求「知其然」。因爲「道者，萬事萬物之所以然，而非萬事萬物之當然」，「非聖人智力之所能爲，皆其事勢自然，漸形漸著，不得已而出之」，所以「後聖法前聖，非法前聖也，法其道之漸形而漸著者也」〔註25〕。

　　是以，對於前聖的學習，重在關注其「時會」。因爲「自有天地而至唐、虞、夏、商，迹既多而窮變通久之理亦大備。周公以天縱生知之聖，而適當積古留傳道法大備之時，是以經綸制作，集千古之大成，則亦時會使然。」〔註26〕對於歷史的學習和研究，弄清古代的情形，是爲了服務於今天和未來，所以，歷史研究應該薄古而重今，而不是做的相反。「夫道備於六經，義蘊之匿於前者，章句訓詁足以發明之。事變之出於後者，《六經》不能言，固貴約

〔註22〕〔日〕山口久和：《中譯本序》，山口久和著、王標譯《章學誠的知識論——以考證學批判爲中心》，上海：上海古籍出版社，2006年，第2頁。

〔註23〕〔日〕山口久和：《中譯本序》，山口久和著、王標譯《章學誠的知識論——以考證學批判爲中心》，上海：上海古籍出版社，2006年，第2頁。

〔註24〕〔日〕山口久和：《中譯本序》，山口久和著、王標譯《章學誠的知識論——以考證學批判爲中心》，上海：上海古籍出版社，2006年，第2頁。

〔註25〕章學誠：《原道上》，《章學誠遺書》卷二，北京：文物出版社，1985年，第10頁。

〔註26〕章學誠：《原道上》，《章學誠遺書》卷二，北京：文物出版社，1985年，第10頁。

《六經》之旨而隨時撰述以究大道也。」〔註27〕在山口久和看來，章氏的這些思想無疑是具有現代性的。他對中國研究章學誠的學者一味泥於歷史考證主義「甚感不可思議」，指出：

> 現在，西方哲學史研究呈現活躍景象的，不是煞費苦心於對過去的思想進行解剖和標本製作，而是試圖從過去的思想中汲取鮮活的養分。……和西方哲學相比，中國古代哲學是已經完成其歷史使命的資料殘骸的看法是膚淺的見解。至少就章學誠而言，他的思想並不局限於世上盛傳的「六經皆史」說（歷史相對主義）。相反，他的思想精髓中隱藏著可以把他者理解的方法論、文本論、語言哲學、存在論等人文科學的整體納入理論射程之內的可能性。〔註28〕

章學誠說方智圓神的歷史，應該是智勇雙全以藏往，神以知來的。否則就不能算作是好的歷史，或者根本就算不上歷史，而只是為歷史的產生進行了前期的準備。這是他要嚴格區分「記注」與「撰著」，嚴格區分「史法」、「史考」、「史識」、「史纂」、「史評」與「史義」的原因。歷史不僅要體現歷史的精神活動，而且要體現史家的精神活動。參與精神活動的追求是歷史之第一要務，而其他都是為這一追求服務的。

二、基於「知識論」的多重對話

「知識論」是西方哲學的概念，其語源希臘語的 episteme 和 logos，拉丁文寫作 Epistemologia，英文為 Epistemology，漢語也有譯作認識論的。知識論所關注之「知識論緣起」、「知識論嬗變」、「知識論的可能趨向」及「知識論和歷史哲學的關係」的論述皆非本文力所能及。但知識論所探討的「什麼是知識」、「人類的知識何以可能」的問題，給歷史哲學的命題以「歷史是什麼」、「歷史何以可能」。「歷史是什麼」、「歷史何以可能」等問題的啟示，卻是研究章學誠學術思想所不能不關注的。因為這是章學誠歷史思想的核心問題。正是在思考和努力回答這些問題時，他清楚地意識到了他與整個時代學術風氣的對立。他「對同時代的學術所抱持的最根本的懷疑與不滿，在於儘管訓詁與考證——清朝考證學的學問手續——這種看似客觀性的知識活動，實際上是通過學者本人的主體性、實在性關心乃至獨一無二的個性（性情），從內

〔註27〕章學誠：《原道下》，《章學誠遺書》，北京：文物出版社，1985年，第12頁。
〔註28〕〔日〕山口久和著，王標譯：《中譯本序》，《章學誠的知識論——以考證學批判為中心》，上海：上海古籍出版社，2006年，第2頁。

部進行支撐、刺激和完成的。然而他們不去理解這種學術認識的『心理學』，卻堅持標榜、謳歌客觀主義。經學大師戴震正是章學誠發泄這種不滿的對象，將他作爲自己爲了克服經學客觀主義的挑戰對手，而且是極不好對付的對手。」〔註29〕他「採取」「恢復主觀性來謀求學術的活性化」，「克服覆蓋了清代整個學術的知識客觀主義」〔註30〕。由此可見，「知識論」和「以考證學爲批判中心」是全部研究的核心，全書也正是在這一論域下展開的。

山口認爲「對話」是理解章氏「知的全面貌」的主要徑途。他說：

只有從歷史性和客觀性向前邁進一步，通過從研究者各自所處的「現在」的視角，由研究者自身對先覺們知的有效性進行主體性的重新質疑，才能實現對思想的全面理解。〔註31〕

要實現眞正的對話是有條件的。這裡作爲對話一方的「研究者各自所處的『現在』的視角」和「主體性的重新質疑」是對話的前提。對於今天的研究者來說，「現在的視角」是一般研究者都可以具備的，至於『『現在』的視角」合理與否，另當別論；具有「主體性重新質疑」的能力則非每個研究者皆能具備。此外，若要對話成功，還有偶在條件，即「遇上好運，能夠與古人的思維波長恰在此時正好對上」〔註32〕。「好運」和「思維波長」的比喻，似乎有些不好把握。我的理解是，與章學誠這樣的古代學者對話是不容易的。既要有對於他所處時代、歷史文化的瞭解，還要有對於他本人具體生存境遇和爲學處境、心境、志向及能力的瞭解，還要具有「視界融合」的「前見」。山口久和自認爲他於此是有優勢的，這從他對倪德衛的同情和指正文本理解的錯誤即可見一斑〔註33〕。至於研究者與研究者的對話自然是嚴肅的研究所必不可少的。由此看來，通過「對話」去瞭解一位古人的「知的全貌」是何其難矣。山口久和的研究在這方面可以說是令人信服的。在此僅以第二

〔註29〕〔日〕山口久和著、王標譯：《章學誠的知識論──以考證學批判爲中心》，上海：上海古籍出版社，2006年，第20頁。

〔註30〕〔日〕山口久和著、王標譯：《章學誠的知識論──以考證學批判爲中心》，上海：上海古籍出版社，2006年，第1～2頁。

〔註31〕〔日〕山口久和著、王標譯：《章學誠的知識論──以考證學批判爲中心》，上海：上海古籍出版社，2006年，第1～2頁。

〔註32〕〔日〕山口久和著、王標譯：《章學誠的知識論──以考證學批判爲中心》，上海：上海古籍出版社，2006年，第310頁。

〔註33〕〔日〕山口久和著、王標譯：《章學誠的知識論──以考證學批判爲中心》，上海：上海古籍出版社，2006年，第10、143～144頁。

章《章學誠在思想史上的位置》爲例作簡要分析。

在今天的研究者看來，章學誠屬於浙東史學派自是無疑。倪德衛、余英時也持此論。其實，這是按章氏《浙東學術》《朱陸異同論》及《書朱陸後》所畫之圖而索之驥。山口久和對此很不以爲然。他在《中譯本自序》中，毫不顧惜中國學者的面子，斬截論斷：

> 至少就章學誠而言，他的思想並不局限於世上盛傳的「六經皆史」說（歷史相對主義）。相反，他的思想精髓中隱藏著可以把他者理解的方法論、文本論、語言哲學、存在論等人文科學的整體納入理論射程之內的可能性。外國人姑且不論，爲什麼中國的學者們沒有對這位蘊含著知性之豐富可能性的特異思想家進行熱切的關注呢？〔註34〕

章氏之學不獨限於史學，也無法用現代學科體系來進行規劃，這從人文學科各個領域的學者皆有到此探礦掘寶已獲實證。而章氏之「派」屬歸宗循章氏自說而無疑議。余英時有論，亦不過言其以史學對抗考據學與戴震爭道統而已〔註35〕。山口久和以一章二節的篇幅專門就此展開與章學誠及其研究者的多邊對話。

在第一節「圍繞浙東學派的諸問題」，通過「浙東學派」學脈梳理與對照，與「何炳松的『程頤學統』說」、「全祖望的『陸學』說」展開對話。「斷言何炳松在《浙東學派溯源》中所說的程頤學統說是不能成立的」〔註36〕。「雖然」「全祖望沒有門戶之見，但是至明代中葉王陽明出現之前的思想史，朱子學具有優勢，而清朝的政治現實又是朱子學成爲官學，作爲補償，無論是自稱爲陽明學者的全祖望還是章學誠，多少都採取了偏頗的思想史看法——對陸學的露骨評價。」〔註37〕章學誠在浙東學派問題上部分地與全氏應和的同時，又存在哪些分歧？這些分歧又是出於怎樣的原因而產生的呢？

在接下來對「《浙東學術》篇的創作意圖」分析中，山口久和利用了與余

〔註34〕〔日〕山口久和著、王標譯：《章學誠的知識論——以考證學批判爲中心》，上海：上海古籍出版社，2006年，第2頁。

〔註35〕余英時：《論戴震與章學誠》，北京：三聯書店，2000年，第180頁。

〔註36〕〔日〕山口久和著、王標譯：《章學誠的知識論——以考證學批判爲中心》，上海：上海古籍出版社，2006年，第35頁。

〔註37〕〔日〕山口久和著、王標譯：《章學誠的知識論——以考證學批判爲中心》，上海：上海古籍出版社，2006年，第37頁。

英時同樣的方法，進行了章氏創作心理還原。得出結論自建浙東學派的譜系異於何炳松、全祖望各有宗尚的漢、宋之譜。這一譜系與前述譜系的差異之大，表現爲章氏所構建的浙東學術譜系，以核心人物而論，沒有一人爲前譜所取。與此同時，山口認爲所有從事章氏學術思想研究的學者，包括內藤湖南、胡適、劉咸炘都未注意到此一問題，而只有爲章氏《文史通義》作校注的葉瑛感知到了「章學誠微妙的思想觀點」〔註38〕由此山口久和得出結論：

　　章學誠所說的「宗主」與誇耀自己學派和學統的宗派偏見（專斷）全無關係。可以說「宗主」是學者的主觀性，主體性，學者能否成爲「專家」，完全看有沒有這個「宗主」〔註39〕。接下來，他肯定了余英時對章氏「博雅」、「道問學」及「專家」別出心裁的發掘之功，闡述了章學誠將宋浙東學派泰斗王應麟剔除出「專家」之列與其建構浙東學派的關係。而章氏要自建一個本不存在的浙東學派的意圖是：

　　　　爲印證學術上的某種主張而闡發的一種思想宣言。〔註40〕

　　此一結論能否成立，自可討論，但發前人之所未言，且基於歷史與現實視點的多維對話而來，至少在邏輯上建構和歷史推論上尚無明顯的缺陷。至於接下來的「朱子學與陸王學」利用同樣的方法，以問題統合知識和實踐，將歷史的批判與現實的批判結合起來。推測乾嘉時代儒學內在變化與外在變化〔註41〕促使「儒學的基調由道問學取代了尊德性的主導地位，變成了在道問學的範圍內討論尊德性的問題，進而……學術實現了從政治和道德中獨立出來」〔註42〕的結論。至少實現了乾嘉學術研究轉型外緣論與內緣說的統一。

〔註38〕　〔日〕山口久和著、王標譯：《章學誠的知識論——以考證學批判爲中心》，上海：上海古籍出版社，2006 年，第 39 頁。

〔註39〕　〔日〕山口久和著、王標譯：《章學誠的知識論——以考證學批判爲中心》，上海：上海古籍出版社，2006 年，第 40 頁。

〔註40〕　〔日〕山口久和著、王標譯：《章學誠的知識論——以考證學批判爲中心》，上海：上海古籍出版社，2006 年，第 46 頁。

〔註41〕　異族統治的清朝害怕漢族知識分子參與政治，試圖對此進行極力限制。經過康熙、雍正、乾隆諸帝的一百年統治之後出現的乾嘉知識分子，大凡與明末清初知識分子如顧炎武、黃宗羲或王夫之那樣以社會契約爲目標、採取積極行動的政治性儒者不同，大體轉變爲溫和的非政治的人——學者（scholar）。

〔註42〕　〔日〕山口久和著、王標譯：《章學誠的知識論——以考證學批判爲中心》，上海：上海古籍出版社，2006 年，第 46 頁。

通過梳理與對照，發微章學誠作《浙東學術》的心理動因，以及由此而產生的學術混亂。在學派的核心思想是什麼、中心人物是誰、產生何種影響等問題鏈的牽引下，商兌何炳松的「程頤學統說」、全望祖的「陸學」說，發現章學誠在學術傳承譜系上另起爐竈的眞正原因。在這一對話的過程中，他不僅贊同「感知章學誠奧妙」「思想觀點」的「研究者葉瑛」的關於章氏《浙東學術》的闡釋，而且對余英時通過「柯靈烏（R. C. Collingwood）所重視的『先驗的想像』（apriori imagination）」之說，釋解章實齋之「神解精識」和「別出心裁」這一「專家」內在特質界定深以爲然。並進而引證金毓黼批評章實齋《浙東學術》的「似是而非之論」與倪德衛之斷言「『浙東學術』這個觀念是章學誠到了晚年爲追認自己的學術而構想的『a lifetime's aftetthought』（事後追思）」的合理性。

三、關於「學術認識中的主觀契機」

「恢復學術認識中的主觀契機」是山口久和《知識論》最有特色的一部分。有關學者認爲漢譯者王標的直譯是忠實原文原意的，如取意譯亦不過「學問認識活動中的主觀性契機的復活」。最難考察的關鍵是「主觀契機」。作者沒有對這一關鍵概念進行界定，有學者推測爲「指某種主觀性意向得以構成的機緣」〔註 43〕。筆者以爲還可以作另外的推測。從山口久和所說「章學誠所關心的是，不管是考證學也好，文學也罷，還是義理之學，從背後引導這些知識活動，作爲學者驅動對知識進行探求的知的主觀契機」來看，「主觀契機」可以釋爲學者所處社會背景、學術風氣等外緣因素與學者自身材性稟賦、價值趨好等內在因素綜合作用下產生願力和行爲的可能性空間。這一推測從後面作者所述「知的主觀契機」之「天性與至情」、「人格及其表現」〔註 44〕也可以獲證。這一推測也符合章學誠關於人的求知、治學與作爲等相關思想吻合。章學誠反覆闡論「周公」與「孔子」之別，在於「德位」之殊，「時會」之異；又論「專家」與「博雅」之分，既賴性情、質分，又因時風時尚；亦曾坦誠分別自己與戴震之學，在於戴氏所長而實己之短，而自己「於史學有天授」等等。由此看來，他對於「知」的主觀契機是有認眞思考的。學者

〔註 43〕 吳震：《章學誠是「近代」意義上的「學者」嗎——評山口久和〈章學誠的知識論〉》，《南國學術》，2014 年第 1 期。

〔註 44〕 〔日〕山口久和著、王標譯：《章學誠的知識論——以考證學批判爲中心》，上海：上海古籍出版社，2006 年，第 172～180 頁。

的「主觀契機」必然受制於社會的和學術的風尚，清代乾嘉時期的政治、社
會及學術風尚的情形是關注此間學術生態的學者眾所周知的，所以沒有必要
討論。

　　應該說山口雖然沒有就「主觀契機」進行界定，但是通過他感性式分
析，讀者還是可以獲得應有的理解的。比如他分析章學誠「並沒有採取通過
攻擊清朝考證學的不周全來暴露考證學的缺點」，而是承認自己「性絕呆，讀
書日不過三二百言，猶不久識」，而對於史學「蓋有天授」。加之對於「學問」
與「功力」的認識等等，因為有這樣一些對內對外的自我認識，所以，「章學
誠的思想自我認同（identity）應該說在於恢復知的主觀契機。」〔註45〕不僅
如此，山口有意識地「闡明章學誠使用怎樣的用語和論述框架來展開」他所
說的「知的主觀契機」這個論題。他引用章學誠如下的論述來說明「認識主
體作為各自不同的東西，天生具備的資質和感動才是知識探求的原動力。」
〔註46〕章學誠說：

> 夫學有天性焉，讀書服古之中，有入識最初而終身不可變易者
> 是也。學又有至情焉，讀書服古之中，有欣慨會心而忽焉不知歌泣
> 何從者是也。功力有餘而性情不足，未可謂學問也。性情自有而不
> 以功力深之，所謂有美質而未學者也。〔註47〕

　　這是「實齋極力主張客觀的學術認識實際上也是通過由內面賦予其動機
和方向的資質（天性）和感動（至情）才能成為可能」的集中表達。他甚至
用《中庸》「尊德性」與「道問學」的關係來加以進一步的闡釋〔註48〕。用現
代人格學的理論來闡釋章氏在《質性》篇中關於人之德行演化的歷史及表
現形態。即由《洪範》之「正直、剛克和柔克」「三德」──《論語》之「中
行」、「狂」和「狷」──後世之中行、狂者、狷者、偽中行、偽狂、偽狷的
演變作論。由此而引入對學者撰述之真偽和言意之玄奧的分析。而這一切都
是為了「確認一下章學誠在《質性》篇的議論中顯現出來的視知的主觀契機

〔註45〕〔日〕山口久和著、王標譯：《章學誠的知識論──以考證學批判為中心》，
　　　　上海：上海古籍出版社，2006年，第172～180頁。

〔註46〕〔日〕山口久和著、王標譯：《章學誠的知識論──以考證學批判為中心》，
　　　　上海：上海古籍出版社，2006年，第173頁。

〔註47〕章學誠：《博約中》，《章學誠遺書》卷二，北京：文物出版社，1985年，第
　　　　14頁。

〔註48〕〔日〕山口久和著、王標譯：《章學誠的知識論──以考證學批判為中心》，
　　　　上海：上海古籍出版社，2006年，第173頁。

爲頭等重要的立場，然後在章學誠的思想中探索他是怎樣展開同樣的論旨的。」〔註49〕

筆者以爲山口久和的這一關於章學誠「知的主觀契機」的認識基本上切合其以「現在」的觀點和歷史地觀照結合來考察問題的預設的。章學誠確實十分重視「主觀契機」對學者治學的重要性的。而對於乾嘉時期學者不體察自己的「質性」與「情至」，普遍地趨從「時學」風尚深惡而痛絕之。他認爲：

> 惟夫豪傑之士，自得師於古人，取其意之誠然，而中實有所不得已者，力求其至，所謂君子求諸己也。世之所重，而非吾意所期與，雖大如泰山，不遑顧也；世之所忽，而苟爲吾意所期與，雖細如秋毫，不敢略也。趨向專，故成功也易；毀譽淡，故自得也深。即其天質之良，而懸古人之近己者以爲準。勿忘勿端，久之自有會心焉。所謂途轍不同，而同期於道。〔註50〕

在這裡，章學誠將客觀的學問與主觀的趨捨闡述得清楚明白。「世之所重」與「世之所忽」於我何嘉焉，一切以是否「切己者以爲準」。趨捨定，而後還需「趨向專」、「毀譽淡」，這也是學者能夠「自得」「會心」之所必需。而章氏認爲自己所處時代（其實每個時代都是如此）的情形卻全然不是這樣的。他說：

> 今之學者則不然。不問天質之所近，不求心性之所安，惟逐風氣趨，而徇當世之所尚，勉強爲之，固已不若人矣。世人譽之，則沾沾以喜，世人毀之，則戚戚以憂，而不知天資之良日已難矣。〔註51〕

筆者在此反覆引證章氏之論也在回應學者對山口久和「知的主觀契機」論述的質疑與批評〔註52〕。以爲山口久和的問題意識以及闡述之勞應該得到合理的評價。值得一提的是，山口久和的《知識論》注意到了章氏著述經過後來不同編輯家之手所呈現出來的章氏學術面相。換言之，研究者選用不同

〔註49〕〔日〕山口久和著、王標譯：《章學誠的知識論——以考證學批判爲中心》，上海：上海古籍出版社，2006 年，第 180 頁。

〔註50〕章學誠：《與朱滄湄中翰論學書》，《章學誠遺書》卷九，北京：文物出版社，1985 年，第 84 頁。

〔註51〕章學誠：《答沈楓墀論學》，《章學誠遺書》卷九，北京：文物出版社，1985 年，第 85 頁。

〔註52〕吳震：《章學誠是「近代」意義上的「學者」嗎——評山口久和〈章學誠的知識論〉》，《南國學術》，2014 年第 1 期。

版本的章氏著作作爲自己文本研究的對象時，已經進入了編輯預設的章氏學術思想語境。「兩种《文史通義》所体現出的王宗炎和章華紱的理解差異，隱含著思想家章學誠和歷史學家章學誠兩种形象的對立。」而已有的研究也會形成既成的「章學誠形象的視點」〔註53〕和「章學誠思想的构造」〔註54〕這也是不能不引起警惕的。這可以視作對作者自己和讀者共同的提醒，也可以視作一個學術前史和自己研究起點的說明。所以，在提及了多种章氏著作版本的及主要研究向度的成果之後，山口就「葉長青的《文史通義》八卷和《文史通義補注》三卷」和「葉瑛的《文史通義校注》」作了「葉長青的注几乎全被葉瑛《校注》所採用，現在已經沒有特意參考的价值」的判斷〔註55〕。並且替葉瑛的校注之辛苦與繁難背書。而這被已有的研究證明几乎是一個偏听偏信的誤判〔註56〕。當然，瑕不掩玉。這絲毫不影響《知識論》的嚴謹和价值。

在筆者看來，此當屬可諒之疏忽。而隨之而提及的疏忽似存不可諒之慮。山口久和的《知識論》基本上是建立在批判基礎上的創新之作。書中不僅有對中國學者的批評、日本國學者的批評，也有對對倪德衛和余英時兩位美籍漢學家的批評。批評於學術創新是不可缺少的，勇於質疑和批評既是學術識見的表現，也是學術勇氣的表現。余英時《論戴震與章學誠》一書中，在歷史考證方面最大的貢獻即在參照胡適及其師錢穆等的研究成果的基礎上，推測鎖定了章、戴兩次相會的時間。在此基礎上運用歷史心理學的方法，推想及推理這兩次章、戴會對章學誠學術思想形成的影響。這是余著得以成立的內在邏輯基礎。事實上山口久和對章、戴之間的互動（其次是章學誠在心理上的）對章氏學術思想的影響是有充分考量的。換言之，他對余英

〔註53〕〔日〕山口久和著、王標譯：《章學誠的知識論——以考證學批判爲中心》，上海：上海古籍出版社，2006年，第4頁。

〔註54〕〔日〕山口久和著、王標譯：《章學誠的知識論——以考證學批判爲中心》，上海：上海古籍出版社，2006年，第4頁。

〔註55〕〔日〕山口久和著、王標譯：《章學誠的知識論——以考證學批判爲中心》，上海：上海古籍出版社，2006年，第14頁。

〔註56〕張京華：《〈文史通義〉的兩種注本》專文就此作了細緻的發生學說明和詳細的文本比較之後，作結葉瑛之「注」純屬對葉長青的抄襲，且誤抄、漏抄多達十幾處，而其所謂的「校」，作爲更具學術性工作勞績更是子虛烏有。此文作爲2012年中國大陸「民國（1912～1949）史家與史學國際學術研討會」參會論文提供。見《民國史家與史學（1912～1949）民國史家與史學國際學術研討會論文》，上海：上海大學出版社，2014年。

時的研究路數是充分認可的，這可以從他批評日本同行忽略此一點的批評可見。在「三田村坦率地承認自己論述的不足之處，『關於他（章學誠──譯者注）的作為表達歷史的文體論，或者理解他的學說時有必要談到戴震的學術，這些留待他日』」時，山口嚴正指出「對章學誠對同時代戴震的學問終生懷著敬畏之念的同時，又對其抱著根本性的懷疑，有意識地將自己的思想作為反命題來構築，要真正理解他的思想，當然有必要探討以戴震為首的同時代思想家，更廣泛一點說，有必要在章氏所生活的乾嘉時代與學術狀況之中來探討他的學術。可惜三村的論文中缺少了這兩個視點。」〔註57〕如此重視，而山口久和將兩次章、戴會說成一次，且忽略了余英時所仔細推理的第一次，而這一次相比較章、戴會的第二次更為重要。這不能說是不應該有的疏忽。

第三節 余英時：內在理路與心理分析

余英時研究章學誠以「內在理路」和「心理重建」為顯著特徵，以比較研究而彰顯章氏學術思想之普適性，由此而形成章氏學術研究的新範式。

一、內在理路與外緣因素

「內在理路」與「外緣因素」是學術發展史的兩種考察路徑。用「外緣因素」來解釋清代思想史發展原因的主要有章太炎滿族壓迫說；梁啓超的反理學說；侯外廬的啓蒙說。余英時評價這三種思想發展的動力說道：梁氏說法「並不是不對，而是不足以稱為嚴格意義上的歷史解釋」，算不上真正的外緣說，其他兩種，「一是反滿說，這是政治觀點的解釋；二是市民階級說，這是從經濟觀點來解釋的。」雖然不能說不對，但是它們都不能回答「同樣的外在條件、同樣的政治壓迫、同樣的經濟背景，在不同的思想史傳統中可以產生不同的後果，得到不同的反應」這一問題。「所以在外緣之外……特別要講到思想史的內在發展」〔註58〕。

〔註57〕〔日〕山口久和著、王標譯：《章學誠的知識論──以考證學批判為中心》，上海：上海古籍出版社，2006年，第9頁。

〔註58〕余英時：《清代思想史的一個新解釋》，北京：三聯書店，2004年，第325頁。在本文的「結論」部分作者又重申：「無論是『滿清壓迫』說或『市民階級興起』說，最多都只能解釋清初學術轉變的一部分原因，而且也都太著重外在的事態對思想史的影響了。『反理學』之說雖然好像是從思想史發展的本身來

　　什麼是內在理路？余氏說：內在理路，就是「思想史的內在發展」「也就是每一個特定的思想傳統本身都有一套問題，需要不斷地解決；這些問題，有的暫時解決了；有的沒有解決；有的當時重要，後來不重要，而且舊問題又衍生新問題，如此流傳不已。這中間是有線索可尋的。」換言之，「就是把思想史本身看做有生命的、有傳統的。這個生命、這個傳統的成長並不完全依賴於外在刺激的」〔註59〕。余氏的思考有一個發展過程，1976 年，在香港出版的《論戴震與章學誠》，沒有《從宋明儒學的發展論清代思想史──宋明儒學中知識主義的傳統》和《清代思想史的一個新解釋》兩篇長文。20 年後的增訂本，在外篇中新增了這兩篇文章，主要討論的「正是戴震與章學誠的思想史背景」〔註60〕，目的是要爲考察清代乾嘉產生以章學誠和戴震爲代表的不同學術思想的讀者，去尋找其學術思想演變的內在邏輯，也可以說提供一個幽深的學術背景。2004 年廣西師範大學出版社在《中國知識人之史的考察》書名下輯錄余氏 15 篇論文〔註61〕。雖然書題給人著眼於「知識人之史」的考察，但是就內容而言，無疑是歷時性就歷史環境、知識事件、知識人個人性格和職業訓練多維互動形成的知識史、學術史和思想史軌跡描述。雖然是鬆散的論文集，但讓我們更清晰地看見了學統透迤的隱形線索，不僅更易掌握章學誠「六經皆史」說與「朱、陸異同」論及文史校讎學在清代學術思想史中所據的特殊地位，而且可以發現其在更綿長的學術思想史中所具有的意義。在《清代思想史的一個新解釋》中，余氏坦陳以「內在理路」的方式來研究思想史既受惠於西哲懷特海的啓示〔註62〕，也直接領受「章實齋的指

　　　　著眼的，但事實上也是外緣論的一種伸延。因爲追溯到最後，『反理學』的契
　　　　機仍然是滿州人的征服中國激起了學者對空談心性的深惡痛絕」。
〔註59〕　余英時：《清代思想史的一個新解釋》，《論戴震與章學誠》，北京：三聯書店，
　　　　2000 年，第 325 頁。
〔註60〕　余英時：《增訂本自序》，《論戴震與章學誠》，北京：三聯書店，2004 年，第
　　　　2 頁。
〔註61〕　計有：《中國知識人之史的考察》《古代知識階層的興起與發展》《中國知識分
　　　　子的古代傳統──兼論「俳優」與「修身」》《士在中國文化史上的地位──〈士
　　　　與中國文化〉自序》《道統與政統之間──中國知識分子的原始形態》《中國知
　　　　識分子的創世紀》《意識形態與學術思想》《再論意識形態與學術思想》《漢晉
　　　　之際士之新自覺與新思潮》《宋代士大夫的政治文化概論──〈朱子文集〉序》
　　　　《戴東源與清代考證學風》《戴東源與伊藤仁齋》《章學誠文史校讎考論》《章
　　　　實齋「六經皆史」說與「朱、陸異同」論》《清代學術思想史重要觀念通釋》。
〔註62〕　余英時：《清代思想史的一個新解釋》，《論戴震與章學誠》，北京：三聯書店，
　　　　2004 年，第 325 頁。

示」。他在文章的結束部分寫道：

> 根據章實齋的指示，再加上我們對實齋和東源的理論文字的疏
> 解，我們就確切地知道六百年的宋、明更深傳統在清代並沒有忽然
> 失蹤，而是逐漸地溶化在經史考證之中了。由於「尊德性」的程、
> 朱和陸、王都已改換成了「道問學」的外貌，以致後來研究學術思
> 想史的人已經分辨不出來它們的本來面目了。清代當然還有許多號
> 稱講理學的人，但在章實齋的眼中，他們不過是「僞程、朱」、「僞
> 陸、王」而已。

余氏在此所指乃章氏之《朱陸書後》和《朱陸異同論》對有宋以來 600
年間道統與學統的互動，其間的此消彼長，還有學術發展過程內部的派別之
爭等所形成的學術史分析，給後來學者的啓示。這一啓示正是從學術發展的
內在理路所給的指引。關於宋代朱、陸之異，學術界幾以「理學」與「心學」
之別待之。對於章實齋以爲學人性情「沉潛」與「高明」所致殊之論，余氏
以爲：「本乎性情以劃分朱、陸，此義爲從來論朱、陸異同者所未及。」受此
啓示，余氏論章實齋與戴東源亦以「高明」與「沉潛」分別，「實齋是『由大
略而切求』；東原則是『循度數而徐達』」。

二、「心理重建」與歷史重建之眞實與幻象

「史學家們誠然不可重建客觀的歷史世界，但理論上的不可能並不能阻
止他們在實踐中去作重建的嘗試。」〔註63〕余英時的《論戴震和章學誠》，就
是關於章學誠學術思想形成史的重建，是一種在歷史基礎上的，以心理驅動
爲主要動力考察的重建。

通過精神分析的方法來理解歷史，是心理史學別一般史學的重要區
別。余英時是心理分析史學的實踐者，其《論戴震與章學誠》是運用這一方
法研究章學誠學術思想形成，闡釋章氏學術思想的重要著作，在中國華文學
術界被稱爲創立了史學研究的新範式。全書的主旨是「分析戴東原和章實齋
兩人的思想交涉，以及他們與乾、嘉考證學風之間的一般關係。」〔註64〕這
涉及三個方面：就人而言，是章學誠和戴震；就學而言是乾嘉考證學風與古
老校讎學的博弈；就心理場域而言，章氏與戴氏的互動，既是眞實的，也是

〔註63〕 余英時：《宋代士大夫的政治文化概論》，《中國知識人之史的考察》，桂林：
廣西師範大學出版社，2004 年，第 321 頁。

〔註64〕 余英時：《論戴震與章學誠‧自序》，北京：三聯書店，2000 年，第 2 頁。

虛構的。所謂真實，即在章氏的學術生涯中，始終有一個戴氏存在。這不僅對他形成壓力，而且是其學術競爭、攜進的主要對話者和對話潛在的推動者。所謂虛構，是謂戴、章雖然年齡相差僅 12 歲，實謂同代人，也曾有過兩次見面，其中一次尚存在學術上直接的交鋒。但戴氏的學術世界里根本沒有章氏的影像，而在章氏的世界裏戴的存在卻是真實的、實在的。這是一個不對稱的世界。而所謂歷史的重建是，儘管說「戴震和章學誠是清代中葉學術思想史上的兩個高峰，這在今天已經成為定論了」。然而，這是一個後置的結論，是後來史家和學術研究者對於兩人在清代學術史上的貢獻和對後來的影響而論定的，絕非歷史的真實。真實的歷史是，「在他們兩人的生前，實齋之晦和東原之顯恰是一個鮮明的對比。」〔註65〕而余英時要還原的歷史則是在後置歷史影響和評價基礎上的真實的心理重建，或說完形更為合適。這一重建或者說完形既是歷史的，它以章實齋眾多的書信和文章為文獻信託。比如，關於章氏與戴氏的首次見面，余氏不僅獨得了前人無法得到的第一手資料，而且從章氏所留存文獻和眾多研究者的成果認定中確認四項事實之後，方才將這次章、戴會面鎖定於乾隆三十一年丙戌（1766）的春夏之交。章氏主動拜訪，會面時間和處所經核對戴氏年譜確證，辨別中間人非朱筠而是鄭誠齋。章氏對戴氏的首印及關注在其「義理方面的成就」，而非「考證觀點」。文中所評「時人」具體所指係朱筠及錢大昕，推斷之證據及理由。一一坐實，實有老獄斷案之妙，令人觀止。歷史方面的考證為心理重建方面的推想和推理提供了基礎。在這一基礎上，參之兩人此間前後所著重要文章，所做自我評價與期待，又參以普通人情同情之理，輔以文學手法再現心理現場。除了言為舉止細節的描寫不得借助文學想像之外，情緒的描述應該是令人可信的。在這裡，余氏通過對兩人學術與思想，理想與抱負、客觀條件與主觀條件的鋪墊，然後在這種種之上，推想其思想和現實的碰撞而產生心理的激蕩，雖然不乏文學的助力，但它首先是歷史的。

三、中學情懷與西學視閾之比較研究

作為學貫中西的學術巨擘，余英時曾（2004）自述其「自始即不能接受『西方中心論』這一武斷的預設」，認為「中、西之異主要是兩個文明體系之異，不能簡單地化約」，然而，「在中國史研究中，參照其他異質文明（如西方）的歷史經驗……可以避免掉進自我封閉的陷阱」，所以，他的研究既「強

〔註65〕余英時：《論戴震與章學誠·自序》，北京：三聯書店，2000 年，第 3 頁。

調比較觀點的重要性」，又「十分不造成『削足適履』式的比附」〔註66〕。在余氏的章氏學術思想闡釋中存在中西比較的方面，有思想體系宏觀方面的、有命題和觀念中觀方面的、也有概念運用表述選擇等微觀方面的。

在《章實齋與柯靈烏的歷史思想——中西歷史哲學的一點比較》中，余氏在對西方歷史哲學的發展有概觀的介紹和評析之後，認為章氏的學術思想，不同於西方歷史哲學研究中的黑格爾、斯賓塞和湯因比等「玄想派」，而與代表批評派歷史哲學的柯靈烏的理想主義是「相似之處可以說十分驚人的」〔註67〕。他從比較中確認章實齋史學思想中所闡述的「人文傳統」、「言事之合一」、「筆削之義與一家之言」與柯靈烏在這些歷史思想上相應的論述。如「歷史是人為了求自知而有的學問」；「它的價值也就在於指示我們：人曾經做了什麼，並因而顯出人究竟是什麼」的歷史學特徵論述〔註68〕；關於「一切歷史都是思想的歷史」〔註69〕「（歷史）事件之外在面，即該事件中一切可以用形體及其運動來加以說明之部分」和「事件之內在面則為該事件中只能用思想來加以說明之部分」〔註70〕的論述；以及「柯氏所說的史料取捨、歷史建構與歷史批評三者」，「說明史學思想的自主性」等等思想同樣具有新史學的意義。這無疑在說明東西方在歷史學發展過程中，具有某種共同性，而章實齋的史學思想就不只是具有中國意義的歷史學思想，而是具有普適價值的思想。

此外，余氏用英人「伯林之分別『狐狸』與『刺蝟』」來比較「實齋之以性情分別朱、陸」〔註71〕；又「從人的內在性情來分別思想史上的主要流派」，「取威廉詹姆士的『軟心腸（tender-mindedness）』和『硬心腸（tough-mindedness）』之分」而與實齋作一比較〔註72〕；用柏林評價列夫·托爾斯泰創作《戰爭與和平》後自我評價中的「小花」（flower）和「根本」（roots）之喻，獲得「托翁的本性是『狐狸』而誤信自己為『刺蝟』的結論」〔註73〕等，來說明章實齋對戴東原學術性格的判斷，是同時代其他人所無法比擬的。章

〔註66〕 余英時：《中國知識人之史的考察·序》，桂林：廣西師範大學出版社，2004年，第2頁。
〔註67〕 余英時：《論戴震與章學誠》，北京：三聯書店，2000年，第273頁。
〔註68〕 余英時：《論戴震與章學誠》，北京：三聯書店，2000年，第241頁。
〔註69〕 余英時：《論戴震與章學誠》，北京：三聯書店，2000年，第250頁。
〔註70〕 余英時：《論戴震與章學誠》，北京：三聯書店，2000年，第250頁。
〔註71〕 余英時：《論戴震與章學誠》，北京：三聯書店，2000年，第83頁。
〔註72〕 余英時：《論戴震與章學誠》，北京：三聯書店，2000年，第81頁。
〔註73〕 余英時：《論戴震與章學誠》，北京：三聯書店，2000年，第95頁。

氏才是戴氏真正的學術知音。用這些在西方史學理論界、文學界十分典型的比喻來比較章氏史學思想中「高明」與「沉潛」、博學與專家等理論，不僅打通中西史學思想，而且運用比喻與比較思維運思行文，使學術、思想與表達三者渾然一體，十分的機趣。

中國古詩文中有以擬人辭格描述「青山相對出」，「相看兩不厭」的山水奇觀。余英時為了突顯章學誠在乾嘉時期的學術中的地位和影響，將他與戴震比作「清代中葉學術思想史上的兩個高峰」〔註74〕他不僅在論章學誠中少不了戴氏的身影，在論戴氏的思想也主要以章氏來參照。戴氏在章氏的學術生涯中不僅是歷史真實的存在，也是心理真實的存在。而章氏在戴氏的學術生涯中按照章氏自己的說法「戴氏生平未嘗許可於僕。」〔註75〕然而，余英時在《戴震與清代考據學》《儒家知識主義的興起——從清初到戴東原》《從宋明儒學的發展論清代思想史——宋明儒學中知識主義的傳統》《清代思想史的一個新解釋》諸篇中，凡涉事戴震者，沒有不引證章氏之論的。這樣一種互視互足，成為余氏論章、戴的一種顯著的特徵。比如，余英時以「乾嘉雙峰」喻章、戴兩人在其時學術的殊別與貢獻。在分別評價兩人的論述中，採取了一種互考的方式進行。比如在《戴東原與清代考證學風》中幾以章氏之論戴氏而展開。其首論「『博雅』與『專家』」以章氏「朱、陸異同」論戴、章貌異而實同，皆「浙東專家」，而「博雅」者，實「錢大昕之流」。這一論斷出自章氏之口，好像有所誇伐，其實十分合體。法國人戴密微論清代中葉乾嘉學術，也有類似的雙峰之論，不過這雙峰是代表義理之求的章學誠與代表考據的錢大昕。因為戴震雖是「狐狸」之首，但其實「刺蝟」也。在《有志聞道》一節中，余氏通過戴氏與段玉裁的自述《與是仲明論學書》的申辯以及在《爾雅文字考序》《沈學子文集》的闡述，說明戴氏所承受的來自考據學者群的壓力之大，與章氏亦不相上下。在論章氏學術思想則以戴氏如何成為章氏學術生涯中「始終沒有擺脫掉東原的糾纏，以致言思之間時時似有一東原的影子在暗中作祟」〔註76〕。

余英時在學術內在理路背景下，通過「心理還原」重建章實齋學術思想

〔註74〕余英時：《論戴震與章學誠》，北京：三聯書店，2000年，第3頁。

〔註75〕章學誠：《答邵二雲書》，《章學誠遺書》，北京：文物出版社，1985年，第646頁。

〔註76〕余英時：《戴東原與清代考證學風》，《中國知識分子之考察》，桂林：廣西師範大學出版社，2004年，第331頁。

發生史的努力，在引來無數點贊的同時，也有學者專家對他的這項學術工作持否定的評價。日本國學者山口久和認為：「一味在章學誠學術中索隱『經學大師』戴震的巨大影響的姿態也是有問題的」，「余英時教授認為『可見實齋立論之際必有東原的議論互於胸中，決非無的放矢，他強調以『六經皆史』說為首的章氏的核心思想是以否定戴震思想為前提產生的這種說法，除了書中個別事實的錯誤之外，其立論也不夠周全』。」〔註77〕這種評價不能說全無道理，但我們是否可以視余著因為要突出自己的發現，而有意突顯了章、戴之間的關係。就如同化學實驗為突出某種結果，而通過增加某種能夠增強結果觀察的添加劑一樣。而來自中國大陸方面有關學者就余著中收錄的《章實齋與柯靈烏的歷史思想——中西歷史哲學的一點比較》的批評，拙作《比較研究中的文化利用與評價——以余英時之章學誠與柯林武德比較研究及其所受批評為例》〔註78〕有較詳細的說明，此不贅述。

三位國際漢學家，在三個不同的時間段展開對章氏的研究，他們關注的既是同一個章學誠，又是一個屢經闡釋不斷層累起來的章學誠。儘管他們研究的面相不同、選擇的研究方法不同和「主體性契機」各不相同，但他們擁有一個共同的身份——國際漢學家。存在一個共同的國際漢學視野，一個他者的觀察視角，一個現代性的視野。與中國大多數學者無不是從中西方比較思維中獲得自己現代性視野不一樣，他們的現代性視野可以說是與生俱來的。但他們有生活於不同的歷史文化國度、距離中國歷史文化的遠近等方面的不同。倪德衛進入章學誠研究開始的期許是致力於「做成一個嚴肅的闡釋工作，而非僅僅是一個語言學的練習」〔註79〕；山口久和是面對中國學者尚存優越感的日本學者；余英時是具有深厚中國文化基礎，學貫中西的美籍華人。儘管如此，他們用一種現代的眼光在看章學誠及學術思想。

在這種視閾的觀照下，倪德衛看到了章學誠的矛盾與掙扎。他一方面認為「他的概念有一種瓦格納式的宏偉」，「立即使我們想起了黑格爾及其絕對精神」；一方面又說他「很像維柯，在最終被束縛於一個實際上是神聖的傳統

〔註77〕〔日〕山口久和：《章學誠的知識論——以考證學批判為中心》，上海：上海古籍出版社，2006年，第9頁。

〔註78〕何永生：《比較研究中的文化利用與評價——以余英時之章學誠與柯林武德比較研究及其所受批評為例》，《湖北大學學報》，2013年，第4期。

〔註79〕〔美〕倪德衛著、楊立華譯：《章學誠的生平及其思想·序》，南京：江蘇人民出版社，2007年，第2頁。

這一點上。」〔註80〕於是關於章學誠的結論便是「像許多 17、18 世紀的人如顧炎武、王夫之、黃宗羲和戴震一樣，章學誠試圖以自己的方式從過去擺脫出來，以便能產生出新的觀點、形成新的問題並以新的方式處理舊的問題。而且像其他人一樣，他最終沒能擺脫傳統的束縛。」〔註81〕

而山口久和明確否認其他學者根據章氏的「官師合一」、「同文爲治」的烏托邦構想，對清朝統治者的態度，與袁枚的思想衝突等等方面而對其冠以文化思想上的保守主義，倫理道德上之「名教守護者」的說法。他表示：「我從一開始就認爲章學誠的倫理性發言不過是儒者的口頭禪。在此我依然相對章學誠的『學者』地位進行強調。」〔註82〕關於這一點，雖然已有學者以「章學誠是『近代』意義上的『學者』嗎」質疑〔註83〕。筆者以爲，這自然是一個仁智的問題。章學誠作爲傳統士人向近現代知識分子轉變的典型則是可信的。

而說到中國近代思想史，無論是余英時，還是山口久和都從宋代講起。這是因爲明清思想史的發展，無論從學術的內在理路發展，還是從外緣因素的考量，一切都得從宋代程、朱與陸、王說起。余英時雖未對章學誠知識分子時代的胎記予以說明，但當他將其與柯林武德的歷史哲學進行從問題關注的同質性、概念運思的切近等方面進行全面比較而高度協和的時候，章學誠學術思想的現代性已經不是一個前近代向近現代過渡的問題，而是具有現代歷史哲學普適意義的理論。

〔註80〕〔美〕倪德衛著、楊立華譯：《章學誠的生平及其思想》，南京：江蘇人民出版社，2007 年，第 214 頁。

〔註81〕〔美〕倪德衛著、楊立華譯：《章學誠的生平及其思想》，南京：江蘇人民出版社，2007 年，第 218 頁。

〔註82〕〔日〕山口久和著、王標譯：《章學誠的知識論——以考證學批判爲中心》，上海：上海古籍出版社，2006 年，第 13 頁。

〔註83〕吳震：《章學誠是『近代』意義上的『學者』嗎——評山口久和〈章學誠的知識分子論〉》，《南國學術》，2014 年，第 1 期。